Gerhard Conrad

Nichtwissen ist tödlich

GERHARD CONRAD
Unter Mitarbeit von Martin Specht

NICHTWISSEN IST TÖDLICH

Der Nahe Osten und die Rolle der Geheimdienste

Econ

Besuchen Sie uns im Internet:
www.ullstein.de

Wir verpflichten uns zu Nachhaltigkeit
• Papiere aus nachhaltiger Waldwirtschaft und anderen kontrollierten Quellen
• Druckfarben auf pflanzlicher Basis
• ullstein.de/nachhaltigkeit

MIX
Papier
FSC® C083411

Econ ist ein Verlag
der Ullstein Buchverlage GmbH

ISBN: 978-3-430-21126-0

Lektorat: Ulrich Wank
Gesetzt aus der Quadraat by *pepyrus*
Druck und Bindearbeiten: CPI books GmbH, Leck

»Where we failed, we will need to investigate and improve; where we made mistakes, we will learn and change; where fractures were opened, however big they are, we will insist on fixing and repent. The Israeli people have no other country, the State of Israel doesn't have another IDF, and the IDF doesn't have another Intelligence Directorate.«

(Generalmajor Shlomi Binder bei Dienstantritt als Leiter des Militärischen Geheimdienstes am 22.08.24)

Inhalt

Einleitung

Déjà-vu: Ein langer Leidensweg beginnt

Die Stimme am anderen Ende der Leitung klang freundlich. »Lieber Herr Conrad, sollten wir nicht einmal über Gaza reden?« Ich hatte so einen Anruf schon erwartet. Während meiner aktiven Zeit beim Bundesnachrichtendienst oder zuletzt in der Europäischen Union wäre er wahrscheinlich »von ganz oben« gekommen, doch jetzt war es ein guter Bekannter und mittlerweile recht prominenter Exponent der deutschen Medienlandschaft. »Ja«, sagte ich. »Ich glaube schon. Da gibt es einiges, worüber wir sprechen könnten.« Im Laufe des Tages hatte ich die Nachrichten erst mit wachsender Beunruhigung, dann mit Bestürzung, schließlich mit völliger Fassungslosigkeit zur Kenntnis genommen. In Berlin war ein ruhiger Herbsttag angebrochen, in dessen Verlauf sich in Israel eine Katastrophe den Weg bahnte, die die Welt erschüttern sollte. Wir vereinbarten uns auf den nächsten Tag, um wenigstens die Chance für ein erstes Verständnis der unglaublichen Ereignisse zu gewinnen. Die volle Dimension der Geschehnisse vom 7. Oktober 2023 habe ich aber erst in den darauffolgenden Tagen erfasst. Auch Regierungen, Streitkräfte und Geheimdienste bemühten sich um ein Lagebild. Alle wollten an diesem und den darauffolgenden Tagen wissen, was sich da ereignete, – zum Teil sind sie bis heute damit beschäftigt. Die Nachrichtenlage der ersten Stunden war dünn und unübersichtlich. Bruchstückhaft tauchten in den Medien Bilder zerstörter israelischer Panzer und Befestigungsanlagen an der Grenze zu Gaza auf. Aus dem Gazastreifen wurden offenbar Tausende Raketen auf Ziele in Israel abgeschossen.

Die Bilder der ausgebrannten und zerstörten Sperranlagen entlang des Gazastreifens weckten bei mir lebhafte Erinnerungen. Im Sommer 2009 waren dort Maschinengewehre auf unser Fahrzeug gerichtet, als ich das streng bewachte und hochgerüstete Bollwerk am Kontrollpunkt Eretz passierte. Ich hatte damals das Gefühl, in einen Käfig hineinzufahren. Als Angehöriger des Bundesnachrichtendienstes war ich seinerzeit freigestellt worden, um mich im Auftrag der israelischen Regierung in Gaza mit den Vertretern der Hamas zu treffen und als von beiden Seiten mandatierter Vermittler über die Freilassung des von der Terrororganisation im Juni 2006 entführten israelischen Soldaten Gilad Shalit zu verhandeln. Die Bundesregierung kam damit einer Bitte Israels nach, und da ich in den Jahren zuvor an zwei erfolgreichen Verhandlungen mit der libanesischen Hizballah über den Austausch von libanesischen Häftlingen gegen israelische Gefallene, Vermisste und Geiseln entscheidend mitgewirkt hatte, galt ich als »Experte«. Man hatte mir in den Medien seinerzeit sogar den Spitznamen »Mister Hizballah« verliehen. Bis Shalit im Oktober 2011 endlich wieder in Freiheit war, vergingen noch einmal über zwei Jahre, in denen ich zwischen Berlin, Tel Aviv und Gaza pendelte.

Die Kulisse, die mir in den Fernsehbildern am 7. Oktober wieder begegnete, war mir seitdem recht vertraut, doch nunmehr bestürzend verändert. Über den Ruinen der Befestigungsanlagen, verdüsterte schwarzer Rauch von einem brennenden Fahrzeug den Himmel. Obwohl die Bilder dramatisch waren, boten sie doch wenig konkrete Information über das Gesamtgeschehen. Nur so viel zeichnete sich ab: Etwas Grauenhaftes spielte sich in Israel ab – noch war es diffus, aber die präzedenzlose Dimension war bereits erkennbar. Die Hamas verbreitete Videoclips und verlautbarte, dass sie einen Großangriff unter der Bezeichnung »al-Aqsa-Flut« begonnen habe. Es sollte eine »Flutwelle« an Terroristen sein, die massenhaft Rache für die »Entweihung der heiligen Al-Aqsa-Moschee« in Jerusalem durch die »Ungläubigen« und deren »Verbrechen am palästinensischen Volk« nehmen sollten. In den nächsten Stunden wuchs das Entsetzen. Die Terrororganisation stellte mehr und mehr Zeugnisse ins World Wide Web, auf denen zu sehen war, wie vermummte Kämpfer israelische Soldaten und Zivilisten töteten, schwer misshandelten oder als Geiseln nach Gaza verschleppten. Die israelische Armee schien offenbar weitgehend hilflos. Ich fragte mich, warum offenbar keine Kampfhubschrauber oder Kampfflugzeuge, die nur wenige Flugminuten von Gaza entfernt stationiert sein mussten, oder Bodentruppen in die Kämpfe eingriffen. Theoretisch hätte es für sie ein Leichtes gewesen sein müssen, mit geballter Feuerkraft das Vordringen der Hamas-Terroristen zu verlangsamen oder sogar zu unterbinden. Aus dem, was ich aus nationalen und internationalen Nachrichten erfahren konnte, ergab sich dann allmählich das Bild einer außergewöhnlich gut vorbereiteten, breit angelegten, komplexen Operation der Hamas über die gesamte Länge der Sperranlagen zu Gaza. Der Angriff war wie aus einem taktischen Lehrbuch für das Gefecht mit verbundenen Waffen abgelaufen: Man hält den Gegner durch massives Raketenfeuer nieder, damit er sich in seinen Befestigungen und Schutzräumen in Sicherheit bringt. Dadurch ist sowohl seine Aufmerksamkeit, ebenso wie seine Verteidigungsfähigkeit eingeschränkt. In diesem Moment lassen sich die – ganz offenbar vorab erkundeten – Schwachstellen der Befestigungsanlage durchbrechen. Das war der Hamas gelungen. Darauf folgte ein interessanter taktischer Schachzug. Einmal auf israelisches Gebiet gelangt, verteilten sich die Kommandos nach einem offenbar vorab ausgearbeiteten Operationsplan in verschiedene Richtungen und stießen bis zu zehn Kilometer weit ins Landesinnere vor, um zahlreiche – überwiegend »weiche«, also nicht militärische – Ziele anzugreifen: kleinere Siedlungen, Kibbuzim und ein Rave-Event (das Supernova-Konzert). Aber auch der befestigte Ort Sderot wurde Ziel einer blutigen Attacke, in deren Verlauf die örtliche Polizeistation gestürmt und insgesamt über 30 Menschen umgebracht wurden. Binnen kurzer Zeit war klar, dass es das Operationsziel war, eine möglichst große Zahl an Geiseln zu nehmen und – sprichwörtlich wahllos – ein Maximum an Menschen zu töten. Dass bei der Operation auch viele Hamas-Kämpfer ums Leben kommen würden, nahm die Terrororganisation in Kauf, dank ihres ausgeprägten Märtyrerkultes war das möglich. Am Ende des Tages hatte die Hamas einen präzedenzlosen militärischen Erfolg errungen, die israelischen Streit- und Sicherheitskräfte zutiefst gedemütigt und das Sicherheitsgefühl der Menschen in Israel grundlegend erschüttert.

An den Folgetagen trat das ganze Grauen der Ereignisse zutage. In den Medien verfolgte ich, was über die Zahlen der getöteten und entführten Israelis bekannt wurde. Die Hamas hatte mehr als 240 Menschen – Männer, Frauen, Kinder, Greise, Soldatinnen und Soldaten – nach Gaza verschleppt und etwa 1.200 Menschen zum Teil auf bestialische Weise ermordet. Zuerst hatte ich in der Operation eine – wenn auch in Umfang und militärischer Durchsetzungskraft präzedenzlose – Entführungsaktion gesehen. Erst langsam sollte ich begreifen, dass wir es mit einem groß angelegten Terrorangriff zu tun hatten, dessen Ziel es gewesen war, systematisch ein Höchstmaß an Tod und Verwüstung in Israel anzurichten und dies aller Welt vor Augen zu führen. Im

Hinblick auf die Geiselnahmen erlebte ich ein veritables *Déjà-vu*, da mir die Härte, Komplexität und Dauer der damit verbundenen Verhandlungen aus meinen zahlreichen Treffen mit der Hamas nur allzu präsent waren. Ich habe diesen langwierigen, nervenaufreibenden und häufig schmerzlichen Prozess meiner Bemühungen als Vermittler in meinem Buch »Keine Lizenz zum Töten« (Econ 2022) bereits beschrieben, nachdem ich genug Abstand und Zeit gewonnen hatte, um meine Erfahrungen – im Rahmen des Zuträglichen – aus dieser Epoche zusammenzufassen. In den Tagen nach dem 7. Oktober hatte ich dann das Gefühl, dass mich die Vergangenheit einholte. Manchmal gab es dafür konkrete Gründe: Der aktuelle Führer der Hamas in Gaza, Yahya Sinwar – Mastermind des Angriffs vom 7. Oktober – war im Oktober 2011 zusammen mit weiteren 1.026 Häftlingen in dem auch mit meiner Hilfe vermittelten Austausch gegen Gilad Shalit freigekommen. Ich bin dem Mann nie persönlich begegnet, er war in einem israelischen Gefängnis in Beerscheba inhaftiert, doch er war mir insofern ein Begriff, als dass er Anführer des »Komitees der palästinensischen Häftlinge« war und in dieser Funktion die Verhandlungen immer wieder ins Stocken brachte. Sinwar hatte öffentlich darauf hingearbeitet, dass auch Häftlinge freigelassen werden sollten, die von der israelischen Regierung eigentlich kategorisch von einem Austausch ausgeschlossen worden waren. Viele von ihnen hatten schwerste Straftaten begangen und zahlreiche israelische Staatsbürger ermordet. Sinwar selbst war bereits 1988 zu vier lebenslangen Haftstrafen verurteilt worden und galt schon damals als Todfeind Israels. Nach seiner Freilassung tauchte er in seinem heimatlichen Milieu in Gaza unter, um dort als Sicherheitschef von Hamas seine Karriere fortzusetzen, bevor er im Februar 2017 die Führung von Hamas als Nachfolger von Ismail Haniyeh antreten konnte. Nun war er als Urheber eines noch nie dagewesenen Terrorangriffs zu weltweiter Prominenz aufgestiegen. Hätte das irgendjemand voraussehen können?

Ebenso stand die Frage im Raum, wie sich Israel angesichts dieser präzedenzlosen Herausforderungen verhalten und welche Folgen die Tragödie für den gesamten Nahen Osten, und somit letztendlich auch für Europa und Deutschland, haben würde? Wie erwartet und angekündigt fiel die israelische Reaktion massiv aus. Seit dem späteren Vormittag des 7. Oktober flogen die israelischen Luftstreitkräfte kontinuierliche Angriffe auf Ziele im Gazastreifen, am 8. Oktober wurde der Kriegszustand ausgerufen, umfangreiche Reserven mobilisiert und Landstreitkräfte im Grenzraum zusammengezogen. Am 9. Oktober wurde der Gazastreifen von der israelischen Armee abgeriegelt, die Strom-, Wasser- und Lebensmittelversorgung unterbrochen. Die USA verlegten den Flugzeugträger *Gerald R. Ford* ins östliche Mittelmeer. Eine deutliche Warnung an die libanesische Hizballah und den Iran, von einem Angriff auf Israel abzusehen. Die Sorge vor einem hochdynamischen, nicht mehr einzuhegenden Flächenbrand in Nahost war von Anfang an sehr groß. In der Nacht vom 27. auf den 28. Oktober rückte das israelische Militär in den Gazastreifen ein, um Geiseln zu befreien, Infrastruktur der Hamas zu zerstören und ihre Mitglieder zur Rechenschaft zu ziehen. Das öffentlich erklärte Kriegsziel war die Vernichtung der Terrororganisation. Die mit einem solchen Auftrag verbundene Herausforderung für die Streitkräfte ist allerdings gigantisch. Der gesamte Gazastreifen – etwa vierzig Kilometer lang und zehn bis fünfzehn Kilometer tief – ist mit mehr als zwei Millionen dort lebender Menschen außerordentlich dicht besiedelt. Zu allem Übel hat die Hamas Gaza in den vergangenen beiden Jahrzehnten extensiv untertunnelt. In dieses Netz aus Tunneln und Kavernen hatten sich die Terroristen mit ihren Geiseln zurückgezogen. Hier waren zuvor wohl auch die Vorbereitungen für den Angriff des 7. Oktober getroffen worden. In diesem Zusammenhang sollten wir uns vergegenwärtigen, dass Gaza von israelischer Seite intensiv überwacht wird. Die Überwachung ist annähernd flächendeckend: Telefongespräche werden abgehört, E-Mails gelesen, Drohnen kreisen über Gaza, und aus dem Weltraum sind Sensoren modernster Aufklärungssatelliten auf das Gebiet gerichtet. Doch auch Spitzentechnik vermag nur sehr unzureichend, in die Tunnelsysteme der Hamas hineinzuschauen – oder zu hören. Das könnten nur menschliche Quellen. Doch die muss man – in einem zutiefst feindseligen Umfeld – erst einmal finden, werben, führen und beschützen. Eine sehr riskante Aufgabe für jeden Nachrichtendienst. Schon während der Gefangenschaft Shalits hatten Armee und Geheimdienste mehrfach erwogen, die Geisel mit einem Kommandounternehmen zu befreien. Keines der Projekte konnte umgesetzt werden, offenbar aufgrund eines krassen Missverhältnisses zwischen Informationsarmut und Risiko. Seit 2011 hatte die Hamas das Tunnelsystem in strategischer Vorbereitung auf eine mögliche israelische Bodenoffensive unter dem gesamten Gazastreifen zu einer Art »Alpenfestung« ausgebaut. Ähnlich wie die Hizballah, bemühte sich die Hamas um Abschreckung durch maximale Resilienz, die allerdings zulasten der ungeschützten Zivilbevölkerung geht. Das ist im Kalkül der Hamas vorgesehen: Nur durch dramatische Opfer kann der internationale Druck auf Israel im *information warfare* optimal gesteigert werden. Vor diesem Hintergrund bemühten sich die USA, Ägypten und Qatar bereits seit Oktober 2023 um indirekte Verhandlungswege für einen Austausch der Geiseln. Worauf würde man sich angesichts der hohen Zahl an Geiseln nun einrichten müssen? Allein um Shalit wurde ja mehr als fünf Jahre lang in verschiedenen Formaten verhandelt.

Der Nahe Osten mitsamt seinen Irrungen und Wirrungen, seinen kulturellen und zivilisatorischen Besonderheiten und historischen Bedingtheiten, ist mir seit den späten Siebzigerjahren zunehmend vertraut geworden. Als Student der Orientalistik hatte ich einige Einblicke in Tradition, Anspruch und Realitäten nehmen können. Bereits seit 1979 befasste ich mich mit den damaligen Erscheinungsformen des Islamismus, auch einmal auf der Grundlage einschlägiger Originalquellen mit den Positionen des klassischen islamischen Rechts, der *Shari'a*, zum Umgang mit Nichtmuslimen in Krieg und Frieden. Als Reserveoffizier und Lagestabsoffizier im Bundesministerium der Verteidigung konnte ich in den Achtziger- und Neunzigerjahren die Entwicklungen immer wieder in zahlreichen Wehrübungen, 1989 auch an der Botschaft Damaskus, unter militär- und sicherheitspolitischen Aspekten verfolgen. Seit 1990 nahm mich die Region dann über knapp 30 Dienstjahre hinweg beim BND sowohl in der Lageanalyse als auch vor Ort in Anspruch. Von 1998 bis 2002 war ich Resident des BND in Damaskus und Beirut. Zwischen 2002 und 2011 in verschiedenen Formaten diskreter Vermittler zwischen Hizballah, Hamas und Israel in humanitären Angelegenheiten. Auch in meiner letzten aktiven Position als Direktor des EU-Intelligence Analysis Center (EU-INTCEN), einem Analyseverbund der europäischen Nachrichtendienste, hatte ich von 2016 bis 2019 mit der aktuellen Lage in der Region und der damals besonders akuten Bedrohung Europas durch den islamistischen Extremismus und Terrorismus zu tun. Kein Wunder also, dass mich die Ereignisse nach dem 7. Oktober 2023 erneut in ihren Bann zogen. Die Zahl der Medienanfragen, die mich erreichten, wuchs mit dem Fortgang des Geschehens in Nahost. Auch ohne aktuelles nachrichtendienstliches »Herrschaftswissen« bot sich mir eine Chance, nicht zuletzt ausgestattet mit dem über Jahre der akademischen

Forschung und Lehrtätigkeit hinweg erworbenen Rüstzeug von Islamwissenschaft und *Intelligence Studies*, in der Öffentlichkeit immer wieder einmal den gröbsten Missverständnissen und Fehlperzeptionen entgegenzutreten, zu einem besseren sachlichen Verständnis des Geschehens und seiner Hintergründe beizutragen und auf einen verantwortungsvollen Umgang mit Information und Desinformation hinzuweisen. Dies erscheint mir umso wichtiger, als die Eskalation der Gewalt eine mörderische Dynamik entwickelt, die sich in ihrer polarisierenden und destabilisierenden Wirkung auch in den westlichen Gesellschaften zunehmend stärker manifestiert. Die Sentenz des großen griechischen Tragöden Aischylos (starb 456 v. u. Z.), dass das erste Opfer im Krieg stets die Wahrheit sei, hat im Informations- und Desinformationszeitalter noch einmal in dramatischer Weise an Bedeutung gewonnen. Wer den öffentlichen Informationsraum manipuliert, gar beherrscht, beeinflusst Perzeptionen und Entscheidungsprozesse. *Information warfare* kann über Verlauf und Ausgang kinetischer Kriege entscheiden. Das zeigen die Konflikte um die Ukraine und Israel. Darum ist es essenziell, auch diese Dimension des Krieges zu verstehen und sich im eigenen Urteil nicht zum Spielball von Interessen degradieren zu lassen.

Bereits am 9. Oktober 2023 begann die libanesische Hizballah damit, den Norden Israels mit Raketen und Drohnen anzugreifen, allerdings in einem zunächst eher moderaten Umfang. Israel reagierte jedoch angesichts der schrecklichen Erfahrungen mit Gaza kurzfristig erst einmal mit der Evakuierung von über 60.000 Menschen aus den Dörfern in der unmittelbaren Gefahrenzone, um auf jeden Fall weitere zivile Opfer und die damit einhergehende Eskalationsdynamik zu vermeiden. Dies umso mehr, als es auch für die Nordgrenze strategische Gefahrenhinweise gab, dass

Elitetruppen der Hizballah, die sogenannten Radwan-Forces, ähnliche Eventualfallplanungen für einen massiven Grenzdurchbruch wie aus dem Gazastreifen heraus mit verheerenden Konsequenzen für die Menschen dort angestellt hatten. Entsprechende operativ nutzbare Tunnelanlagen hat die IDF in verdeckten Einsätzen bereits während der Sommermonate und mehr noch nach ihrem Eindringen in den Südlibanon entdeckt. Hinweise auf eine imminente Gefahr schien es zwar nicht gegeben zu haben, aber wer hätte nach Gaza noch auf die eigene Lagefeststellung und Lagebeurteilung bauen wollen?

Die Hizballah jedoch verfuhr im Südlibanon bemerkenswerterweise in ähnlicher, spiegelbildlicher Weise, wohl im Hinblick auf eine mögliche israelische Großoffensive der Landstreitkräfte, die man in Beirut in den ersten Tagen wohl nicht ausschließen wollte. Dessen ungeachtet wollte man aber als Teil der von Iran gegen Israel und die USA geführten »Achse des Widerstands« so etwas wie eine »zweite Front« errichten, um die Hamas durch die Bindung israelischer Kräfte im Norden zumindest indirekt militärisch zu unterstützen. Der kontinuierliche Aufbau militärischer Potenziale der Hizballah durch den Iran wird seit Jahren von Israel aufmerksam verfolgt. Mit verdeckten Operationen oder unkommentierten Luftschlägen versucht die israelische Regierung, die rückwärtigen, in den Iran führenden Verbindungslinien der Hizballah in Syrien und dem Irak zu unterbrechen und so den Nachschub von Flugkörpern, Waffen und Munition zu reduzieren. Dazu ist zeitgerechte nachrichtendienstliche und exakte militärisch-taktische Aufklärung entscheidend. Diese Form der Auseinandersetzung nahm angesichts der wachsenden militärischen Bedrohung nach dem 7. Oktober 2023 deutlich an Fahrt und Intensität auf. Nachdem Israel am 1. April 2024 mehrere hochrangige Kommandeure der iranischen Revolutionsgarde (Pasdaran) durch einen gezielten Luftschlag in Damaskus getötet hatte, sah sich Teheran zu einer direkten Vergeltung herausgefordert. Am 13. April 2024 griff der Iran mit Hunderten von ballistischen und Lenkflugkörpern, darunter offenbar auch solche aus russischer und nordkoreanischer Produktion, Ziele in ganz Israel an. Nur durch eine international koordinierte – maßgeblich von den USA unterstützte – hochklassige Luftverteidigung konnten weitreichende Schäden vermieden werden, die unvermeidlich einen schweren israelischen Gegenschlag mit unabsehbaren Folgen nach sich gezogen hätte. Das war nur möglich, weil es im Vorfeld des Angriffs eine internationale Kooperation bei der nachrichtendienstlichen und technischen Aufklärung (JISR – Joint Intelligence Surveillance and Reconnaissance) durch israelische, amerikanische, britische und andere Kräfte gegeben hatte. Doch auch wenn kein allzu großer Schaden entstanden war, handelte es sich bei der Attacke doch um einen beispiellosen Präzedenzfall. Bislang hatte man sich nämlich in der Auseinandersetzung auf verbale Attacken, Terroranschläge, Entführungen und Ähnliches beschränkt. Eine direkte militärische Konfrontation war stets vermieden worden. Das hat sich mit dem massiven Luftangriff vom April 2024 geändert. Ein unkontrollierte Eskalation ist hier wahrscheinlich nur deshalb ausgeblieben, weil Israel die Attacke weitgehend unbeschadet überstanden hat und im Vorfeld offenbar allseitige indirekte »präventive Diplomatie« seitens der USA betrieben worden war. Dies sollte sich im weiteren Verlauf der Auseinandersetzung dramatisch ändern. Seit dem Sommer hatte sich jedoch der Schlagabtausch zwischen Hizballah und Israel zunehmend verschärft. Tägliche Raketensalven von 40 bis 60 Projektilen auf den Norden Israels waren keine Seltenheit mehr; umgekehrt schlug die israelische Luftwaffe zunehmend massiv und gezielt gegen erkannte Depots und Abschussrampen bis weit in den

Norden der Bekaa-Ebene und nach Syrien hinein ebenso zurück wie gegen einzelne relevante militärische Kommandeure der Hizballah. Der innenpolitische Druck auf die Regierung Netanyahu, die Sicherheit im Norden des Landes wieder herzustellen, nötigenfalls mit einer umfassenden militärischen Aktion, wuchs kontinuierlich, zumal sich auf diplomatischem Weg über eine US-amerikanische Vermittlung keine konkreten Ergebnisse hatten erzielen lassen. Im Herbst 2024 überstürzten sich die Ereignisse: Am 16. und 17. September wurden mit einer beispiellosen, über Jahre konspirativ vorbereiteten Sabotageaktion über 3.000 elektronische Pager und mehrere Hundert Walkie-Talkies in den Händen von Partei-Kadern offenbar durch zentral gesteuerte Funksignale zur Explosion gebracht und nahezu ebenso viele Hizballah-Funktionäre verletzt oder getötet. Am 20. September folgte ein von den israelischen Luftstreitkräften geflogener »Enthauptungsschlag« gegen die gesamte Führung der im Grenzraum zu Israel eingesetzten Elitetruppe der Radwan-Forces bei ihrer Krisensitzung in Beirut, um am 27. September mit einem massiven Luftangriff auf die in 50 Metern Tiefe unter dem Beiruter Stadtteil Dahieh gelegenen Führungsbunker fortgesetzt zu werden. Generalsekretär Hasan Nasrallah und zahlreiche der nach den Verlusten der vergangenen Wochen noch verbliebenen Führungspersönlichkeiten kamen hierbei ums Leben. Der Konflikt ist mit dem massiven, wenngleich militärisch erneut weitgehend folgenlosen iranischen Raketenangriff auf Israel am 1. Oktober und dem am selben Tag auf breiter Front begonnenen Einsatz israelischer Bodentruppen in Südlibanon in eine neue Phase getreten. Mit weiteren Luftschlägen gegen Ziele in Libanon und Syrien setzt Israel seine Kampagne zur Zerstörung militärischer und logistischer Potentiale von Hizballah und der iranischen Pasdaran fort; eine mögliche Abfolge von Vergeltungsschlägen zwischen Israel und

Iran wird das Risiko einer unkontrollierten militärischen Eskalation an allen Fronten erhöhen. Grundlegende Entscheidungen aller Beteiligten über Art, Umfang und Zielrichtung ihres Vorgehens werden zu treffen sein.

Auch im Roten Meer führt der Krieg, der zwischen der Hamas und Israel begonnen hat, seit dem 19. Oktober 2023 zu offenen Kampfhandlungen. Vom Jemen aus greift die Huthi-Miliz Schiffe auf der internationalen Handelsroute an. Die Huthis sind wegen ihrer Zugehörigkeit zur weiteren schiitischen Konfessionsgemeinschaft und ihrer in den vergangenen Jahren immer stärker gewordenen politischen sowie militärischen Ausrichtung ein zusätzlicher Stellvertreter des Iran an einem geopolitisch heiklen *choke point* der Region geworden. Wie die libanesische Hizballah gehören sie inzwischen zur sogenannten »Achse des Widerstands«. Dank des Iran besitzt die Miliz ein Arsenal relativ moderner Waffen – darunter Mittelstreckenraketen und luft- wie seegestützte Antischiffsraketen –, mit denen sie Ziele in Israel zu erreichen versucht, in erster Linie aber internationale Handelsschiffe während ihrer Passage durch das *Bab al-Mandeb*, den maritimen Eingang zum Roten Meer, angreift und beschädigt. Die Angriffe haben das erklärte Ziel, die Handelswege nach Israel zu blockieren. Die damit einhergehende erhebliche Störung des Welthandels wird von den Huthis billigend in Kauf genommen. Die Versorgungslage und die Wirtschaftsinteressen der westlichen Staatengemeinschaft werden davon spürbar in Mitleidenschaft gezogen. Darum wurde eine informelle, internationale Koalition zum Schutz der Schiffspassage gegründet, an der neben Frankreich, Großbritannien und den USA auch die Bundesrepublik zeitweise mit einer Fregatte im Roten Meer teilnimmt. Unsere Marine hat sich damit in einen Einsatzraum begeben, in dem allein schon aus Überlebensinteresse hohe Anforderungen an eigene wie im maritimen Verbund integrierte *Intelligence, Surveillance and Reconaissance* (JISR) gestellt werden. Bei dem Einsatz geht es keineswegs nur darum, von einigen Kriegsschiffen aus eine Art »schwimmenden Iron Dome« zu errichten, um Handelsschiffe vor anfliegenden Raketen zu schützen, sondern auch – je nach nationalem Mandat – die entsprechenden militärischen Kapazitäten der Huthi schon an Land zu zerstören. Dazu braucht man belastbare und präzise Erkenntnisse zu militärischer Infrastruktur und Einsatzbereitschaft der örtlichen jemenitischen Kräfte, die fortlaufend erhoben und aktualisiert werden müssen. Die nachrichtendienstliche Aufklärung des Gegners – in dem Fall der Huthi – beschränkt sich sachlogisch auch nicht allein auf das Geschehen im Jemen, sondern bezieht, ähnlich wie in Libanon und Syrien, die Logistik der Miliz und ihre Verbindungen in den Iran mit ein. Dieser sorgt ja mit einem elaborierten System des grenzüberschreitenden maritimen Waffenschmuggels für den Nachschub, darüber hinaus aber wohl mit eigenen Kräften der fernmelde- und internetgestützten Satellitenaufklärung auch für die erforderlichen Informationen zu den passierenden und potenziell anzugreifenden Schiffen. In Israel ist inzwischen die Überzeugung gewachsen, dass erhebliche nachrichtendienstliche Anstrengungen zur besseren Aufklärung der Risiken und Bedrohungen erforderlich sein werden. Am 20. Juli 2024 hat Israel erstmals zur Vergeltung und Abschreckung mit einer ambitionierten Operation der Luftwaffe über 2000 Kilometer hinweg Ziele im Jemen bombardiert; Ende September folgten angesichts unveränderter jemenitischer Angriffe weitere, schwere Luftschläge auf militärisch relevante Ziele.

All den Tragödien der vergangenen Jahre ist gemein, dass sie von den meisten Regierungen erst einmal als strategische Überraschungen qualifiziert worden sind. Zumindest in einem Punkt trifft das unstreitig zu: Niemand war ausreichend darauf vorbereitet.

Als ehemaligem Nachrichtendienstler stellt sich mir allerdings die Frage: Kamen die Ereignisse wirklich aus dem Nichts? Haben hier die Dienste versagt, oder liegen die Probleme an anderer Stelle? Derartige Fragestellungen lassen sich methodisch belastbar nur im Rahmen von sogenannten *post mortems* bearbeiten, also Analysen *nach* dem jeweiligen Ereignis, die ihrerseits ein wichtiges Verfahren der *intelligence studies* sind. Auch in der Betrachtung der Ereignisse des 7. Oktober 2023 in Gaza und Israel wird man nicht umhinkommen, immer wieder auf die Erkenntnisse der *intelligence studies* zu den Rahmenbedingungen für nachrichtendienstliche Arbeit und ihre Methoden zurückzugreifen. Es gibt im Deutschen bekanntlich keine passgenaue Übersetzung für *intelligence* im nachrichtendienstlichen Zusammenhang. Im Englischen dagegen ist es ein geläufiger Begriff, der in seiner weitesten Auslegung als *assessed information*, als bewertete Information jeglicher Herkunft, verstanden werden könnte. *Intelligence* ist der Fundus an bewertetem Wissen, auf dessen Grundlage Entscheidungen zu fällen sind. Es handelt sich um Wissenserwerb mit nachrichtendienstlichen, aber auch allgemein zugänglichen Mitteln, der sowohl die Methoden – technische Aufklärung, menschliche Quellen, Analyse und so weiter – wie auch das Endprodukt – das erworbene Wissen – meint. Diese so gewonnenen Erkenntnisse werden dann Teil der politischen und militärischen Entscheidungsprozesse – oder eben auch nicht. Unter *intelligence studies* wiederum ist die multidisziplinäre wissenschaftliche Betrachtung von Nachrichten- und Geheimdiensten samt ihrer Relevanz für Politik und Gesellschaft zu verstehen. Wer Nachrichtendienste, ihre Aufgaben und Möglichkeiten verstehen will, ist daher gut beraten, sich mit diesen Aspekten auseinanderzusetzen.

Wie also konnte die Tragödie des 7. Oktober geschehen? Israel besitzt mit dem *Mossad*, dem *Shin Beth* und dem *Aman* jeweils einen Auslands-, Inlands- und Militärgeheimdienst, die zu den besten im internationalen Vergleich gehören. Sie sind sowohl technisch wie personell hervorragend ausgestattet und haben mit einigen inzwischen weltweit bekannten Operationen Geschichte geschrieben. Kann es wirklich sein, dass niemand im Vorfeld etwas bemerkt hat? Hier kann und möchte ich nicht mit einem abschließenden Urteil der offiziellen Aufarbeitung der Ereignisse vorgreifen. Doch nach allem, was bisher bekannt und unwidersprochen ist, hat es sehr wohl entsprechende Anzeichen, nachrichtendienstlich beschaffte Hinweise und Erkenntnisse zu einem geplanten beispiellosen Großangriff der Hamas gegeben. Sie haben nur die politischen, eventuell auch höchste militärische Entscheidungsträger nicht erreicht – oder wurden von ihnen nicht in ihre Entscheidungen einbezogen. Daran zeigt sich, dass selbst optimal informierte Nachrichtendienste allein keine ausreichende Gewähr vor schwerwiegenden kognitiven oder politisch-operativen Fehlleistungen bieten. Zugleich verdeutlicht die Tragödie den Titel dieses Buches: Wissen ist Macht, Nichtwissen ist tödlich!

Eine historische Nachzeichnung des Nahostkonflikts kann und soll dieses Buch nicht leisten, geschweige denn eine weitere vertiefte Diskussion von politischer Schuld, Verantwortung und der vielfältigen Tatbeiträge zu dem vielfachen Leid, das diese Tragödie seit Jahrzehnten über alle Menschen in der Region gebracht hat. Die diesbezüglichen, meist unvereinbaren Realitätswahrnehmungen, Selbstgerechtigkeiten und Schuldzuweisungen sind allerdings ihrerseits immer wieder eine analytische Betrachtung aus nachrichtendienstlicher Sicht wert, unter den Aspekten ihrer konkreten Ausprägung und Wirkungsmacht auf die tatsächliche Welt.

Der 7. Oktober 2023 ist gerade unter dem Aspekt der Leistungsfähigkeit von Nachrichtendiensten und ihrer Interaktion mit politischen und militärischen Entscheidungsträgern ein weiterer Weckruf, eine eindringliche Mahnung besonders für alle, die sicherheitspolitische Verantwortung tragen. Bereits der Schock des Abzugs aus Afghanistan im Sommer 2021, mehr aber noch der Überfall Russlands auf die Ukraine im Februar 2022 haben einen Paradigmenwechsel westlicher, insbesondere auch deutscher Sicherheitspolitik angestoßen, der auch nicht vor einer Selbstreflexion zu unseren Nachrichtendiensten haltmachen darf. Die Dimensionen des aktuellen Konflikts in und um Gaza fordern diesen Analyse- und Reformprozess ein weiteres Mal in ganz besonderer Weise, und so möchte ich anhand der dort auf offener Informationsgrundlage fassbaren Ereignisse und Entwicklungen noch einmal auf wesentliche Aspekte der Aufgabenstellungen, Fallstricke und Bedingtheiten für nachrichtendienstliche Arbeit aufmerksam machen. Oder anders ausgedrückt: Ich möchte, in freier Umformulierung von Schillers geschichtlicher Antrittsvorlesung in Jena von 1789, die Frage erörtern: »Was heißt und zu welchem Ende praktiziert man *intelligence?*« Einiges davon habe ich bereits in meiner Autobiografie »Keine Lizenz zum Töten« auch an Beispielen ansprechen und erläutern können; hier halten wir aber nun mit dem am 7. Oktober 2023 ausgelösten Krieg ein schreckliches Lehrstück in Händen, wie *Intelligence* an sich selbst und an den nachfolgenden Entscheidungsprozessen scheitern, umgekehrt aber auch, angemessen ausgestattet und mandatiert sowie richtig eingesetzt, nicht nur wichtige Beiträge zur Vermeidung von verhängnisvollen Fehlentscheidungen, sondern auch zur erfolgreichen Bewältigung von Herausforderungen leisten kann.

In diesem Zusammenhang können wir somit erörtern, welche Rolle nachrichtendienstliche strategische wie taktische Aufklärung im Frieden, aber auch im Krieg spielt und vor welchen Herausforderungen sie bei asymmetrischer Kriegführung, bei Geisellagen, im Informationskrieg steht. Außerdem, welche Sicherheitsrisiken und damit Handlungsfelder für deren nachrichtendienstliche Aufklärung Jihad-Ideologien, islamistische Terrorgruppen wie Hamas, islamistische Ideologien in westlichen Gesellschaften darstellen und welche auch nachrichtendienstlich zu erfassenden und bewertenden Bedrohungen von Iran als militärischem, geheimdienstlichem und terroristischem Akteur in der Region wie auch in Europa ausgehen. Dazu gehört ebenfalls, wo die maßgeblichen internationalen und regionalen Kräfte im Nahostkonflikt absehbar stehen, und nicht zuletzt auch, was es mit der vielbeschworenen Zeitenwende für deutsche Sicherheitspolitik, Sicherheitsarchitektur und Nachrichtendienste auf sich hat.

Wir können zu all diesen Fragen viel aus den schrecklichen Ereignissen in Nahost lernen, ebenso wie aus den eigenen jüngsten, nicht immer rühmlichen Erfahrungen mit *intelligence* und Entscheidungsprozessen zu Afghanistan und Russland. Anlass zu Selbstzufriedenheit besteht in allen Fällen nicht, viel eher zu Demut und Entschlossenheit, erkannte Defizite tatkräftig abzubauen. Vielleicht kann dieses Buch hierzu einen kleinen Beitrag leisten.

1. Aus dem Nichts?

Etwas war im Cyberspace aufgetaucht. Eigentlich war der 6. Oktober ein ruhiger Tag, einer von vielen ereignislosen Tagen an der Grenze zu Gaza, noch dazu ein Feiertag und Beginn des Sabbath. Die Mitarbeiter des israelischen Inlandgeheimdienstes *Shin Beth* hatten wie gewohnt ihre Computerbildschirme und SIGINT-Systeme im Auge behalten. Als sie am Abend etwas Ungewöhnliches bemerkten, waren sie alarmiert. *Signal intelligence* (SIGINT) spielt eine wesentliche Rolle bei der elektronischen Überwachung Gazas. Telefongespräche, Funkverkehr und E-Mails werden in ihren Metadaten von *Shin Beth* erfasst, mitgehört und mitgelesen. Abgesehen von den konkreten Inhalten schaut man auf Abweichungen vom Normalen, wie zum Beispiel einer plötzlichen Zunahme – oder einem unerwarteten Ausbleiben – von Signalen. Alles, was aus dem Rahmen fällt, kann ein Indikator für terroristische Aktivitäten sein. Ich sage bewusst *kann*, denn die technischen Signaturen werden zwar mittels *signal intelligence* erfasst, sind damit aber noch längst nicht gedeutet. Was sich hinter ihnen verbirgt, müssen die Mitarbeiter des Geheimdienstes herausfinden. Zu den Aufgaben des *Shin Beth* gehören Terrorismusbekämpfung, Spionageabwehr und in diesem Rahmen eben auch die Beschaffung nachrichtendienstlicher Informationen aus dem Gazastreifen. Was die SIGINT-Spezialisten am 6. Oktober sahen, ließ sie aufmerken: Zeitgleich wurden in Gaza zahlreiche israelische SIM-Karten aktiviert, die die Hamas in den vergangenen Jahren über Mittelsmänner erworben hatte. Das wiederum war dem *Shin Beth* schon länger bekannt, allein auch dies ein eindrucksvoller operativer Erfolg, und man hatte diese Karten sprichwörtlich auf dem Schirm. Dies war eines der am besten gehüteten Geheimnisse des *Shin Beth*, da man davon ausging, dass sie als ein Führungsmittel der Hamas für eventuelle Operationen in Israel eingesetzt werden sollten. Also hieß es abwarten, bis jemand in Gaza sein Smartphone damit einschaltete. Eine Aktivierung gleich mehrerer SIM-Karten hatte mithin eine hohes indikatives Potenzial, und dass sie am Abend des 6. Oktober 2023 simultan ins Kommunikationsnetz einloggten, war ein Anlass zur Sorge.

Was ich hier beschreibe, ist kein Geheimnis, sondern das, was nach dem Überfall des 7. Oktober in Israel über die Angriffsvorbereitungen der Hamas und die Rolle der israelischen Dienste bereits im Detail an die Öffentlichkeit gelangt ist. Der *Shin Beth* hat mit einer internen Untersuchung begonnen, einige Ergebnisse sind mittlerweile durch das Parlament und investigative Medien öffentlich zugänglich. Die Revision ist jedoch bei Weitem nicht abgeschlossen. Doch mit dem, was wir wissen, können wir uns ein – wenn auch unvollständiges – Bild vom Vorabend der Katastrophe machen. Es ist bekannt, dass die SIGINT-Indikatoren vom *Shin Beth* ernst genommen wurden. Sogar so ernst, dass der Leiter des *Shin Beth*, Ronen Bar, und der Armeebefehlshaber des IDF-Kommandos Süd, Generalmajor Yaron Finkelman, alarmiert wurden. In einem solchen Fall werden kurzfristig Lagebesprechungen angesetzt, um das weitere Vorgehen zu koordinieren. So auch hier. Wir wissen ebenfalls, dass der Militärgeheimdienst *Aman* hinzugezogen wurde. Sein Leiter, Generalmajor Aharon Haliva, wurde jedoch nicht aus dem Urlaub zurückgerufen. Der *Aman* ist unter anderem für die elektronische Aufklärung an den Grenzen zu Syrien und dem Libanon, aber mit seiner SIGINT-Sondertruppe 8200 auch für den Gazastreifen zuständig.

Doch zurück zur Nacht des 6. Oktobers. In den Lagebesprechungen kam man zu dem Schluss, dass die Aussagekraft der Indikatoren für sich allein zu gering sei, um die Truppen in Grenznähe zu alarmieren. Es hatte schon früher mehrmals Aktivierungen israelischer SIM-Karten in Gaza gegeben, ohne dass dies zu einer feindlichen Aktion geführt hatte. Damit war auch jetzt offen, ob ein Ernstfall eintreten würde und, falls ja, wie dieser denn überhaupt aussähe. Man ging erst einmal davon aus, dass es sich wie in den Jahren zuvor um eine Übung handeln könne. Die weitestgehenden Annahmen richteten sich auf einen möglichen, jedoch nicht unmittelbar bevorstehenden, lokal begrenzten Infiltrationsversuch. Ein Grund zu schnellem Handeln bestand damit nicht, zumal man mit der nächtlichen Alarmierung eigener Kräfte in erkennbarer Reaktion auf die Aktivierung der SIM-Karten Gefahr laufen würde, dem Gegner gerade diese spezifische eigene SIGINT-Befähigung offenzulegen. Man war sich auf israelischer Seite darüber im Klaren, dass die Hamas alle Bewegungen der IDF, der israelischen Armee, so eng wie möglich beobachtete. Darum unterließen es die Verantwortlichen auch – frei nach der gerade in Nachrichtendiensten allgemein verbreiteten operativen Devise »Deckung vor Wirkung« –, die personell unterbesetzten SIGINT-Erfassungsstellen mitten in der Nacht zum Schabbat zu verstärken oder gar weitere, noch auffälligere Maßnahmen zu ergreifen.

Währenddessen hatten Stoßtrupps der Hamas ihre Positionen in grenznahen Moscheen bezogen, um auf weitere Befehle zu warten. Das Morgengebet begann um 05.20 Uhr und bot damit eine perfekte Legende für größere Menschenansammlungen. Wir können mit einiger Wahrscheinlichkeit davon ausgehen, dass die Israelis angesichts der geschilderten Lage und der vorhandenen SIGINT- Daten mit Drohnen, Kameras und vielleicht sogar Satelliten auf Gaza geschaut haben. Oberirdisch wurde dabei jedoch nichts Außergewöhnliches erkannt. Auch darum hat man wohl der Aktivierung der SIM-Karten nicht die Bedeutung beigemessen, die sie dann im Nachhinein gehabt hatte. Die Hamas nutzte für ihre Angriffsvorbereitungen das Tunnelsystem, das sie in den letzten anderthalb Jahrzehnten in Gazas Untergrund angelegt hatte. Auch auf der Grundlage später während des Krieges erbeuteter Unterlagen – sogenannter *battlefield intelligence* – lässt sich sagen, dass der gesamte Gazastreifen von einem mehr als 400 Kilometer umfassenden, zum Teil mehrgeschossigen und bis zu 40 Meter Tiefe gegrabenen, Tunnelsystem durchzogen ist. Mehrere Tausend Zugänge sind in Häusern, aber auch in Schulen, Krankenhäusern und Moscheen versteckt. Das Tunnelsystem verfügt offenbar auch über technisch und logistisch gut ausgestattete unterirdische Leitstände und Unterkunftsbereiche, die Schutz, aber auch Führungs- und Operationsmöglichkeiten über Monate hinweg bieten. Die Hamas hat nie geleugnet, dass ein solches Tunnelsystem existiert, und auch die Israelis wussten seit Jahren davon. Es war ein offenes Geheimnis und bereits 2014 Gegenstand eines bewaffneten Konflikts zwischen der israelischen Armee und der Hamas gewesen. Nachdem zunehmend mehr Raketen aus Gaza auf Israel abgefeuert worden waren, begannen die israelischen Streitkräfte im Juli 2014 die Operation *Protective Edge*, bei der es auch darum ging, den Nachschub an Waffen und Munition, den die Hamas über Tunnel aus Ägypten nach Gaza schmuggelte, zu unterbinden. Kairo hatte sich damals an der Zerstörung von

Schmugglertunneln auf seinem Staatsgebiet beteiligt und entsprechende Strukturen wohl auch geflutet oder anderweitig verschlossen, doch wurde in den darauffolgenden Jahren offenbar zumindest ein Teil wieder reaktiviert. Beim ober- und unterirdischen Schmuggel zwischen Ägypten und Gaza geht es keineswegs nur um Kriegsmaterial, sondern bereits seit den Achtzigerjahren, auch um Konsumgüter aller Art bis hin zu Luxuslimousinen. Wenn man das nötige Kleingeld hatte, konnte man selbst im isolierten Gazastreifen beinahe alles bekommen – zu horrenden Preisen, versteht sich. Es handelte sich hier um ein »bombensicheres« Millionengeschäft, das in Gaza von den dortigen Clans und der Hamas kontrolliert wurde. Es war aber nur möglich, weil es Geschäftspartner mit entsprechender Duldung oder Protektion in Ägypten gab. Nach *Protective Edge* im Sommer 2014 waren in all den Folgejahren offenbar der Druck und die wirtschaftliche Verheißung auf allen Seiten zu groß gewesen, den grenzüberschreitenden Schmuggel völlig zu unterlassen. Die Grenze zwischen Gaza und Ägypten ist hier trotz aller Sperranlagen porös, so wie dies übrigens in vielen Staaten der Region der Fall ist. Auch hier spielt der *human factor* auf allen Seiten und auf allen Ebenen eine maßgebliche Rolle.

Es hätte somit die israelischen Sicherheitskräfte eigentlich nicht weiter überraschen dürfen, wenn sie nach der Aktivierung besagter SIM-Karten mit ihren Sensoren oberirdisch keine weiteren Indizien wahrnehmen konnten. Zumindest im *Shin Beth* wurde schließlich dann doch das Risiko eines Versuchs von Hamas-Kräften zum lokalen Grenzdurchbruch nicht mehr ausgeschlossen, und so wurde um 03.00 Uhr entschieden, eine größere Zahl eigener Kräfte, einschließlich des sogenannten »Tequila-Teams«, einer schnellen Eingreiftruppe aus Sonderkräften von Polizei und

Sicherheitsdienst, zu alarmieren. Das Team traf dann auch praktisch zum Ausbruch der Feindseligkeiten im Einsatzraum ein. Um 03.30 Uhr fand zudem eine Telefonkonferenz zwischen dem Generalstabschef der IDF, Generalleutnant Herzi Halevi, und Teilen der militärischen Führung statt, um die weiterhin unklare, jedoch zunehmend irritierende Indikationslage zu bewerten. Man traf militärische Vorbereitungen für eine lokal begrenzte Infiltration, doch ohne die Aktivierung besonderer Kräfte wie etwa von Kampfhubschraubern.

An dieser Stelle könnte man versucht sein zu sagen: Der Rest ist Geschichte. Was den eigentlichen Angriff und seine unmittelbaren Folgen betrifft, stimmt das auch. Doch bei den streng geheimen Angriffsvorbereitungen, die die Hamas jahrelang betrieben hat, haben wir es mit einem Teil der Geschichte zu tun, der erst langsam aufgearbeitet wird und dessen Fakten vielfach erst im Verlauf der Bodenoffensive der israelischen Streitkräfte in Gaza bekannt werden dürften. Bei einer solchen Offensive haben selbstverständlich auch der Shin Beth, Aman und Mossad ihre *boots on the ground*. Je mehr Gefechtsstände, Bunker und Büros mit Unterlagen der Hamas und IT-Systemen den israelischen Truppen in die Hände fallen, desto mehr Information und Erkenntnisse lassen sich daraus gewinnen. Dies und die Ergebnisse systematischer Kriegsgefangenenbefragung und Abschöpfung von Überläufern haben sich als wahre Fundgrube für ein vertieftes Verständnis der Hamas nicht nur als politischer, militärischer und terroristischer Operateur, sondern eben auch als nachrichtendienstlicher Akteur erwiesen. Bereits im Dezember 2023 hatte so eine Arbeitsgruppe von 350 Analysten über 65 Millionen elektronische Files und 500.000 Dokumente durchgearbeitet, um sie zu übersetzen, auf taktische Relevanz zu prüfen und zu katalogisieren und so *operational intelligence* für die eingesetzte Truppe zu produzieren. Je länger in Gaza gekämpft wird, desto mehr *battlefield intelligence* gibt es. Dem Vernehmen nach sollen inzwischen aufgrund der exponentiell steigenden Funde im Tunnelnetzwerk bis zu einer Million Dateien pro Tag zur Prüfung anstehen. Eine Mammutaufgabe für die israelischen Nachrichtendienste. Dabei stehen die mit der Auswertung beauftragten Analysten unter hohem Zeitdruck, denn mit den operativ-taktischen Hinweisen, häufig in Form von Lagekarten, zum Beispiel auf vorbereitete Hinterhalte, *Booby Traps* in Gebäuden und andere über- und unterirdische Strukturen der Hamas, können Verluste in den eigenen Reihen – aber auch durch präziseres Targeting unter nicht beteiligten Zivilpersonen – vermieden und zugleich erhebliche taktische Vorteile, zum Beispiel bei der Aufdeckung weiterer Tunnelsysteme, gewonnen werden. Auch bei der Ermittlung von Aufenthaltsorten der Geiseln kann *battlefield intelligence* helfen.

Bedeutsame taktische Erfolge der IDF sind erst durch *battlefield intelligence* erzielt worden. Sowohl der Luftschlag gegen Marwan Isa im März 2024 in Nuseirat als auch jener vom Juli gegen Muhammad al-Daif und dessen engen Vertrauten Raf'at Salameh in Khan Younis wären ohne hochaufgelöste und zeitnahe taktische *actionable intelligence* nicht möglich gewesen. Das Gleiche gilt für die zahlreichen, sehr präzisen Angriffe auf Kommandeure der mittleren Ebene, die es alle erst einmal zu identifizieren und für einen operativen Zugriff in Echtzeit zu lokalisieren galt. Hier greifen alle Disziplinen von strategischer wie taktisch-operativer HUMINT, SIGINT, ELINT und IMINT (*human intelligence, signal intelligence, electronic intelligence* und *imagery intelligence*) zu einem *all sources intelligence*-Ansatz ineinander, der im angloamerikanischen militärischen Sprachgebrauch – auch dem der NATO – mit dem Dreiklang *Intelligence, Surveillance, Reconnaissance* (ISR) begrifflich zusammengefasst wird. In solchen Operationen manifestiert sich konkret das Potenzial von professioneller *intelligence fusion* als ISR, die zu Informations- und Handlungsüberlegenheit führt. So willkommen und zielführend die Ergebnisse der *battlefield intelligence* aus israelischer operativ-taktischer Perspektive sind, so deutlich lassen sie jedoch umgekehrt auch das Ausmaß und die Qualität der systematischen Vorbereitung der Hamas auf ihren »D-Day« – und damit auch die Dimension des Versagens der israelischen Dienste bei der militärischen und nachrichtendienstlichen Aufklärung des Gegners – zutage treten.

Heute weiß man, dass der Angriff des 7. Oktober unter außergewöhnlich konsequenter und umfassender Abschirmung vorbereitet worden war. Die bisherigen internen Untersuchungen des Militärgeheimdienstes *Aman* haben nach Medienberichten mittlerweile ergeben, dass die Hamas direkt nach dem letzten Waffengang – *Protective Edge* – von 2014 damit begonnen haben muss, sich systematisch auf den Generalangriff auf das israelische Grenzgebiet vorzubereiten. Auch wenn tragischerweise nicht *ex ante* die richtigen Schlussfolgerungen daraus gezogen wurden, so war den israelischen Geheimdiensten in den letzten Jahren immerhin aufgefallen, dass der Hamas-Sicherheitsdienst (*Al-Majd-Security Service*) seine Aktivitäten, die sich auf Ziele in Israel richteten, deutlich intensiviert und professionalisiert hatte. Der etwa 2.100 Personen starke, 1988 geschaffene Dienst ist so etwas wie die »geheime Staatspolizei« und »Abwehr« der Hamas. Seine abgeschirmt mit Tarnpapieren über Ägypten, zum Beispiel als Teil der jährlichen Pilger-Delegation nach Saudi-Arabien exfiltrierten Reisekader haben offenbar in Drittstaaten wie der Türkei systematisch Kontakte mit dem Iran und der Hizballah aufgenommen, um die erforderliche Ausrüstung und die damit verbundenen Befähigungen in den Bereichen Fernmeldeüberwachung und Cyber-Operationen zu erhalten. Die während des Gaza-Feldzugs im Tunnelsystem aufgedeckten, anspruchsvoll ausgestatteten *intelligence*-Zentren der Hamas demonstrieren jedoch, dass die israelischen Dienste weit davon entfernt waren, das Ausmaß und die Qualität der professionellen Ertüchtigung des Hamas-Nachrichtendienstes und Militärs zu erfassen. Die Hamas war beispielsweise dazu in der Lage, sich in die über Internet verbundenen grenznahen Videoüberwachungssysteme (CCTV) in Israel zu hacken. Obwohl erste derartige Versuche von der israelischen Information Security Unit erfasst worden waren, wurden das Ausmaß und die Zielorientierung der Angriffe nicht erkannt und damit auch nicht entsprechende Vorsorge getroffen. Die Hamas war bis in die Operation des 7. Oktober hinein dazu in der Lage, über CCTV Teile des Geschehens in den angegriffenen Kibbuzim, zuweilen sogar bis in die Liegenschaften und Häuser hinein, zu verfolgen. Allein durch diesen cyberbasierten Zugriff hatte sich die Hamas ein dramatisches Maß an taktisch relevanter Informationsüberlegenheit für die Operationsplanung wie deren Durchführung verschafft. Ein weiteres hochsensibles Feld, in dem Hamas-Angriffe zwar von israelischer Seite erkannt, jedoch offenbar nicht mit der notwendigen Konsequenz bekämpft worden waren, sind Cyberoperationen gegen Mobiltelefone israelischer Soldatinnen und Soldaten. Über verschiedene operative Methoden – darunter der Einsatz von *social engineering*, meist über *honey traps* mit attraktiv einhergehenden Sexangeboten – konnte die Hamas *spyware* auf Smartphones installieren. Damit ließen sie sich sowohl lokalisieren als auch deren Inhalte und Kommunikationsbeziehungen erfassen. Auch konnte die Hamas über die Auswertung von Social Media, insbesondere dem Videoportal TikTok, vielfältige Hinweise auf militärisch und sicherheitlich relevante

Sachverhalte erfassen. Noch dauert die Auswertung des erbeuteten Materials an, doch soweit heute schon erkennbar, beschränkten sich die Kapazitäten der Hamas wohl weitgehend auf die taktische Aufklärung des grenznahen Raums, sie überließ dort jedoch nur wenig dem Zufall. Der Hamas-Nachrichtendienst konnte sich hier über die Jahre ebenfalls weitgehend unbeachtet in der fortgeschrittenen Nutzung von *open source intelligence* (OSINT) profilieren. Damit folgt er dem Beispiel von internationalen privaten Plattformen wie Bellingcat, deren Rechercheure sich fortgeschrittener OSINT-Methoden bedienen und in detaillierter Kleinarbeit im Internet zugängliche Informationen auswerten und miteinander kombinieren. Sowohl die entdeckten Nachrichtendienst- und militärischen Führungszentren in Gaza als auch die erbeuteten Einsatzunterlagen der gegen Israel am 7. Oktober vorgehenden Hamas-Trupps zeigen, dass der grenznahe Raum über heruntergeladene kommerzielle Satellitenbilder und andere Luftaufnahmen flächendeckend kartografiert und unter operativtaktischen Aspekten ausgewertet worden war. Angereichert wurden diese Bilder durch im Internet verfügbare offene Informationen zu öffentlichen wie privaten Einrichtungen und Objekten. All dies wurde dann durch die systematische Befragung und Steuerung zahlreicher palästinensischer Arbeitskräfte ergänzt, die als Pendler täglich in den grenznahen Kibbuzim beschäftigt waren. Augen- und Gesprächsaufklärung wurde so kontinuierlich durchgeführt, ihre Ergebnisse gesammelt und ausgewertet. Die Hamas hatte so im Rahmen ihrer Möglichkeiten eine hochprofessionelle, weitgehend geheim gehaltene taktisch-operative *all sources geospatial intelligence* (GEOINT) zur Aufklärung des Gegners betreiben können und sich so entscheidende Vorteile bei der Vorbereitung einer nahezu vollständigen taktischen Überraschung verschafft. Wie geschickt die Hamas die systematische militärische Aufklärung operativ zu nutzen verstand, zeigt die Zerstörung der an den Sperranlagen installierten *See-Shoot*-Systeme, ferngesteuerte Waffenplattformen zur Abwehr von Infiltrationen. Die Terrororganisation hatte sie präzise lokalisiert und setzte sie aus der Luft mit von kleinen Drohnen abgeworfenen Sprengstoffladungen außer Gefecht. Das geschah beinahe zeitgleich mit dem Beginn des Angriffs, bei dem die ersten *Nukhba*-Sondertruppen, eine Eliteeinheit der Hamas, um 06:29 Uhr durch den Grenzzaun brachen. Kurze Zeit zuvor hatte ein massiver Raketenbeschuss auf Ziele in Israel begonnen. Zwei Minuten später standen die Hamas-Kämpfer vor den ersten Außenposten von Kissufim und Kfar Azza, eine Minute später auch bei Nir Am. Bis 06:36 Uhr meldeten immer mehr Kibbuzim Infiltrationen: Kissufim fiel 06:38 Uhr, der Strand von Zikkim wurde 06:43 Uhr von Hamas-Marinekommandos gestürmt, Kibbuz Nirim meldete die ersten Schüsse um 06:44 Uhr, Kibbuz Holit wurde eine Minute später angegriffen. Hamas-Kämpfer durchtrennten an vielen Stellen den bis zu sechs Meter hohen Drahtzaun und setzten kleinere Sprengladungen ein, um erste Öffnungen in die Metallspundwände zu brechen. Auf Motorrädern und Pick-ups erstürmten die Vorauskommandos der *Nukhba*-Elitekräfte dann vorab identifizierte und jeweils spezifisch zugewiesene militärische und zivile Ziele und sicherten das Gelände. Zugleich wurden die Grenzbefestigungen an bis zu 30 Stellen mit Bulldozern und anderem schweren Gerät durchbrochen. Durch nun breitere Breschen strömten Hunderte Bewaffneter einer sogenannten zweiten Welle, die ihrerseits vorab definierte Siedlungen besetzen und möglichen Widerstand sofort mit tödlicher Gewalt brechen sollten. Sprengstoff-Drohnen griffen auch die israelischen Beobachtungstürme am Grenzwall zu Gaza an und setzten deren Optik ebenso außer Gefecht wie ihre technischen Kommunikationseinrichtungen und automatischen

Verteidigungssysteme. Die Angreifer wussten genau, was sie auf welche Weise zerstören mussten, damit den Israelis die wesentlichen Komponenten für die Erstellung eines dynamischen taktischen militärischen Lagebildes im gesamten Grenzraum zum Gazastreifen, dem über Jahre aufgebauten sogenannten *Gaza Envelope* aus Militärposten, Siedlungen und Verbindungsstraßen, nicht mehr zur Verfügung standen. Die ersten israelischen Truppenbewegungen der Schnellen Eingreiftruppen und Alarmreserven in den Süden wurden um 07:43 Uhr angeordnet. Aber die Bildschirme in den Beobachtungstürmen blieben dunkel, die Kommunikation war tot. Von zentraler Bedeutung für die erfolgreiche Lähmung des israelischen *Command, Control und Communication*-Systems war auch die Erstürmung des etwa fünf Kilometer von der Grenzbarriere entfernten IDF-Stützpunkts Re'em gleich zu Beginn der Operation, auf dem sowohl das Divisionskommando wie die Führungsstäbe der beiden für Gaza zuständigen Brigaden konzentriert waren. Unter dem gezielten Angriff von Hamas-Elitetruppen mussten sich die dortigen Kräfte zunächst einmal selbst verteidigen und konnten keine relevanten Führungsaufgaben in der Verteidigung des Grenzraums wahrnehmen, abgesehen davon, dass ihnen bestenfalls eine eingeschränkte Kommunikationsinfrastruktur zur Verfügung gestanden hätte. Ohne Kommunikation und ohne Lagebild ließen sich auch keine eigenen Drohnen, Flugzeuge oder Kampfhubschrauber zum Einsatz bringen, die normalerweise nur wenige Flugminuten von Gaza bereitgestanden hätten. Zwei alarmstartfähige Apache-Kampfhubschrauber trafen denn auch erst um 07:30 Uhr – also eine Stunde nach Beginn des Angriffs – beim küsten- und grenznahen Kibbuz Zikim südlich der Hafenstadt Ashqelon ein, um in das dortige verlustreiche Gefecht gegen Hamas-Kräfte einzugreifen, die über das Meer gekommen waren. Erst um 08:10

Uhr konnten zwei weitere Kampfhubschrauber über dem bereits besetzten Kibbuz Be'eri zum Einsatz kommen, wo es bereits zu einem Massaker mit mindestens 130 Opfern gekommen war. Ab 09:00 Uhr standen schließlich sechs Apaches zur Verfügung, was sich angesichts von 21 zu schützenden und freizukämpfenden Standorten und weiterhin bestehender Kommunikationsprobleme als völlig unzureichend erwies. Um die Mittagszeit konnten immerhin elf Kampfhubschrauber eingesetzt werden, die nunmehr die zerstörten Grenzanlagen aus der Luft sichern und Infiltrationen von sowie Exfiltrationen nach Gaza wirksam verhindern konnten. Dabei erwies sich die Unterscheidung zwischen palästinensischen Tätern und ihren israelischen Opfern als ein nahezu unlösbares Problem, vor dem auch die israelischen Landstreitkräfte später bei der Rückeroberung der militärischen und zivilen Standorte im Grenzgebiet stehen sollten: Wie sollten Häuser, die die Hamas zu Stellungen umfunktioniert hatte, oder nach Gaza zurückkehrende Fahrzeuge wirksam bekämpft werden, ohne möglicherweise in ihnen gefangen gehaltene Israelis zu gefährden? Zeit und operative Möglichkeiten für Aufklärung im Gefechtsfeld standen in den hochdynamischen Lagen einfach nicht zur Verfügung. Erst im Laufe des Tages konnten sich die örtlichen Kräfte der IDF so aufstellen, dislozieren und ein tragfähiges Lagebild gewinnen, dass sie beginnen konnten, den Grenzraum systematisch freizukämpfen. Diese Kämpfe dauerten über 50 Stunden an.

Der Überraschungsangriff der Hamas konnte nur gelingen, weil die Vorbereitungen – darunter die nachrichtendienstlichen – umfassend und detailliert gewesen waren. Hier liegt jedoch ein Risiko jeglicher Operation: Je umfangreicher die Vorbereitungen, desto mehr ist davon auszugehen, dass eine große Zahl Menschen involviert ist. Hier treten erfahrungsgemäß Lecks der Geheimhaltung auf. Menschen kommunizieren miteinander, Kommunikation hinterlässt Spuren, denen ein Nachrichtendienst folgen kann. Außerdem ist mit hoher Wahrscheinlichkeit davon auszugehen, dass die israelischen Geheimdienste, wenn nicht im Kernbereich der Hamas, so doch zumindest im Umfeld menschliche Quellen gehabt haben. Trotzdem drang nur sehr wenig oder nichts nach außen. Heute wissen wir, dass Yahya Sinwar als Planungschef sämtliche Operationsbereiche mit striktester Geheimhaltung und Separierung belegt hatte. Aus den von mir genannten Gründen tat er das gerade auch innerhalb seines eigenen Milieus und untersagte sechs Wochen vor dem Überfall allen involvierten Kommandeuren jegliche Kommunikation untereinander. Die Hamas war demnach schon ab Mitte August in den finalen Angriffsmodus übergegangen, ab da war die Attacke vorprogrammiert. Dass höchstwahrscheinlich nichts und niemand Sinwar und seine unmittelbaren Gefolgsleute von ihrem Vorhaben hätte abbringen können, zeigt, dass er die bevorstehende Operation bis zuletzt auch vor den Verbündeten in Teheran und dem Libanon geheim gehalten hat. Die Kontakte zur politischen Führung der Hamas in Qatar und im Libanon waren in der Vorbereitungsphase ebenfalls radikal reduziert worden. Nicht nur in Israel, auch in Teheran und bei Hizballah hatte höchstwahrscheinlich niemand eine Vorstellung von dem, was konkret bevorstand. Dem Vernehmen nach wurde Hizballah erst 30 Minuten vor dem Beginn des Angriffs, um 06:00 Uhr, vom damaligen Hamas-Vertreter in Libanon, Saleh al-Arouri, telefonisch informiert. Gleich nach Beginn der Operation hatte sich dann allerdings der militärische Führer von Hamas, Muhammad Deif, über die Minaretts in Gaza wie über elektronische Medien an alle Welt gewandt, um den Beginn der Großoperation »Al-Aqsa-Sturmflut« (*Tufan al-Aqsa*) auszurufen und »alle Muslime« gemäß der Jihad-Ideologie aufzufordern, in den Vernichtungskrieg gegen Israel einzutreten. Seine Botschaft führte jedenfalls in Gaza zu weiteren, nicht notwendig Hamas-Kadern zuzurechnenden Wellen an Freiwilligen, die in das israelische Grenzgebiet strömten, um dort ein Maximum an Tod, Leid und Zerstörung anzurichten. Im Iran und im Libanon wollte sich dagegen spontan niemand in ein umfassendes militärisches Abenteuer mit unabsehbaren Folgen stürzen lassen. Auch die unmittelbare verbale Resonanz in Beirut und Teheran blieb erst einmal »verhalten positiv« und damit weit hinter den Wunschvorstellungen von Yahya Sinwar und seines Umfelds in Gaza zurück.

Für die israelischen Soldaten und Zivilisten sah es so am Morgen des 7. Oktober wirklich so aus, als käme die Attacke aus dem Nichts. Bis zu 2.000 Raketen wurden innerhalb einer Stunde auf Jerusalem, Tel Aviv, Herzliya, Ashkelon, Beersheva und die grenznahen Gebiete abgefeuert. Der Raketenschutzschild des Iron Dome wurde durch die schiere Menge der Geschosse an seine Grenzen gebracht, und es kam zu Einschlägen und Opfern in bewohnten Gebieten. Nicht wenige der Menschen, die sich in Israel diesen Angriffswellen gegenübersahen, werden sich vermutlich gefragt haben, wie dies alles unter den Augen ihrer Streitkräfte und ihrer Sicherheitsdienste geschehen konnte. Wer hatte versagt?

2. Faktor Mensch

»Nachrichtendienste sind auch nur Menschen«, könnte man ironisch überspitzt formulieren, doch das, was von ihnen erwartet wird, grenzt dann schon mal ans Übermenschliche. Warum ist die rechtzeitige Warnung vor einem katastrophalen Ereignis ausgeblieben? Hier wird die Schuld – und damit die Verantwortung – nur allzu schnell den Nachrichtendiensten zugeschoben. Die verbreiteten Negativklischees von der Allmacht eines Nachrichten- oder Geheimdienstes finden sich in dieser Haltung wieder, legt sie doch nahe, dass ein Dienst »alles weiß« – oder zumindest wissen müsste. Doch Allwissenheit gibt es bekanntlich nicht. Gerade bei Nachrichtendiensten – am Ende gar solchen mit exekutiven Befugnissen – sollte es sie auch nicht geben, wenn wir nicht in ein Orwell'sches Zeitalter hineingeraten wollen. Am Beispiel Chinas lässt sich mit Sorge beobachten, wie so etwas aussehen könnte.

Im Optimalfall arbeiten in einem Nachrichtendienst viele fachlich wie methodisch hochkompetente und kooperationsfreudige Menschen, denen modernste technische Möglichkeiten zur Verfügung stehen. Diese Kombination von herausragendem Wissen und exzellenten Methoden ermöglicht dann die Ermittlung und Darstellung bisher nicht bekannter belastbarer Fakten, Kausalzusammenhänge und Entwicklungspotenziale, um auf dieser Basis eine Annäherung an ein jeweils möglichst genaues strategisches oder auch taktisches Lagebild samt seiner möglichen Perspektiven zu gewinnen.

Wie gewinnt ein Nachrichtendienst also Erkenntnisse, die belastbar genug sind, um im Optimalfall dazu beizutragen, Katastrophen wie den Überfall der Hamas auf Israel zu verhindern oder sich wenigstens angemessen vorzubereiten? Ich vergleiche den kognitiven Prozess der nachrichtendienstlichen Arbeit gerne mit wissenschaftlicher Forschung. Und im Grunde ist es ja auch nichts anderes: Zunächst stellt man erst einmal eine Forschungsfrage, über die es Aufklärung zu erlangen gilt. Im Zentrum steht mithin der Erwerb zusätzlichen Wissens, zusätzlicher Erkenntnis ausgehend von einem zuvor ermittelten Forschungsstand und unter den Bedingungen intersubjektiver Nachprüfbarkeit. Der Einzelhinweis gilt in der Regel nichts, darf ohne unabhängige Bestätigung mit sehr wenigen Ausnahmen nichts gelten. Erst aus bestätigten Hinweisen werden Erkenntnisse, und erst aus Erkenntnissen werden in der Zusammenschau, Gewichtung und Analyse entscheidungsrelevante Lageelemente (*finished intelligence*). Im Nachrichtendienst wird die Forschungsfrage häufig durch die Regierung gestellt oder im Dienst aus einer solchen abgeleitet. Am Anfang steht dann – wie im Forschungsprozess – die Sichtung des bisherigen Erkenntnisstands, der dem Dienst zur Verfügung stehenden Wissensbasis. Im Idealfall handelt es sich hier um einen bereits über einen längeren Zeitraum angesammelten, strukturierten und immer wieder bewerteten und ausgewerteten Datenbestand. Eine solche Basis ist grundsätzlich zu allen Themen von bereits seit Längerem etablierter oder absehbarer sicherheitspolitischer, militärischer und nachrichtendienstlicher Relevanz zu erwarten. Viele Probleme und Herausforderungen, wie etwa die Frontstellungen, vielfältigen Gefährdungsmomente, militärischen und terroristischen Potenziale und Akteure im Nahostkonflikt, bestehen ja bereits seit Jahren oder Jahrzehnten. Sorgsam gepflegtes, hochaufgelöstes, strukturiertes und aktualisiertes Basiswissen ist lebenswichtig für die Leistungsfähigkeit eines Dienstes und damit für seine Relevanz. Die israelischen Streitkräfte hätten nie in der Schnelle und Zielsicherheit in Gaza oder im Südlibanon, wo nötig auch in Beirut, der libanesischen Bekaa-Ebene, in Syrien, Irak oder Jemen, zurückschlagen können, hätte ihnen nicht zuvor erstellte umfangreiche, dynamisch aktualisierte und hochpräzise, mittlerweile KI-unterstützte Targeting-Basen mit Zieldaten zur Verfügung gestanden. Entscheidend für die eigene militärische Leistungs- oder auch Überlebensfähigkeit ist mithin die langfristig vorausgeplante Informationsgewinnung mit allen Sensoren. Im internationalen militärischen Jargon nennt man diesen Prozess ISR oder JISR: »(Joint) Intelligence, Surveillance and Reconnaissance«. Dies ist erst jüngst bei dem massiven, binnen einer Stunde durchgeführten Präventivschlag der israelischen Luftstreitkäfte gegen Hunderte Raketenstellungen von Hizballah in Libanon vom 25. August ebenso eindrucksvoll unter Beweis gestellt worden wie erneut in der Nacht zum 20. September 2024, in der ein weiteres großes Arsenal an abschussbereiten Systemen zerstört werden konnte.

Eine nachrichtendienstliche Kernkompetenz ist es also, ein Maximum an bereits erschlossenem und verlässlichem Wissen zu den relevanten Sachverhalten im militärischen oder zivilen Entscheidungsprozess sofort verwertbar zur Verfügung zu haben. Das heißt, einen optimalen »Forschungsstand« zu haben, auf dessen Grundlage man notfalls auch schon einmal kurzfristig mit einer gewissen Aussicht auf Erfolg, wenngleich nicht ohne operatives Risiko, agieren kann. Waren dies früher Bibliotheken, so sind dies heute Datenbanken, die es im Idealfall über KI-gestütztes Data-

Mining und Data Analytics im Sinne der Anfrage quasi verzugslos zu erschließen gilt. Vor diese Befähigung haben die Götter allerdings den mühsamen und personalintensiven Prozess des *data labeling*, der Datenvorbereitung und Datenbereinigung gestellt.

Aufbauend auf diesem erschlossenen Basiswissen geht es dann darum, aktuelle Aufklärungsergebnisse zu erlangen. Dazu besitzt ein Nachrichtendienst, je nach Größe und Ausstattung, eine ganze Reihe von »Werkzeugen«. Viele sind technischer Natur, wie zum Beispiel elektrooptische oder radar- bzw. infrarot-unterstützte Aufklärungssatelliten (IMINT, GEOINT), Sensoren für die technische Erfassung und Auswertung von elektronischer Kommunikation aller Art (SIGINT, COMINT) insbesondere auch im und über das Internet. Der über das Internet zur Verfügung stehende elektronische globale Cyberraum bildet immer mehr die Realwelt ab und erweitert ihre Dimensionen in vielfältiger Weise. Mit Open Source Intelligence, Social Media Intelligence bis hin zu Cyber Network Operations finden weite Bereiche der nachrichtendienstlichen Aufklärung, Abschirmung und hybriden Kriegführung bis hin zu Desinformation, Doxing und Sabotage im virtuellen Raum statt. All dies, auch gerne »Armchair Intelligence« genannt, da vielfach »vom Schreibtisch« aus betrieben, ersetzt jedoch nicht die Nutzung menschlicher Quellen und die Informationsgewinnung durch Angehörige des Dienstes vor Ort. Gerade das Identifizieren, Anwerben und Führen menschlicher Quellen ist, wie ich aus eigener Erfahrung weiß, ein sehr aufwendiges Geschäft. Mitunter sind Jahre an Vorbereitung notwendig, um – häufig über Umwege – Zugang zu einem Wissensträger zu erlangen. Diesen dann auch zu motivieren, sein Potenzial verantwortungsvoll zu nutzen und ihn, gegebenenfalls mitsamt seinen Angehörigen, dauerhaft zu schützen, ist immer wieder eine große Herausforderung für einen Dienst.

Soweit schon erkennbar, stellte so auch die nachrichtendienstliche und operative Vorbereitung der verheerenden israelischen »Pager- und Walkie-Talkie-Anschläge« gegen die Hizballah am 16. und 17. September 2024 ein Glanzstück gerade auch von langjährig angelegter HUMINT dar: Immerhin mussten die Beschaffungswege der Hizballah so weit aufgeklärt worden sein, dass der Mossad sich mit eigenen Tarnfirmen in diese Strukturen unerkannt einfügen und auf dieser Grundlage die manipulierten Geräte in großem Stil an die Hizballah verkaufen konnte. Die Ausstattung mehrerer Tausend Pager mit Sprengstoff, Zünder und spezifischer, nur von einer israelischen Stelle zu bedienenden, die Explosion auslösenden Kommunikation stellte dann noch eine weitere Glanzleistung, diesmal von israelischer SIGINT und COMINT, dar. Langfristige systematische Aufklärung und Kartografierung relevanter Ziele waren auch die zwingenden Voraussetzungen für erfolgreiche, notfalls dann auch sehr kurzfristig aktivierbare hochpräzise Optionen der Luftstreitkräfte. Hinzu kommen allerdings in solchen Fällen notwendig aktuelle, die Operation erst auslösende Hinweise (*actionable intelligence*) auf die Präsenz der Zielpersonen.

Ein besonders prägnantes Beispiel hierfür ist der genannte »Enthauptungsschlag« gegen die *Radwan*-Elitetruppe der Hizballah vom 20. September 2024. Hier zerstörte eine israelische F35 mit vier Raketen ein Gebäude mitten in Südbeirut, in dem sich der Kommandeur der Truppe, Ibrahim Aqil, zusammen mit bis zu zwanzig Offizieren zu einer Lagebesprechung zusammengefunden hatte. Den Luftschlag scheint niemand überlebt zu haben. Zumindest vorerst ist damit die taktische Führungsfähigkeit der im Grenzraum zu Israel eingesetzten Elitetruppe in Frage gestellt. Dies ist umso bedeutender, als die *Radwan*-Truppe auch in dem Ruf steht, vergleichbare Grenzdurchbrüche wie die Hamas und andere terroristische Operationen gegen die Menschen im Norden Israels geplant zu haben. Ihre Angehörigen stellen auch einen Großteil der kleinen Trupps, die mit Infanteriewaffen, Mörsern und RPG unmittelbar die grenznahen Siedlungen in Israel angreifen können. Im Gegensatz zu Raketen kann dieser direkte Beschuss auf kurze Distanz nicht mit hochtechnologischen Systemen abgewehrt werden. Hier hilft allenfalls ein Rückzug der entsprechenden Kräfte, und dieser setzt eine entsprechende Willensbildung der Hizballah-Führung voraus, wenn nicht der Geländestreifen durch israelische Truppen freigekämpft und anschließend kontrolliert werden soll. Risiken und Grenzen einer derartigen Großoperation der Landstreitkräfte haben israelische militärische und politische Entscheidungsträger allerdings zwischen 1978 und 2000 zur Genüge erfahren müssen.

Noch augenfälliger ist in diesem Zusammenhang der massive Luftangriff auf den Führungsbunker von Hizballah in Beirut am 27. September, bei dem auch Generalsekretär Nasrallah ums Leben kam. Auch diese in ihren Zielkoordinaten, Abläufen und einzusetzender Munition als Handlungsoption (*contingency*) lange vorausgeplante Operation gegen dieses ortsfeste Ziel wurde offenbar erst ausgelöst, als die Präsenz der Hizballah-Führung im Bunker bestätigt war. Es ist zumindest wahrscheinlich, dass neben SIGINT und IMINT auch hier HUMINT eine Rolle gespielt haben dürfte. Hizballah hat sich im vergangenen Jahrzehnt seiner Beteiligung im syrischen Bürgerkrieg an der Seite von Bashar al-Asad viele tödliche Feinde in Syrien wie in Libanon gemacht. Zumindest ein Netz von taktischen Beobachtern und Hinweisgebern dürfte so rekrutiert worden sein.

Öffentlich wird in Israel inzwischen auch die Notwendigkeit diskutiert, die Huthis im Jemen zu einem Schwerpunkt nachrichtendienstlicher Aufklärung zu machen. Ein vertieftes Verständnis der wirtschaftlichen Strukturen und Schmuggelrouten aus Iran müsse hier ebenso erworben werden wie »*actionable intelligence*« zu militärischer Infrastruktur der Huthis und ihrer iranischen Unterstützer im Jemen wie in Syrien, um wirksamere Handhaben als bisher gegen diesen Teil der »Achse des Widerstands« zu schaffen. Die Luftangriffe auf militärische Ziele im Jemen Ende Juli und Ende September verdeutlichen augenfällig den sich hier entwickelnden operativen Bedarf der israelischen Luftstreitkräfte. Der Diskussion in den Medien werden mit Sicherheit entsprechende geheim gehaltene Konzeptionen, Pläne und erste Initiativen der zuständigen israelischen Dienste vorangegangen sein. Das akute militärische Problem für Israel besteht ja immerhin seit einem Jahr, und auch zuvor schon waren die Huthis als Handlanger Irans auf der Arabischen Halbinsel nicht nur in Israel mit wachsendem Argwohn beobachtet worden.

An all diesen Fällen können wir klar erkennen, dass im Rahmen der Beschaffung zumeist nicht nur eine Methode, sondern ein ganzer Methodenmix eingesetzt wird. Zugleich wird die elementare Bedeutung der langfristigen Perspektive deutlich, mit der Operationen häufig angelegt werden müssen, um überhaupt kurzfristige Handlungsoptionen zu eröffnen. Dies gilt nicht nur für den militärischen Bereich, auch wenn dort diese Zusammenhänge und Bedingtheiten besonders offensichtlich sind. Nachrichtendienstliche Beschaffung ist selten eine *hit and run*-Aktion, sondern vielmehr ein delikater Prozess, bei dem hohe fachliche Kompetenz Hand in Hand mit spezifischem Methodenwissen gehen muss. Nur bei *battlefield intelligence* finden diese Prozesse dann allerdings unter hohem taktischen Zeitdruck statt, häufig verbunden mit einer direkten Exposition gegenüber den möglichen Zielpersonen und damit ebenso hohem operativen Risiko.

Hat ein Nachrichtendienst Hinweise gewonnen, beginnt die

ebenso langwierige wie unabdingbare Arbeit der Auswertung, denn die einzelne, häufig auch nur bruchstückhafte oder auch kryptische Information muss auf ihre tatsächliche sachliche Relevanz, Validität und Aussagekraft in einem größeren Kontext bewertet werden. Ein verantwortungsvoller und kompetenter Nachrichtendienstmitarbeiter sollte auch niemals ausschließen, dass das, was er vor sich hat, eine gezielte Fehlinformation des Gegners oder ein rein zufälliger Irrtum sein könnte, der am mangelnden Wissen einer Quelle, einer missverständlichen Kommunikation oder an den Grenzen der eigenen fachlichen Kompetenz liegen könnte. Je fachspezifischer der Sachverhalt, je ferner der soziokulturelle und sprachliche Raum ist, aus dem die Information stammt, desto voraussetzungsvoller ist ihre korrekte Handhabung, Einordnung und Bewertung. Wer hier einfach nur von sich auf andere schließt, geht öfter fehl, als es der Sache guttut. Erfolge im nachrichtendienstlichen Informationskrieg, in der Täuschung des jeweiligen Gegenspielers, liegen sehr häufig gerade in dieser kognitiven Unfähigkeit des Empfängers zum adäquaten Umgang mit eingehenden Nachrichten begründet. Gleiches gilt natürlich auch umgekehrt: Ohne eine überzeugende Anpassung der eigenen Botschaften an den Empfängerhorizont trägt jede Kommunikation das Risiko des Scheitern in sich.

All dies zeigt uns, wie zentral neben dem Faktor Zeit der Faktor Mensch bei alledem ist. Nachrichtendienstliches Handwerkszeug ohne fundierte Fachkenntnis und methodische Kompetenz laufen leer und produzieren im schlimmsten Fall selbst Desinformation in den eigenen Reihen oder operative Wirkungslosigkeit gegenüber nachrichtendienstlichen Gegnern.

Auch 1990, als ich meinen Dienst beim BND antrat, war der *human factor* von hoher Bedeutung, hier in der Auswahl und Rekrutierung neuer Mitarbeiter. Erfolgreiche Personalgewinnung und Personalführung sind von essenzieller Bedeutung für die Substanz und Handlungsfähigkeit nicht nur von Betrieben, sondern auch des »Unternehmens BND«. Damals konnte man sich nicht eigeninitiativ bewerben, man musste kooptiert oder von dritter Seite »getippt« werden. Aktiv-Bewerbungen schieden in Zeiten des Kalten Krieges aus, weil der Dienst darin eine Gefahr sah, dass die Gegenseite – Warschauer Pakt, KGB, Stasi und weitere nachrichtendienstliche Gegner – versuchen würde, mit sogenannten Doppelagenten, auch Maulwürfe genannt, den Nachrichtendienst zu infiltrieren. Allgemein anerkannt ist inzwischen, und dies nicht nur in Deutschland, dass diese Form der Rekrutierung neben bestimmten Vorteilen von Diskretion und sozialer Kohärenz – man kennt sich oder ist vom gleichen Schlag – erhebliche Nachteile und Risiken nach sich zieht, bis hin zu Nepotismus und einer völlig unzureichenden Auswahl an fachlichen und persönlichen Talenten. Nicht nur die berüchtigten *Cambridge Five*-Maulwürfe des KGB beim britischen Auslandsdienst MI 6 der Fünfziger- und Sechzigerjahre zeigten diese Grenzen auf; auch der BND hatte in der gleichen Ära in manchen Fällen schwer unter den Gesetzmäßigkeiten falsch verstandener Kameradschaft und Gruppensolidarität zu leiden, wie die Forschungen der 2010 etablierten Unabhängigen Historikerkommission (UHK) zeigten. Hinzu kommen die immensen Vorteile von gesellschaftlicher Inklusion: Nachrichtendienste agieren notwendigerweise in allen Milieus und Metiers. Diese müssen sich damit auch in der personellen Vielfalt der Belegschaft widerspiegeln.

In meinem Fall war die Genese des »Tipps« recht einfach und plausibel: Auf Vermittlung eines meiner Völkerrechtsprofessoren in Bonn hatte ich eine Verwendung als Reserveoffizier im Führungsstab der Streitkräfte im Verteidigungsministerium erhalten, wo ich bereits als Student der Islamwissenschaften an der militärpolitischen Lagefeststellung in Nahost mitarbeiten konnte: Immerhin konnte ich ja alle Eigen- und Ortsnamen zum Vergnügen der Kameraden und Vorgesetzten richtig aussprechen. Diese Aufgabe führte mich später auch einmal im Rahmen einer Wehrübung in den Militärattaché-Stab der deutschen Botschaft Damaskus. Von einem Kameraden der Bundeswehr wurde ich so schließlich 1989 – mit meinem Einverständnis –»getippt« und trat nach umfänglichen Einstellungsformalien und Sicherheitsüberprüfungen im Sommer 1990 meinen Dienst im BND an.

In den fast dreißig Jahren meiner Zeit beim Dienst und auch nach meinem Ausscheiden 2019 hat sich vieles grundlegend verändert. Meine Vorgesetzten, denen ich 1989 im Einstellungsgespräch gegenübersaß, hätten es seinerzeit wohl kaum für möglich gehalten, dass der einst so geheim daherkommende Nachrichtendienst im Jahr 2024 mit einer breit angelegten Social-Media-Kampagne öffentlich und mit einem Platz 1 des renommierten BEST 18/1--Marketing Contest überaus erfolgreich um Mitarbeiter wirbt. Geworben wird neuerdings mit Slogans wie »Wir suchen Terroristen – Finde sie mit uns!« oder »Wo man dich in 5 Jahren sieht? – Nirgendwo!«. Ironisch werden damit einige Dimensionen der Arbeit im Dienst angedeutet: Die Suche nach neuen Erkenntnissen, »legendiertes« Handeln, also Agieren unter einer Scheinidentität und Scheinaktivität, die den eigentlichen Hintergrund der Person und den Zweck ihrer Aktion verbirgt, Exklusivität durch Geheimhaltung, internationales Flair, Karriereerwartungen, Faszination technischer Aufklärung im Cyberraum, Herausforderung der Terrorismus-Aufklärung. Ein neu gestalteter Webauftritt des BND ist ebenfalls Teil der Kampagne: Man sieht schon auf den ersten

Klick, dass es den Schöpfern darum gegangen ist, den Dienst einer Generation der *»digital natives«* als cool darzustellen. Zumindest cool in den Augen vieler junger, vielleicht auch gar nicht einmal besonders politisch interessierter Zeitgenossen. Warum beschreitet der BND diesen Weg? Dem Dienst geht es ähnlich wie der Bundeswehr: Er braucht angesichts eines absehbaren demografisch bedingten massiven *brain drain* bei zugleich dramatisch wachsenden Anforderungen mehr denn je spezifisch qualifiziertes Personal. Ob die PR-Kampagne des BND die gewünschten Bewerber erreicht und insbesondere zu ihrer handlungsorientierten Motivation, das heißt einer im Ergebnis erfolgreichen Bewerbung, Einstellung, Personalführung und Personalentwicklung führt, wird sich naturgemäß erst im Laufe der nächsten Jahre herausstellen können. Aktuell werden in erster Linie das Abenteuer und der Reiz des Operierens im Geheimen angesprochen, die ja auch tatsächlich Bestandteil der Arbeit beim Nachrichtendienst sein können. Die Beschaffung von geheimen Informationen im Ausland ist schwierig und nicht selten auch riskant, meistens jedenfalls spannend. Im technischen Bereich wird vieles sozusagen von zu Hause erreicht, also vom eigenen Land aus mit entsprechenden Sensoren, die im Internet, über Satelliten oder Kabelverbindungen ausgebracht werden. Es gibt aber auch Konstellationen, in denen zum Beispiel Sensoren aus technischen und operativen Gründen in relativer Nähe zum Objekt im Ausland, zum Beispiel in einem Kriegs- oder Spannungsgebiet, aufgestellt werden müssen. Das kann dann schon einmal in ungewohnter oder gar gefährlicher Umgebung sein. Menschliche Quellen zu suchen, zu finden und zu werben, ist stets eine große Herausforderung für den ganzen Menschen. *Social engineering* sagt sich leicht, doch was bedeutet es wirklich? Es erfordert nur zu oft vertiefte Kenntnisse von für uns fremden soziokulturellen Gegebenheiten und damit ein hohes Maß an Kompetenz in Sprachen, den Verhaltensweisen und Wertekatalogen anderer Gesellschaften sowie emotionale Intelligenz, um nicht gleich bei der Konzeption einer Operation – oder spätestens bei ihrer Durchführung – zu scheitern. Ein Nachrichtendienst benötigt Mitarbeiter, die sehr spezifische und profunde Fachkenntnisse mitbringen. Man könnte also, wie ich es zu Anfang getan habe, mit Recht sagen, »Nachrichtendienste sind auch nur Menschen«, doch es sind eben nicht nur einige wenige, sondern, strukturell bedingt, eine ganze Fülle von Experten, deren Wissensgebiete sich ergänzen. Alle arbeiten zusammen und dienen somit den Sicherheitsinteressen und dem Schutz der Bundesrepublik Deutschland. Ist das »cool«? Wie auch immer man es nennen mag, unzweifelhaft dienen die Angehörigen des Nachrichtendienstes der Gemeinschaft und den elementaren Sicherheitsinteressen der Bundesrepublik Deutschland. Ich würde das – heute mehr denn je – als sehr sinnvoll und erfüllend bezeichnen.

Ein besonders hohes Maß an fachlicher Kompetenz, ja Exzellenz ist für Nachrichtendienste konstitutiv, da diese ja in besonderem Maße einer »Output-Legitimierung« unterliegen. Sie sind keine Behörden mit der Aufgabe, vorgegebene Normen im Verwaltungsvollzug umzusetzen, sondern Institutionen der spezifischen Wissensproduktion auf der Grundlage optimaler Fachkompetenz, verbunden mit der spezifischen nachrichtendienstlichen Beschaffungs- und Analysemethodik. Wenn ein Nachrichtendienst mit falschen oder irreführenden Ergebnissen aufwartet, können die Folgen für all jene gravierend sein, die im Vertrauen auf die Informationen agieren. Wer mit leeren Händen dasteht, weiß wenigstens – in Anlehnung an Sokrates –, dass er nichts weiß, und sucht weiter, – wähnt sich aber nicht fälschlicherweise in Sicherheit. Erkanntes Nichtwissen ist so weit weniger fatal als vermeintliches Wissen, das in der Folge dann an der Realität zerschellt, zuvor aber zu potenziell folgenschweren operativen Fehlern führt. Fachkompetenz und Expertise sind auch im anbrechenden Zeitalter von Datenanalytik und künstlicher Intelligenz notwendig personengebunden. Das vertiefte Verständnis von Sachverhalten, ihrer Bedingtheiten, Unschärfen und Zusammenhänge bleibt noch lange Prärogativ des menschlichen Verstands – und hier insbesondere auch des spezifischen Sachverstands. Generalistentum allein stößt hier sehr rasch an seine Grenzen. Es kann seine Qualitäten nur im meist koordinativen Zusammenwirken mit Spezialisten entfalten, und auch dies meist nicht ohne einen starken fachlichen Bezug zum gemeinsamen Arbeits- oder Forschungsgebiet. Nicht umsonst werden diese Zusammenhänge im Wissenschaftsbetrieb mit den Begriffen der Interdisziplinarität und Transdisziplinarität umschrieben. Dem gerade in Verwaltungen immer wieder recht populären Missverständnis, eine juristische Ausbildung befähige zur fachlichen Allzuständigkeit, wird hier energisch entgegenzutreten sein. Jede Fachverwaltung benötigt Fachkompetenz, daher auch der Name. Ein Nachrichtendienst als eine spezifische Form der »generativen Intelligenz« muss daher in besonderem Maße mit einem möglichst breiten Spektrum an Wissensgebieten aufgestellt sein, auf die bei einem integrierten, regional wie thematisch orientierten Ansatz in ausreichenden Maßen zurückgegriffen werden kann und auch muss. Hierbei stechen sachlogisch zwingend insbesondere die regional-, kultur-, sprach- und gesellschaftswissenschaftlichen Disziplinen hervor, die den analytischen wie lebenspraktischen Blick auf die Weltkarten richten müssen, in denen Europa *nicht* der Mittelpunkt ist. Hier ist eine professionelle, ambitionierte und marktangemessen budgetierte Personalpolitik, die spezifische

Expertise rekrutiert, gezielt einsetzt, aufbaut, fördert und weiterentwickelt, schlicht und einfach existenziell für die Relevanz eines Nachrichtendienstes und seinen Beitrag für wichtige Entscheidungsprozesse von Regierung und nachgeordneter Exekutive. Wie bei jedem Unternehmen ist es ist hier nicht nur der »Faktor Mensch«, sondern die »Ressource Mensch«, deren Qualität als strategischer Produktionsfaktor für den Bestand und den Erfolg ausschlaggebend ist.

Entscheidend ist allerdings auch, die Produkte wirksam »am Markt zu platzieren, sie an den Kunden zu bringen«. Mit einer reinen *fire and forget*- oder »Melden macht frei«-Attitude ist es hier keinesfalls getan. Dies zeigt sich auch im Vorfeld des Terrorüberfalls vom 7. Oktober 2023, als hoch relevante intelligence auf verschiedenen Ebenen einfach nicht »ankam«, nicht die erforderliche Aufmerksamkeit und fachkundige Einordnung erfuhr und damit keine »*situational awareness*« bei Entscheidungsträgern auslöste. Ohne zeitgerechte »*situational awareness*« kommt keine Informationsüberlegenheit zustande, diese wiederum ist eine notwendige Voraussetzung für Handlungsüberlegenheit und die Grundlage für Selbstbehauptung in den vielfältigen Krisen und Herausforderungen auf nationaler oder internationaler Ebene.

Obwohl Israels Geheimdienste vor dem Angriff vom 7. Oktober 2023 nicht hatten warnen können, genießen sie doch nach wie vor hohes Ansehen, und dies zu Recht, wie die im Verlauf des Konflikts immer wieder gezeigte hohe taktische Informationsüberlegenheit und operative Brillanz an allen Fronten unter Beweis gestellt hat. Der Überfall der Hamas hat mit Sicherheit das öffentliche Vertrauen in die israelischen Nachrichtendienste und die Israeli Defence Forces IDF erst einmal tief erschüttert, doch schwingt mit diesem Schock sogleich auch der Wille mit, den Ursachen auf den Grund zu gehen und energische Maßnahmen zur Überwindung möglicher Schwächen und Defizite zu ergreifen. Der neue Leiter des *Aman*, Generalmajor Shlomi Binder, hat diese Haltung bei seiner Antrittsrede am 22.08.24 so zusammengefasst: »Where we failed, we will need to investigate and improve; where we made mistakes, we will learn and change; where fractures were opened, however big they are, we will insist on fixing and repent. The Israeli people have no other country, the State of Israel doesn't have another IDF, and the IDF doesn't have another Intelligence Directorate.« Auch daraus können wir in mancher Hinsicht lernen, allein schon, weil auch wir kein anderes Land haben, das es folglich in Freiheit, Rechtsstaatlichkeit und Zukunftsfähigkeit mit den hierfür notwendigen Mitteln und Institutionen in gemeinsamer Verantwortung zu bewahren und zu schützen gilt.

Nach der Katastrophe des 7. Oktober konnten die Dienste allerdings binnen kürzester Zeit ihre exemplarische Befähigung zur Unterstützung der kämpfenden Truppe wie auch der Hightech-Luftverteidigung mit hochaufgelöster, dynamischer taktisch-operativer *intelligence* mehr als eindrucksvoll unter Beweis stellen. Hier kamen in besonderer Weise die über lange Jahre hinweg aufgebauten und beständig durch ISR aktualisierten Informationsbestände zu den Inlands- und Auslandsstrukturen von Hamas und seinen Verbündeten zum Tragen, bis hin zu den Nachschublinien aus dem Iran.

Bereits ein oberflächlicher Vergleich zwischen Deutschland und Israel verdeutlicht so, wie stark Geschichte und insbesondere die geopolitische Lage eines Landes die Wahrnehmung seiner Streitkräfte und seiner Dienste prägen und so wiederum auf deren Mandatierung, Befähigung und personeller wie materieller Ausstattung auswirken. Die »Zeitenwende« nach 2022 hat hier in Ansätzen zu einem Umdenken in Deutschland geführt: Man sieht sich seither jedenfalls nicht mehr durchweg auf einer sicherheitspolitischen Insel der Seligen, wenngleich in Politik und Wissenschaft die mahnenden Stimmen zunehmen, dass die zwingend erforderliche, gerade auch budgetäre Umorientierung bereits wieder dabei sei, in ihren Anfängen stecken zu bleiben. Die Zeitenwende beschreibt einen grundlegenden, über Jahrzehnte hinweg anzulegenden umfassenden Wandel hin zu glaubhafter militärischer, staatlicher und gesellschaftlicher Resilienz, Verteidigungs- und Selbstbehauptungsfähigkeit, der sich von Anfang an in konkreten und weitreichenden Maßnahmen manifestieren muss, wenn er nicht zur leeren Worthülse und damit gefährlicher Selbsttäuschung werden soll.

Dies gilt in besonderem Maße auch für die Dienste, deren Ansehen auch als Arbeitgeber, im betriebswirtschaftlichen Jargon ihr *employer branding*, maßgeblich davon abhängt, in welcher Weise sie im Rahmen der Öffentlichkeitsarbeit der Bundesregierung präsentiert werden. Eine professionelle Eigendarstellung ist viel wert; sie muss jedoch durch die Kommunikation von »Kundenzufriedenheit« ergänzt werden. Gerät ein Nachrichtendienst lediglich im Zusammenhang mit Fehlern, Versagen und Affären ins Rampenlicht, dürfte er – trotz moderner PR-Kampagne – von vielen wohl kaum als attraktiver Arbeitgeber und relevanter Bestandteil der eigenen Sicherheitsarchitektur gesehen werden. Den oft gehörten Einwand, man könne nicht über Dinge kommunizieren, die der Geheimhaltung bedürfen, lasse ich in dieser Allgemeinheit nicht gelten, denn in vielen Staaten mit starken Diensten ist von dieser öffentlichen Heimlichtuerei kaum etwas zu spüren. Es geht ja nicht um die Verbreitung geschützter Sachverhalte, sondern um eine angemessene öffentliche Kontextualisierung der Nachrichtendienste als erste Verteidigungslinie von Freiheit und Sicherheit, ihrer Aufgaben und – in geeigneter Weise – ihrer erbrachten Leistungen. Nur so wird sich auch im Bereich der *human resources* Zukunft sichern und gestalten lassen.

Bei der Betrachtung der Katastrophe des 7. Oktober 2023 bleibt aber weiter die bohrende Frage: Warum sind die Dienste – die zu den professionellsten und besten der Welt gezählt werden – so eklatant gescheitert? Die bisher öffentlich bekannten Erkenntnisse über die Vorgeschichte und den Verlauf des Terrorangriffs deuten bereits auf eine ganze Sequenz von Fehlleistungen, auch von menschlichen Schwächen hin, die in einer gravierenden Fehlperzeption der Gefahren und Risiken kumulierten und zu einem erheblichen Maß an Schlendrian an der Grenze und ihren Befestigungen geführt haben – es bestand ja keine Gefahr. Wir werden uns daher diesem Komplex des *intelligence failures* noch näher zuwenden müssen.

3. *Intelligence failure* auf allen Ebenen?

Bereits anhand der bisher bekannt gewordenen Sachverhalte und Bewertungen wird deutlich, dass die israelische Regierung sowie ihre Streit- und Sicherheitskräfte durchaus die Möglichkeit gehabt hätte, die Attacke der Hamas vom 7. Oktober 2023 zu verhindern. Zumindest hätte sie den Terroristen besser vorbereitet entgegentreten können, wenn sie denn die Bedeutung der Informationen – die ihr offenbar vorlagen – richtig eingeordnet und erkannt hätte. Hinter diesen schlichten Worten verbirgt sich unendliches menschliches Leid auf allen Seiten. Durch den nüchternen Konjunktiv »hätte können« dringt die Gewissheit einer schwerwiegenden kognitiven oder zusätzlich auch einer politisch-operativen Fehlleistung ins Bewusstsein. Schmerzlich zwar, aber so ist es. Das, was sich in Israel am 7. Oktober und in dessen Vorfeld ereignet hat, ist ganz offensichtlich *intelligence failure* auf mehreren Ebenen mit katastrophalen Folgen.

Der Militärgeheimdienst *Aman* wie der Sicherheitsdienst *Shin Beth* besaßen umfängliche Informationen bis hin zu konkreten operativ-taktischen Hinweisen, dass die Hamas etwas »Größeres« vorbereitete. Drei Wochen vor der Attacke, so israelische Medien, hatte man zunehmend konkrete Anzeichen für einen bevorstehenden Terrorangriff neuer Qualität erkannt. Worin diese Hinweise im Einzelnen bestanden, ist nur zum Teil öffentlich, da solche Aufklärungsergebnisse naturgemäß geheim bleiben müssen und darüber hinaus eine gründliche Untersuchung der Vorgänge durch Militär und Dienste noch nicht abgeschlossen ist. Doch aus Kreisen der Regierung und der Nachrichtendienste verlautbarte in der israelischen Öffentlichkeit zumindest so viel, dass sowohl die Vorbereitungen für den Angriff ziemlich detailliert dokumentiert waren, so auch der Plan eines groß angelegten Überfalls mit dem Ziel, 200 bis 250 Geiseln auf israelischem Gebiet zu nehmen und anschließend nach Gaza zu verschleppen. Dank der umfangreichen Aufklärung, die Israel im Gazastreifen betreibt, war nicht verborgen geblieben, dass die Hamas ein Kibbuz – eine israelische Siedlung – in Gaza nachgebaut hatte und ihre Kämpfer darin wiederholt Orts- und Häuserkampf übten. Es war Teil der umfangreichen Vorbereitungen für den Angriff, an dem bis zu 1.000 hochtrainierte Kämpfer und in ihrem Gefolge nochmals bis zu 2.000 Bewaffnete und Freiwillige aktiv beteiligt waren. Die *Nukhba*-Elitetruppen bedienten sich dabei spezieller Methoden. Kommandos flogen mit Paraglidern und Motordrachen nach Israel oder sickerten mit einem Landemanöver von See aus ein, andere legten die Kommunikation der israelischen Gaza-Division mit *cyber network operations* lahm. So etwas kann niemand aus dem Stand leisten. *Electronic warfare*, um die Kommunikation des Gegners zu lähmen, muss man erst einmal erlernen und üben, ebenso das Fliegen von Paraglidern oder die Nutzung von Drohnen zu Aufklärung und Kampf. Die Ausbildungsprogramme, an denen Hunderte von Kämpfern beteiligt waren, haben Spuren hinterlassen, die von den israelischen Geheimdiensten zumindest in Ausschnitten wohl auch gesehen wurden.

Heute wissen wir, dass der vom *Aman* bereits 2022 beschaffte Operationsplan nicht ernst genommen wurde. Das Papier wurde auf verschiedenen Analyse- und Entscheidungsebenen durchweg als *»aspirational«* (überambitioniert) bezeichnet, was letztlich bedeutet, dass man »in Fachkreisen« der Hamas eine derart groß angelegte militärische Operation einfach nicht zutraute. Zu groß wäre der hierzu erforderliche Entwicklungsschritt von der kleinräumig aus dem Untergrund agierenden Terrorgruppe zur kompetenten paramilitärischen Kraft. Darum wurden auch die erkannten Vorbereitungen – wie etwa der Orts- und Häuserkampf in der Kibbuz-Simulation – lediglich als Provokation oder eine Art »Beschäftigungstherapie« im langweiligen Alltag der Kämpfer gesehen. Fazit: Ausreichende Informationen zu den Absichten des Gegners lagen vor, doch konnten die Hinweise einen weit verbreiteten starken kognitiven »Bias« nicht überwinden.

Und so befand sich die israelische Armee am 7. Oktober in tiefster Wochenend- und Feiertagsstimmung. Wegen des Simchat Tora-Fests, das die Woche des Laubhüttenfestes beendete und auch noch auf einen Sabbat fiel, waren viele Soldatinnen und Soldaten in den Urlaub gegangen, zusätzlich hatte die Armeeführung wenige Wochen zuvor zwei bis drei Bataillone von der Grenze zu Gaza abgezogen und auf die Westbank verlegt, wo man sich einer größeren und akuteren terroristischen Gefährdungslage gegenübersah. Die Grenzbefestigungen zu Gaza, insbesondere die Beobachtungsanlagen, waren personell unterbesetzt, ihr Bereitschaftsstand und ihr Schutzstatus waren offenbar zudem erst kürzlich bei einer Inspektion als ungenügend bewertet worden, ein weiteres klares Indiz für die gering ausgeprägte Bedrohungsperzeption. Laut israelischen Medien sollen am 7. Oktober nur etwa 600 Kräfte und eine Handvoll Kampfpanzer entlang der beinahe 70 Kilometer langen Sperranlagen und im rückwärtigen Raum in Bereitschaft gewesen sein. Es war aber nicht nur das Militär, das sich arglos verhielt. In Re'im, nur wenige Hundert Meter von der Grenze nach Gaza entfernt, fand ab dem 6. Oktober 2023 mit vorheriger Genehmigung der Sicherheitsbehörden das Open-Air-Festival *Supernova Sukkot Gathering* statt. 7000 Menschen feierten dort bis in den frühen Morgen. Mehr als 360 von ihnen wurden brutal ermordet, etwa 40 als Geiseln verschleppt.

Die Realität, wie sie viele der israelischen Verantwortlichen in der Regierung wie in den Streit- und Sicherheitskräften wahrgenommen haben, war also das, was sie glauben wollten, ein kollektiver, sich jeweils gegenseitig bestätigender kognitiver »Bias«, durch den militärisch relevante Fakten in ihrer Bedeutung und ihren Implikationen falsch zugeordnet und kleingeredet wurden. Dazu gehörte auch die Überzeugung, dass die Hamas mehr mit der angespannten wirtschaftlichen Situation in Gaza und ihrer eigenen Machtkonsolidierung als mit der Vorbereitung eines großen Krieges mit unabsehbaren Folgen beschäftigt wäre. Tatsächlich hatte die Hamas seit der letzten direkten und eher kurzen bewaffneten Auseinandersetzung mit Israel im Jahr 2021 weitgehend auf eigene Anschläge und Raketenangriffe verzichtet. Sporadische Gewalt aus Gaza, zumeist einzelner Raketenbeschuss, ging von kleineren Gruppen, allenfalls noch vom Palestinian Islamic Jihad (PIJ), aus, gegen die sogar die Hamas selbst im Einzelfall ostentativ vorging, um eine weitere Eskalation zu vermeiden. Man hätte hier beinahe schon – allerdings nur in völliger Verkennung der strategischen Absichten und Fakten – von einer Art indirekter »Partnership for Peace« sprechen können. Im politischen Establishment Israels glaubte man, die Hamas habe ein wirtschaftliches Interesse an den grenzüberschreitenden »Pendlern«, die mit ihren Löhnen zur Ernährung der Bevölkerung beitrügen. Immerhin passierten täglich um die 15.000 Menschen die Sperranlagen, um in den grenznahen Kibbuzim ihren Lebensunterhalt zu verdienen. Dort wurden bis zu zehnmal höhere Löhne bezahlt als in Gaza. In abgehörten Gesprächen erweckten Hamas-Angehörige den Eindruck, dass sie mehr an der ökonomischen Situation in Gaza als an Kampfhandlungen mit Israel interessiert waren. Heute wissen wir, dass es sich dabei um Täuschungsmanöver – *information warfare* – gehandelt hat. Die eigentlich relevante Kommunikation fand über das im Tunnelnetzwerk gesondert verlegte kabelgebundene, weitgehend abhörsichere Festnetz statt, und alle wirklich sensitiven operativen Fragen waren ohnehin dem vertraulichen persönlichen Gespräch im allerengsten Führungskreis um Yahya Sinwar und Muhammad al-Deif vorbehalten.

Darüber hinaus erhielt die Hamas seit Jahren mit Wissen und stillschweigender Billigung Israels umfängliche Hilfsgelder aus Qatar für eine sozioökonomische Entwicklung des Gazastreifens, und man war sich in Tel Aviv eigentlich sicher, dass diese Einnahmen absehbar nicht durch den Ausbruch von Kampfhandlungen gefährdet werden sollten. Diese noch im September 2023 vorherrschende Einschätzung wurde durch den ehemaligen Mossad-Chef Yossi Cohen im Nachhinein öffentlich ebenso zugegeben wie die Tatsache, dass es sich dabei offenbar um eine tragische Fehleinschätzung gehandelt hatte, quasi um eine regionalspezifische Ausformung des nicht nur in Bezug auf Russland so gerne von westlichen Staaten evozierten Konzepts des »Wandels durch Handel«. Die israelische Regierung war hier der Ansicht, in einem halbwegs geregelten Nebeneinander mit einem sich sozioökonomisch einigermaßen konsolidierenden Gaza ein gutes Gegengewicht zur Palestinian Authority (PA) unter Mahmud Abbas auf der Westbank gefunden zu haben. Beide konkurrierenden palästinensischen faktischen Entitäten könne man so geschickt gegeneinander ausspielen und auf diese Weise ihrem möglichen konzertierten Vorgehen, etwa im Hinblick auf eine Zweitstaatenlösung, von vornherein die Grundlage entziehen. Einer weiteren Förderung der recht vielversprechenden Bemühungen um eine von Washington vermittelte und geförderte Annäherung an Saudi-Arabien ohne den »Stolperstein Palästina« hätte dann nur wenig entgegengestanden. Diesen waren bekanntlich bereits die 2020 unter Vermittlung der USA unterzeichneten *Abraham Accords* vorausgegangen, mit denen die Aufnahme diplomatischer Beziehungen zwischen Israel, den Vereinigten Arabischen Emiraten, Bahrain, Marokko und dem Sudan möglich geworden war. Ein Prozess der außen-, wirtschafts- und sicherheitspolitischen Integration Israels in der Region hatte so bereits – in unterschiedlicher Geschwindigkeit und Intensität – Formen angenommen.

Bezeichnenderweise hat wohl gerade auch dieser Annäherungsprozess dazu geführt, dass die Hamas am 7. Oktober losschlug, da die Terrororganisation ihre strategischen Interessen durch eine Normalisierung der Beziehungen Israels zu den arabischen Staaten in der Region – wohl nur zu Recht – gefährdet sah. Wo würden ihre politischen Anliegen, wo ihre Relevanz als Widerstandsorganisation bleiben, wenn sich alle anderen Beteiligten über ihren Kopf hinweg einigen würden? Deser Umstand wurde offen von Ghazi Hamad, der dem Hamas-Politbüro angehört, bald nach der Auslösung des Angriffs zugegeben. Die Attacke wurde wohl auch deswegen mit so exzessiver und ostentativer, gezielt medienwirksam ausgeübter Brutalität durchgeführt, weil zumindest Yahya Sinwar und sein Umfeld in Gaza Israel zu einer ebenso exzessiven militärischen Reaktion veranlassen wollten, um den gesamten Nahen Osten in den Krieg hineinzuziehen. Die öffentlichen Aufforderungen von Muhammad Daif zum umfassenden Jihad gegen Israel, die bereits in den ersten Minuten des Überfalls über alle zur Verfügung stehenden Medien verbreitet wurden, sprechen hier eine deutliche Sprache. In den Wochen nach dem Angriff blieb die von Yahya Sinwar und Muhammad Daif angestrebte massive regionale Gewalteskalation zunächst einmal aus – auch dank der diplomatischen Bemühungen der USA und ihrer militärischen Machtprojektion im östlichen Mittelmeer sowie im Roten Meer. Doch wie die Attacken der Huthis auf Handelsschiffe im Roten Meer, die kontinuierlichen, über den Spätsommer gefährlich eskalierenden Angriffe der libanesischen Hizballah auf Nordisrael oder der Raketenbeschuss durch den Iran und seine im Irak aktiven Milizen zeigen, besteht hier unverändert genügend Potenzial für eine gefährliche regionale Ausweitung des Konfliktes bis über die Region hinaus mit einer militärischen Involvierung von Russland und China als Unterstützerstaaten Irans. Auch die Westbank und nicht zuletzt Jordanien mit seiner palästinensischen Bevölkerungsmehrheit zählen nach dem Willen der Hamas und ihres Sponsors Iran zu den möglichen Schlachtfeldern der Zukunft. Die Eindämmung dieser Dynamik ist aktuell weniger sicher denn je.

Auf der Basis ihrer Lageanalyse wollten die israelische Regierung und Militärführung von der Möglichkeit, geschweige denn Imminenz eines Paradigmenwechsels vor dem 7. Oktober allem Anschein nach nichts wissen. Alle gegenläufigen Hinweise und Erkenntnisse wurden offenbar in einen veralteten, aber zweckdienlichen Interpretationsrahmen gestellt. Die Zeichen der Zeit wurden nicht erkannt. Selbst optimal informierte Nachrichtendienste bieten somit für sich allein keine ausreichende Gewähr vor schwerwiegenden Fehlleistungen. Damit stellt sich die drängende Frage, wie sich dieses zum Teil dramatische Scheitern von an sich erfolgreicher *intelligence* im politischen Entscheidungsprozess erklärt.

Bei der Diskussion dieser Frage nähern wir uns der entscheidenden – häufig wenig beachteten – Schnittstelle zwischen Politik und Nachrichtendienst. Hier wird eine offenbar nur schwer oder gar nicht überbrückbare Divergenz zwischen zumindest objektiv möglicher Erkenntnis und daraus resultierendem Handeln erkennbar. Dabei steht der Überfall der Hamas auf Israel nicht allein da, denn dieses Phänomen hat sich auch in vielen anderen, historisch belegten Fehlentscheidungen wie zum Beispiel zum Ukrainekonflikt manifestiert. Die Mehrheit der deutschen Politiker hat die zunehmende militärische Bedrohung durch Russland nicht ernst genommen oder nicht ernst nehmen wollen. Sie lebten – wie wohl auch weite Kreise in Frankreich – offenbar in einer geostrategischen und geopolitischen Vorstellungswelt, an der auch dann noch festgehalten wurde, als etwa 150.000 russische Soldaten an der Grenze zur Ukraine aufmarschiert waren. Zu diesem Zeitpunkt konnte eigentlich niemand mehr ernsthaft an den Absichten Russlands zweifeln, insbesondere an seinem konkreten militärischen Handlungswillen, die Regierung in der Ukraine mit Gewalt zu beseitigen und im Handstreich die Kontrolle über das Land zu ergreifen. Bis zuletzt hielt man jedoch an der Perzeption fest, Putin verfolge hier »nur« eine besonders massive und gewissenlose Form der militärischen und politischen Erpressung gegen die Ukraine und ihre Unterstützer, um deren politischen Willen zu brechen. Selbst die politischen und diplomatischen »Pilgerfahrten« in einen völlig intransigenten Kreml in den Wochen und Tagen vor dem Angriff schienen an der Vorstellung, dass Putin eine solche ultimative Eskalation mit all ihren aus westlicher Sicht doch unabsehbaren negativen Konsequenzen nicht wollen könne, nichts geändert zu haben.

Nicht unbedingt tröstlich, wenngleich durchaus erhellend, sind dabei die später recht zuverlässig bekannt gewordenen Indizien, dass offenbar auch Putin selbst einer gravierenden Fehlperzeption in seiner Lagebeurteilung aufgesessen ist. Er scheint, wohl unterstützt durch Jasager aus seinem nachrichtendienstlichen und politischen Umfeld, fest davon überzeugt gewesen zu sein, dass die immer noch russisch unterwanderten ukrainischen Streit- und Sicherheitskräfte keinen nennenswerten Widerstand leisten, gegebenenfalls das »korrupte Regime« des völlig unterschätzten ehemaligen Comedian Zelensky im Interesse des eigenen, von Russland in Aussicht gestellten Fortkommens selbst beseitigen würden und man zumindest von größeren Teilen der Bevölkerung bei seinem veritablen »Spaziergang« nach Kyiv willkommen geheißen würde. Der Westen hätte dann einem solchen spektakulären Fait accompli außer seiner Empörung und weiteren Sanktionen nichts entgegensetzen können, und auch diese Reaktionen würden ja aus Sicht des Kreml angesichts der über die Jahre gezielt aufgebauten, nahezu existenziellen Abhängigkeit, gerade auch Deutschlands, von russischem Gas eher enge Grenzen gefunden haben. Wir würden es dann mit einer klassischen Wechselwirkung von beiderseitigen gravierenden Fehlperzeptionen mit mehr als tragischem Ausgang zu tun haben. Offensichtlich war jedenfalls, dass Putin mit der Lageentwicklung nach dem 24. Februar 2022 in Bezug auf ukrainische Resilienz und russische militärische Unfähigkeit nicht gerechnet hatte.

Jedenfalls zeigten sich auch die Bundesregierung und viele andere Regierungen zutiefst überrascht. Man sei in einer anderen Welt aufgewacht, hieß es nach dem 24. Februar 2022, einer Welt, in der es in den folgenden Monaten erst einmal um elementare Fragen der eigenen Versorgungslage ging, da man offenbar selbst die konkreten russischen Vorbereitungen zur energiepolitischen Erpressung Deutschland in Ausmaß und Zielrichtung nicht erkannt hatte oder hatte erkennen wollen. Die unheilvolle mentale Resilienz gegen unliebsame Erkenntnisse war bekanntlich auch nicht durch den Umstand ausreichend zu beeinflussen gewesen, dass der Krieg in der Ukraine ja nicht erst im Februar 2022 begonnen hatte, sondern von Russland unterstützte Milizen schon seit spätestens 2014 im Osten des Landes gegen die Regierung kämpften, ganz abgesehen von der Besetzung und späteren Annexion der Krim. Bereits die im Rahmen der Zeitenwende dann immer wieder aufkommende Behauptung, »in Europa herrsche seit Putins Überfall wieder Krieg«, spiegelt genau diese kognitive Verzerrung wider. Krieg herrscht seit 2014.

Schon 2010 hat der amerikanische Politologe Robert Jervis die problematischen Schnittstellen zwischen Nachrichtendiensten und Politik unter der eher weniger ermutigenden Überschrift »Why Intelligence Fails« anhand von Fehlschlägen der amerikanischen Außen- und Sicherheitspolitik analysiert. Ihm zufolge prägt etwas sehr Grundlegendes das Verhältnis von Nachrichtendiensten und Politik: Während Nachrichtendienste in erster Linie »nur« unter dem Druck stehen, zeitgerecht eine möglichst fundierte, die fassbare Realität widerspiegelnde, zutreffende Lagefeststellung und Lagebeurteilung anzubieten, eben die »Wahrheit« – ungeachtet ihrer Konsequenzen und Implikationen für die aktuell verfolgte Politik einer Regierung –, lastet auf den politischen Entscheidungsträgern der Druck ihrer Verantwortung gegenüber den Erwartungshaltungen ihres Umfelds. Ihrer Wählerschaft gegenüber haben sie Erfolg und Misserfolg ebenso zu verantworten wie gegenüber Verbündeten und Partnern, die sie mit Zusagen an sich gebunden hatten.

Kann ein Nachrichtendienst dem allein mit seinen Beiträgen entsprechen? Im Grunde nein. Denn nachrichtendienstliche Berichterstattung und Analyse müssen zu oft auf die in der realen Welt bestehenden Imponderabilien, Risiken und die eigenen Erkenntnislücken fokussieren, die ein entschiedenes und ergebnissicheres Vorgehen infrage stellen können. Sie unterminieren damit faktisch das Bedürfnis von Entscheidungsträgern nach Klarheit, Handlungssicherheit und Konsistenz in der Einhaltung eigener Zusagen und Umsetzung verkündeter Zielsetzungen. Nachrichtendienstliche Erkenntnisse säen hier immer wieder Zweifel oder kommen mit unliebsamen Überraschungen. Außerdem sind ihre Informationen häufig an ein relativ enges Zeitfenster gebunden. Sie haben sozusagen ein eingebautes Verfallsdatum. Darum müssen Entscheidungsträger zwar die Dringlichkeit und Relevanz eines Problems erkennen – es auf dem Schirm behalten, um es salopp auszudrücken –, doch sie dürfen sich eben auch nicht dazu hinreißen lassen, sich anhand eines zu unvollständigen und volatilen Lagebildes zu früh eine abschließende Meinung zu bilden und diese zur Grundlage ihres weiteren Handelns zu machen. Eine einmal zutreffend evaluierte Lage kann sich ändern – sie wird es mit hoher Wahrscheinlichkeit sogar tun, und nichts ist so gefährlich wie ein veraltetes Lagebild. *Early Warning*, beispielsweise vor einem befürchteten terroristischen Anschlag oder der militärischen Operation eines gegnerischen Akteurs, steht damit häufig vor einem grundsätzlichen Relevanz- und Effektivitätsproblem.

Für eine erforderliche Wirksamkeit von *intelligence* im politischen oder militärischen Entscheidungsprozess müssen daher Nachrichtendienste und Entscheidungsträger auf Leitungs- und Arbeitsebene aufeinander zugehen. Nur in einem von einer gemeinsamen Problemsicht und einem Verständnis für die jeweiligen Befähigungen, Methoden, Zielsetzungen und Limitationen geprägten Zusammenwirken kann *intelligence* angemessen zur Kenntnis genommen und kompetent in Prozesse eingepflegt werden. Gegenseitige Ablehnung, Indifferenz, aber auch nur Unkenntnis der jeweiligen handlungsbestimmenden Rahmenbedingungen führt meist zum Scheitern. Nicht nur in den Streitkräften müssen die Führungsgrundgebiete Operationsplanung, Lagefeststellung und Lagebeurteilung im Interesse des gemeinsamen Erfolgs eng aufeinander abgestimmt und ausreichend kooperationsfähig und -willig sein.

Nachrichtendienste und Politik treffen sich hier auf dem von mir am Anfang des Kapitels beschriebenen konjunktivischen Terrain des »hätte« und »könnte«. Es geht um Wahrscheinlichkeiten und Möglichkeiten. Auch in Fragen, die für die Sicherheit des Staates existenziell sind, geht es oft eher um ein »es könnte sein oder auch nicht«. Dabei muss sich ein Nachrichtendienst im konkreten Fall auf abgestufte Wahrscheinlichkeiten in der Sachverhaltsfeststellung und jedenfalls auf eine taktische Prognose festlegen, um so einem Entscheidungsträger die Möglichkeit für die Entwicklung von Plan A, Plan B und nötigenfalls Plan C zu ermöglichen. Das Problem besteht jedoch häufig darin, dass selbst klare nachrichtendienstliche Erkenntnisse und eine auf ihnen aufbauende Lagefeststellung und Lagebeurteilung, die eine einmal eingeschlagene Politik relativieren oder gar grundsätzlich infrage stellen, zumindest so lange ignoriert oder verworfen werden, wie ihre Berücksichtigung als politisch oder finanziell »zu teuer« gewertet wird. Das gilt im Großen für eine strategisch angemessene militärische Ausstattung und Einsatzbereitschaft der Streitkräfte wie im Kleinen für die Vorausplanung auf und Mittelbereitstellung für mögliche konkrete taktische Bedrohungslagen, ein sogenanntes *contingency planning*. An einem Feiertag kurzfristig Teile der israelischen Armee quasi »auf Verdacht« in den Alarmzustand zu versetzen, wäre aufwendig und wohl auch unpopulär gewesen, ebenso wie eine sicherheitspolitische Zeitenwende nach 2014 und damit Jahre vor dem russischen Großangriff auf die Ukraine auszurufen und präventiv eine Aufrüstung der westlichen Streitkräfte, einschließlich der Bundeswehr, einzuleiten. Tatsächlich ist die Abkehr von einer einmal eingeschlagenen und öffentlich vertretenen Politik zugunsten eines Plan B meist mit erheblichen politischen oder auch wirtschaftlichen Kosten verbunden. Darum wird sie in der Regel erst *in extremis* – unter unmittelbarem, ebenso massivem wie unausweichlichem Handlungsdruck und damit angesichts langer Planungs- und Vorbereitungszyklen – und folglich in der Regel viel zu spät vollzogen. In so einem Fall wird die Schuld für alle Misshelligkeiten dann oft den Nachrichtendiensten gegeben, mit dem Argument, dass sie die Entwicklung nicht vorhergesehen oder zumindest nicht angemessen kommuniziert hätten. »Überraschung als Politik«, also die nachträgliche politische Instrumentalisierung von »Überraschtsein«, ist ein in der Politikwissenschaft durchaus bekanntes Phänomen. In einem derartigen, zumeist situationsbedingt ausgelösten opportunistischen politischen Willen, sich von vornherein oder ex post von nachrichtendienstlich unterstützter *situational awareness* zu distanzieren, findet *intelligence* dann allerdings Grenzen, die letztlich kaum zu überwinden sind.

In Israel ist die Nähe der Nachrichten- und Geheimdienste zur Regierung strukturell wesentlich größer, als es in der Bundesrepublik der Fall ist. Die Leiter der Dienste sind dort Bestandteil des Sicherheitskabinetts, das mindestens in wöchentlichem Rhythmus, ansonsten lageabhängig auch öfter, zusammentritt und sich berät. Dass dies kein Allheilmittel gegen Fehlentscheidungen ist, hat sich in der Katastrophe des 7. Oktober manifestiert. Gleichwohl besteht eine größere Chance, in breit aufgesetzten, effizienten professionellen Strukturen schwerwiegende Fehlperzeptionen und Fehlentscheidungen quasi durch kompetente *peer review* zu vermeiden. Ein solches ständiges Sicherheitskabinett oder etwas Vergleichbares wie etwa einen nationalen Sicherheitsrat gibt es bei uns bislang nicht. *Intelligence* – also auch (*potential*) *truth* – muss jedoch bei *power* ankommen, gehört, verstanden und akzeptiert werden, wenn sie zu einer validen Entscheidungsgrundlage beitragen soll.

Ein wesentlicher Teil von handlungsbefähigendem Lagebewusstsein (*situational awareness*) ist eine umfassende und möglichst zutreffende Kenntnis und Beurteilung von Mitspielern, Gegenspielern oder eben auch Feinden. Schon der alte chinesische Stratege Sun Tsu sagte vor knapp zweieinhalbtausend Jahren: »Wenn du dich und den Feind kennst, brauchst du den Ausgang von hundert Schlachten nicht zu fürchten. Wenn du dich selbst kennst, doch nicht den Feind, wirst du für jeden Sieg, den du erringst, eine Niederlage erleiden. Wenn du weder den Feind noch dich selbst kennst, wirst du in jeder Schlacht unterliegen.« Im vorliegenden Fall bedeutet dies: Wie gut ist es also mit den Kenntnissen um den Gegner Hamas bestellt? Die Terrororganisation ist in ihrer kompromisslosen, religiös argumentierenden Feindseligkeit gegenüber Israel und seinen Unterstützern auch für uns von sicherheitspolitischer Bedeutung. Bereits dieser Umstand wird immer wieder verkannt und Hamas »nur« als Problem Israels, das es im Zweifel auch noch selbst geschaffen oder gefördert habe, gesehen. Dies ist jedoch ebenso kontrafaktisch wie kurzsichtig. Wie viele andere radikale islamistische Gruppierungen ist Hamas Teil eines erheblichen sicherheitspolitischen Risikos, das sich in weiten Teilen der weltweiten muslimischen Diaspora als wirkungsmächtige, religiös wie postkolonialistisch konnotierte Ideologie manifestiert und damit sicherheitspolitische Relevanz für die betroffenen Gastländer und Gastgesellschaften besitzt.

Um die Grundlage und die auch uns betreffende Zielsetzung der hier infrage stehenden islamistischen Ideologie und die sich daraus langfristig ergebenden strategischen Bedrohungselemente zu verstehen, müssen wir einen Blick auf die Frühzeit des Islam werfen, die uns in vielen Aspekten näher ist, als wir gemeinhin glauben wollen.

4. Jihad-Ideologie – ein strategisches Risiko?

In diesen Tagen habe ich in Vorbereitung einer internationalen Konferenz zu Phänomenen und Prozessen von Radikalisierung wieder einmal eine meiner Seminararbeiten gelesen, die ich im Juni 1979 während meines Völkerrechtsstudiums verfasst habe. Sie ist auf beklemmende Weise aktuell. Auf insgesamt 130 Seiten – damals noch mit der Schreibmaschine geschrieben – beschäftigte ich mich seinerzeit mit den Grundzügen des islamischen *ius in bello* oder auch *Jihad*-Rechts unter besonderer Berücksichtigung humanitärer Fragen. Als angehender Jurist war ich mit rechtsvergleichender Methodik vertraut, als prospektiver Islamwissenschaftler konnte ich sprachlich auf die klassischen arabischen Quellen aus den frühen Jahrhunderten des Islam im Original zurückgreifen. Aufgabe war seinerzeit, festzustellen, wie die Gründungsväter des sunnitischen islamischen Rechts die materiellen Quellen, Qur'an (Koran) und Sunna, also das nach muslimischem Glauben unmittelbar geoffenbarte Wort Gottes und das normgebende Verhalten des Propheten Muhammad, für die Entwicklung von Rechtspositionen für den Umgang der Muslime mit den Nichtmuslimen in Krieg und Frieden ausgelegt hatten. Ich musste hierbei natürlich die Besonderheiten der islamischen Rechtsgeschichte und ihrer Einbettung in die damaligen politischen und gesellschaftlichen Rahmenbedingungen ebenso im

Auge behalten wie die Frage nach der normativen Bestandskraft und Relevanz der damals gefundenen Lösungsansätze in der heutigen Praxis islamischer Staaten und nichtstaatlicher Akteure. Diese Frage hatte sich bereits damals meinem Völkerrechtsprofessor, der Berater der Bundesregierung bei den Verhandlungen zu den Zusatzprotokollen der vier Genfer Konventionen war, im Zuge seiner Diskussionen mit den Vertretern muslimischer Staaten immer wieder gestellt. Manche Aktualitäten sind eben offensichtlich zeitlos.

Wesentliche Grundzüge des islamischen Rechts sind zu Lebzeiten des Religionsstifters Muhammad entstanden. Nach seiner Flucht aus Mekka ins heutige Medina (622 u. Z.) war er zugleich »Staatsgründer«. Das unmittelbare Ergebnis seines Wirkens resultierte damit in einer – göttlich direkt im Qur'an geoffenbarten oder das Verhalten Muhammads inspirierenden – »Staatenpraxis«. Nach seinem Tod (632 u. Z.) war es seine Gefolgschaft, die sich in der Auseinandersetzung mit der immer noch mehrheitlich nicht islamischen Welt der Spätantike im Nahen und Mittleren Osten zu behaupten hatte. Die eigentliche Expansion des jungen islamischen Reiches fand in den folgenden Dekaden unter den gerade erst konvertierten Stämmen der Arabischen Halbinsel auf Kosten des byzantinischen Reiches im Norden und des persisch-sassanidischen Kaiserreiches im Osten statt. Angesichts einer besonders ausgeprägten und offenkundigen Schwächephase beider Imperien, die ihre jeweiligen Peripherien nicht mehr an sich binden konnten, fand die arabisch-islamische Expansion ein nahezu ideales Umfeld: 635 konnte Damaskus erobert werden, ab 640 stand die Levante bis zu den anatolischen Gebirgsketten im Norden unter arabischer Herrschaft, Ägypten mit seinen Metropolen Babylon (heute Kairo) und Alexandria fiel 642. Im Osten war das sassanidische Zweistromland bereits

637 weitgehend in arabische Hände gefallen. All diese Erfolge wurden mit einer Mischung aus geschickter »asymmetrischer« Kriegführung und kluger temporärer politischer Kompromissbereitschaft in Phasen der taktischen Unterlegenheit geführt; auch die Installation der neuen Herrschaft nach der gewaltsamen Vertreibung der byzantinischen und sassanidischen militärischen Kräfte durch zahlenmäßig ja eher geringe arabische Kräfte erfolgte in weitgehend pragmatischer Weise, um die auf dem Schlachtfeld erzielten Erfolge nicht durch eine Konfrontation mit den neuen Untertanen wieder zu gefährden. Entscheidend für einen überwiegend eher unblutigen Übergang waren die Anerkennung der neuen Machtverhältnisse durch die betroffene Bevölkerung und die Einführung einer Kopfsteuer (*jizya*), die häufig deutlich geringer war als die Abgaben unter der vorherigen Herrschaft. Ultimative, unter Gewaltandrohung vorgebrachte Forderungen, dem Islam beizutreten, gab es erst einmal nicht; schließlich hätte das ja auch das Kopfsteueraufkommen rasch vermindert. Gegenüber Christen und Juden galt eine Art Toleranzedikt, da sie im Verständnis des Qur'an immerhin Träger der gleichen – allerdings von ihnen verfremdeten und missverstandenen – göttlichen Offenbarung waren.

Mit der Unterwerfung unter die neuen Herren wurden die Menschen zu Schutzbefohlenen (*ahl al-dhimma*) mit einem definierten, wenngleich gegenüber den muslimischen Eroberern inferioren Rechtsstatus, verbunden mit einer gewissen Autonomie in ihrer Religionsausübung und Regelung ihrer gesellschaftlichen Normen. In gewisser Weise hatte man unter den neuen Herren die Chance, nebeneinanderher zu leben. Gemessen an den damaligen Usancen war diese Vorgehensweise zumindest Ausdruck von pragmatischer Mäßigung – in der klugen Erkenntnis der eigenen, anfänglich noch notwendig begrenzten machtpolitischen Möglichkeiten. Die dynamischen Ereignisse dieser ersten Dekaden, die bekanntlich mit der Eroberung Nordafrikas bis hin zu weiten Teilen des heutigen Spanien (720, *Al-Andalus*) ebenso ihre Fortsetzung fanden wie im Osten mit der Eroberung des heutigen Iran (651) und darüber hinaus auch Zentralasiens und Teilen des indischen Subkontinents (bis 750), bilden letztlich die Erfahrungswerte einer Staatenpraxis, an der sich die Ausarbeitung islamischer Rechtsnormen im Umgang mit anderen Mächten und Völkern orientieren konnte.

Islamisches Recht, dies ist wichtig zu verstehen, hat sich in dieser Zeit in den theologischen Diskussionszirkeln (*halqa/halqat*) der großen Moscheen von Mekka, Medina, Damaskus, Basra und Kufa herausgebildet, nicht in den Staatskanzleien und militärischen Hauptquartieren der Kalifen, ihrer Heerführer und nachmaligen Gouverneure. Dort wurde »nach Lage« und im Lichte bewährter tribaler Tradition und vorgefundener byzantinischer oder sassanidischer Staatskunst geplant und gehandelt. Islamisches Recht hat sich so eher in Distanz zu einer zwar sich grundsätzlich islamisch verstehenden, jedoch überwiegend erst einmal weltlich, häufig unter Adaption an die jeweils örtlichen Gegebenheiten organisierten und praktizierten Staatlichkeit entwickelt. Sie diente quasi als Korrektiv und in erster Linie als Maßstab für ein gottgefälliges, im Jenseits honoriertes Leben des Gläubigen, sei es individuell, sei es in seiner Gemeinschaft. Es ist dieses historisch entwickelte Selbstverständnis und Selbstbewusstsein muslimischer Theologie und Rechtswissenschaft, dem auch das heutige eher distanzierte und kommentierende Verhältnis zur jeweils real existierenden Staatlichkeit unterworfen ist, mit wenigen signifikanten Ausnahmen wie zum Beispiel dem von Khomeini in der schiitischen Rechtslehre entwickelten, durchaus umstrittenen Konzept der *velayat-e faqih*, der unmittelbaren Herrschaft und Machtausübung des Rechtsgelehrten.

»Zwei Juristen, drei Meinungen«, diese allgemein bekannte Redewendung gilt natürlich auch für das islamische Recht und seine Exponenten, und selbst Muhammad wird – ex post – von »seinen Juristen« der Leitspruch zugeschrieben »*al-ikhtilaf rahmatun li-ummati*« (»der Zwist/der Disput ist ein Segen für meine Gemeinschaft«). Es überrascht mithin nicht, dass sich im ersten Jahrhundert nach dem Tode Muhammads, also etwa zwischen 632 und 750 unserer Zeit, in den verschiedenen Hauptstädten des neuen Reiches unterschiedliche Ausprägungen muslimischer sunnitischer Rechtsgelehrsamkeit (*madhhab/madhahib*) zu entwickeln begannen, die wiederum bis in die heutige Zeit unter den auf ihre jeweiligen Gründer zurückzuführenden Namen *Malikiya*, *Hanafiya*, *Shafi'iya* und *Hanbaliyya* Bestand haben. Dem Gläubigen ist es hierbei freigestellt, an welcher Rechtsschule er sich letztlich orientieren möchte. In der Lebenspraxis bleibt man jedoch der eigenen Familientradition treu. All dies ist von erheblicher Bedeutung, wenn man von »dem islamischem Recht« spricht oder behauptet, »im Islam« sei diese oder jene Regelung verbindlich getroffen worden. Wie so häufig, ist das Bild deutlich komplexer und widersprüchlicher.

Ein kurzer Blick auf die politischen Entwicklungen der jüngeren und jüngsten Geschichte verdeutlicht: Alle Ideologien, die wir als fundamentalistisch oder islamistisch bezeichnen, basieren auf dem Anspruch, die Quellen des Islam, eben seine »Fundamente« wie seine Traditionen, im unmittelbaren Rückgriff »richtig« zu verstehen und mit diesem »Herrschaftswissen« dem Glauben wie seiner gesellschaftlichen und staatlichen Emanation erneut zum angemessenen Durchbruch zu verhelfen: »*Al-Islam huwa'l-hall*«, »der Islam (in meiner jeweiligen Interpretation) ist die Lösung«, ist der dazugehörige Wahlspruch, »das Kalifat ist die Lösung«, eine weitere Ausprägung dieser Parole, die sich in Reaktion auf die Abschaffung dieser Institution nach dem Zerfall des Osmanischen Reiches entwickelt hatte und zum Motto der »Islamischen Befreiungspartei« (Hizb al-Tahrir al-Islami) geworden war, die es inzwischen ja auch in Deutschland zu einer bestimmten Bekanntheit, und sei es durch das gegen sie verhängte Betätigungsverbot, gebracht hat.

Vor diesem rechtshistorischen Hintergrund wollte ich bereits vor über 40 Jahren feststellen, welche Konzepte zum Umgang der Muslime mit Nichtmuslimen – in Krieg und Frieden – in den klassischen Quellen und Textbüchern Verbreitung gefunden hatten. Nur so würde es letztlich möglich sein, auch die in der heutigen Zeit anzutreffenden Argumentationsgrundlagen und ihre Relevanz einzuordnen. Dass es – leider – nicht nur »alter Kram« ohne praktische Relevanz war, wurde spätestens mit dem Aufkommen der bis heute wirkungsmächtigen radikalen islamistischen Gruppierungen und Bewegungen des 20. Jahrhunderts offenkundig. Unter explizitem, wenngleich überwiegend eklektizistischem Rückgriff auf die Lehren früher islamischer Theologie und Jurisprudenz erfolgt hier auch die Legitimation von Terrorismus als *jihad* gegen Ungläubige aller Art, zu denen im Übrigen auch »schlechte« Muslime gehören, die der eigenen Auslegung nicht folgen. Hier hat sich – ebenfalls unter Rückgriff auf frühe Präzedenzen der islamischen Geschichte – der Begriff des *takfir*, der Bezichtigung des Unglaubens (*kufr*), eingebürgert, mit dem eine besondere perfide Form der soziologisch nur zu bekannten *outgroup-derogation* bezeichnet wird: Wer »schlechter« Muslim ist, ist keiner mehr, sondern »ungläubig« und als solcher *halal al-dam*, was bedeutet, dass dessen Blut rechtmäßig vergossen werden darf. Und wer »ungläubiger Muslim« ist, bestimmt nicht eine religiöse Behörde wie etwa die unselige »Heilige Inquisition« der katholischen Kirche, sondern ein Ideologe, nicht einmal notwendig ein »Schriftgelehrter«, der zur Autorität für die jeweilige Terrorgruppe geworden ist, manchmal sogar nur ein Mob im Rahmen von Lynchjustiz. Diesen *modus operandi* konnte ich als Nachrichtendienstler bereits bei den Jihad-Gruppen der Neunzigerjahre in Algerien, Tunesien und Ägypten und auch beim Vorgehen des sogenannten »Islamischen Staates« (IS) in Syrien und dem Irak ab 2013 beobachten, – und auch der Terrorangriff der Hamas vom 7. Oktober 2023 folgt letztlich diesem Schema. Hunderttausende von Menschen welcher Konfession auch immer sind in den vergangenen Jahrzehnten von selbstgerechten Eiferern unter Heranziehung dieser Vorstellung gequält und nur zu oft auch summarisch dahingeschlachtet worden.

Was also kann man bei Bedarf und Interesse dem Korpus klassischer islamischer Rechtsgelehrsamkeit, der *Shariah*, zu Fragen des islamischen »Kriegsrechts« entnehmen? Hier fällt als Erstes die allgemeine religiöse Eigenwahrnehmung ins Auge. Die strikte, ja manichäische Trennung zwischen Anhängern des Islam als der abschließenden allein wahren und unmittelbaren göttlichen Offenbarung und »den anderen«, dem »minderwertigen« Rest der Welt, ist ein im Qur'an vielfach enthaltenes Kernstück islamischer Identität. In der expliziten religiösen wie machtpolitischen Selbstbehauptung gegenüber den seinerzeit vorherrschenden vorislamischen polytheistischen Religionen der Arabischen Halbinsel, aber auch der beiden in der Levante verbreiteten monotheistischen Glaubensrichtungen des Judentums und Christentums wird die Menschheit in die Gemeinschaft der Muslime (*al-umma al-islamiyya*) und die verschiedenen Gemeinschaften der Ungläubigen aufgeteilt. Die islamische Gemeinde hat sich im *dar al-islam* – dem Reich des Islam – zusammengefunden, alle übrigen gehören dem *dar al-harb* oder auch *dar al-kufr/dar al-kuffar* an. Letzteres ist wahlweise mit »Reich des Krieges« oder »Reich des Unglaubens/der Ungläubigen« zu übersetzen. Das »Reich des Islam« ist normativ das Reich des Friedens, der durch die gottgefällige Unterwerfung aller Muslime unter den Willen Allahs, nicht durch gegenseitige Anerkennung als Mensch im humanistischen Sinne, gewährleistet wird. Der Begriff des »Islam« bedeutet ja wörtlich »Hingabe, Unterwerfung«; aus der gleichen Konsonantengruppe (s-l-m) wird allerdings auch das Wort »salam«, »Friede«, gebildet, das in der Begrüßung unter Gläubigen ihren festen Platz findet: »al-salamu alaikum«, »Friede sei mit Euch« (in der gemeinsamen Unterwerfung unter Allah, im Frieden, den Allah den Gläubigen, und nur diesen, schenkt). Strenggläubige vermeiden bei aller sonstigen Höflichkeit diese Grußformel bis heute gegenüber Nichtmuslimen, weil die des wahren Gottesfriedens letztlich erst nach Konversion teilhaftig werden können. Das »Reich des Unglaubens« ist dagegen das »Reich des Krieges«, der gottlosen Verhältnisse, das es grundsätzlich im Auftrag des Herrn durch Mission, nötigenfalls aber auch durch Eroberung und Einführung der islamischen Ordnung von hoher Hand zu reduzieren und in das »Reich des Islam«, das »Reich des Friedens« umzuwandeln gilt. Dieses im Qur'an explizit und damit als unmittelbarer Wille Gottes proklamierte Weltbild hat notwendig bis heute normative Bedeutung und beeinflusst in unterschiedlichem Maße die politische Selbstwahrnehmung und Positionierung gegenüber der Außenwelt. In islamistischen Kreisen ist es selbstverständlich und bindend. Die Pflicht zur Mission (*dawah*) und nötigenfalls zum Krieg für die Verbreitung der islamischen Ordnung im Auftrag Gottes (*al-jihad fi sabil Allah*) ist eine kollektive Verpflichtung (*fard al-kifaya*) der Muslime, die sich aus der gottgewollten Überlegenheit der muslimischen Gemeinschaft gegenüber Andersgläubigen ergibt. Somit stehen sich zwei Systeme gegenüber: die göttliche Ordnung, die existenziell bedroht wird durch die Welt der Nichtgläubigen. Sollten Teile des »Reichs des Islam« von »Ungläubigen« erneut besetzt werden, ist jeder zumindest territorial betroffene Muslim im Rahmen seiner Möglichkeiten individuell zum Kampf aufgerufen (*fard al-ain*). Hierbei wird, je nach den persönlichen Möglichkeiten und Ressourcen zwischen »Kampf mit dem Schwert« (*al-jihad bi'l-saif*), »Kampf mit Geld« (*al-jihad bi'l-mal*) und »Kampf mit der Zunge« (*al-jihad bi'l-lisan*) unterschieden. Die klassischen islamischen Rechtswerke enthalten in der Regel ein Kapitel zum Kriegsrecht, in dem auch die Frage zulässiger Tötungshandlungen im Jihad oder auch der Behandlung von Gefangenen behandelt wird. Ohne zu sehr ins Detail gehen zu können, wird man feststellen können, dass ein Großteil der Grausamkeiten gegenüber Frauen, Kindern und betagten Menschen beim Überfall des 7. Oktober 2023 auch nach dem traditionellen islamischem Recht des 11. Jahrhunderts durch nichts zu rechtfertigen sind. Sie gehören zu dem Personenkreis, dessen Leben grundsätzlich zu schützen sei. Verstümmelung, Folter und Verbrennung sind ebenfalls im Wesentlichen verboten. Sexuelle Übergriffigkeit gegenüber Gefangenen läge jedoch im Rahmen traditioneller Vorstellungen, die hier von einem »Eigentumsübergang« der durch Gefangennahme versklavten Person an die Täter ausgehen. In der Tat finden sich auch aktuell namhafte Rechtsgelehrte, auch weiblichen Geschlechts, zum Beispiel an der renommierten Al-Azhar-Universität in Kairo, die genau auf dieser Grundlage unter Berufung auf Präzedenzfälle aus der Zeit des Propheten argumentieren: Sobald Sacheigentum an der weiblichen Person erworben worden sei, stünde sie dem neuen Eigentümer auch in sexueller Hinsicht zur Verfügung. Der aktuell infrage stehende Gefangenenaustausch würde wahrscheinlich selbst von den so strengen Rechtsgelehrten des 11. Jahrhunderts und ihrer Epigonen angesichts der Machtverhältnisse in Analogie zu Sure 47:4 des Qur'an als notwendiges Übel akzeptiert werden. Die »reine Lehre« geht allerdings davon aus, dass Gefangene grundsätzlich nicht an den Gegner überstellt werden, da hierdurch dessen Ränge ja wieder aufgefüllt würden.

Dass diese Regelungen, zumindest aber die ihnen zugrunde liegenden Wertvorstellungen nicht nur graue Theorie, historisch überlebt und gesellschaftlich unmaßgeblich, sondern jedenfalls in speziellen Milieus und meist selektiv gelebte, als »gottgefällig« verstandene Wirklichkeit sind, lässt sich nicht nur in Gaza feststellen. Bei einer Studienreise im Jahr 1993 konnte ich in Saudi-Arabien nicht besonders ermutigende Manifestationen dieser *jihad*-Ideologie antreffen. In etablierten Universitätsbuchhandlungen waren seinerzeit Dutzende von Büchern und Schriften im Bereich »Politische Wissenschaften«, »Internationale Beziehungen« und »Geschichte« zu finden, deren Verfasser die Vernichtung der Ungläubigen – meistens verkörpert durch Israel und die USA, aber auch der Christen und insbesondere der Juden generell – forderten. Beruflich bin ich immer wieder hochrangigen Vertretern islamistischer Gruppen und Regimes persönlich begegnet. Alle reklamierten den göttlichen Auftrag zum *jihad* für sich und ihre Organisation. So traf ich mich mit Sheikh Nasrallah, dem Anführer der Hizballah in Beirut, mit seinen Sponsoren in Teheran, aber auch mit dem Hamas-Führer Dr. Mahmud al-Zahhar in Gaza. Niemand machte einen Hehl aus seinem Weltbild und den damit verbundenen politischen Absichten. Nicht ohne Autorenstolz zeigte mir al-Zahhar auch sein Buch mit dem bezeichnenden Titel »Es gibt keine Zukunft für Israel unter den Völkern« (*La mustaqbal li'Isra'il baina'l-umam*) und vertrat – wie bereits islamistische Autoren vor und nach ihm – die Ansicht, dass Israel eine Fiktion sei und zerstört werden müsse. Während ich mit der Hamas und der Hizballah verhandelte, war mir darum stets präsent, dass Koexistenz und Kompromiss für die Vertreter dieser Organisationen letztlich nur ein notwendiges Übel darstellte. Das Endziel war – und ist – stets die Vernichtung Israels und die Rückgewinnung der »heiligen Erde« mit Jerusalem als Andachtsort für die Entrückung Muhammads. Für die Hamas wie für die Hizballah – und natürlich auch für das Regime im Iran – ist diese Zielvorstellung eine zentrale Grundlage ihres Selbstverständnisses, letztlich ihrer Daseinsberechtigung. Offener militärisch ausgetragener oder verdeckter hybrider Krieg gegen Israel – letztlich aber auch gegen seine Unterstützer – ist damit der »Naturzustand«, nicht eine gesonderte, nur unter bestimmten Umständen erforderliche und zu legitimierende Aktion. Gerechtfertigt, besser entschuldigt werden muss im Gegenteil eine Unterbrechung von Kampfhandlungen. Eine Waffenruhe, maximal ein temporärer Waffenstillstand (*muhadana/hudna*) in einer Phase der eigenen Schwäche, muss allein schon aus Gottesfurcht jeweils so rasch wie möglich überwunden werden. Militärische Rüstung und Resilienz sind hier nicht nur Gebot nationalstaatlicher sicherheitspolitischer Daseinsvorsorge, sondern eine notwendige Ertüchtigung für das strategische Ziel der Eroberung und insbesondere der Rückeroberung. Die Tatsache, dass radikale Islamisten bis hin zu Terrororganisationen sich auf den Qur'an und das traditionelle islamische Recht, die *Shari'a*, berufen können, verschafft ihnen einen großen Vorteil in der ideologischen Auseinandersetzung mit der Mehrheit der deutlich gemäßigteren Muslime: Ihr Konzept des *jihad* ist nicht das Ergebnis einer Idee, die dem Wandel über Generationen von Gläubigen hinweg und ihrer gelebten Realität von Politik und Religion unterworfen ist; es ist die zeitlose Wahrheit. Punkt. So steht es Wort für Wort seit der Frühzeit des Islam im Qur'an. Wer es wagt, die Offenbarung mit einem Fragezeichen zu versehen, also die Aussagen über die schlichte Wortbedeutung hinaus interpretieren zu wollen, riskiert den Vorwurf der Blasphemie oder Apostasie. Damit endet dann rasch jede kritische Auseinandersetzung gerade auch unter Muslimen. Ein militantes, gewaltaffines *Jihad*-Verständnis ist damit bei Interesse leicht zu evozieren und als Maxime für das eigene individuelle oder kollektive Verhalten zu postulieren. Einen autoritativen theologischen oder juristischen *consensus omnium*, der *jihad* allenfalls noch als friedliches Bemühen zum Ruhme Gottes und seiner Religion verstehen möchte, etwa im Rahmen friedlicher Mission, gibt es hierbei, ungeachtet verschiedener Einzelstimmen, nicht. Dieser wäre auch mangels einer zentralen religiösen Autorität im Islam allenfalls über eine Art Weltkonferenz wie etwa die Muslimische Weltliga (MWL) als NGO oder die zwischenstaatliche Organisation der Islamischen Konferenz (OIC) zu versuchen. Eine solche, quasi ökumenische Initiative ist jedoch noch nicht einmal in ersten Ansätzen absehbar, ganz abgesehen von der Frage, ob diese wirklich eine spürbare Wirkung auf die Unzahl an Lehrmeinungen in der islamischen Welt zeitigen würde. Militante *Jihad*-Ideologie bleibt damit eigenständig, dogmatisch resilient und ein Brandbeschleuniger in vielen Auseinandersetzungen zwischen Muslimen und Nichtmuslimen wie unter Muslimen selbst.

Doch was bedeutet nun all dies für die Nachrichtendienste und ihren Aufklärungs- und Analyseauftrag? Nun, diese Frage ist relativ leicht zu beantworten, denn hier tritt das Grundprinzip erfolgreicher nachrichtendienstlicher Arbeit sehr klar zutage: Wer nicht über profunde Kenntnisse des Aufklärungsgegenstandes verfügt, kommt zu keinen brauchbaren und schon gar nicht validen Ergebnissen. Für einen Nachrichtendienstler ist ein vertieftes Verständnis gerade auch der historisch bedingten soziokulturellen Phänomene der jeweiligen Aufklärungsgebiete unabdingbar. Nur so lässt sich verstehen, wo und in welchem Maße Gedankengut des Islam zur Mobilisierung gegen reale oder perzipierte Gegner genutzt werden kann, genutzt worden ist und auch weiterhin genutzt wird. Es geht nicht darum, den Islam als solchen an den Pranger zu stellen, oder gar um Islamophobie. Es geht hier nicht um die Religion, sondern um den Gebrauch, besser Missbrauch, den sie durch Ideologen bis hin zu fanatischen Terrorgruppen erfährt. Entscheidend ist, was aus einem religiösen Erbe hier und heute konkret abgeleitet wird. Wer dieses Erbe kennt, kann auch dessen mögliche weitere, bislang noch nicht manifeste Implikationen in seiner Anwendung antizipieren und somit unliebsamen Überraschungen vorbeugen. Die *jihad*-Ideologie ist über Gaza und den Nahen Osten hinaus zu einem weltweiten sicherheitspolitischen Risiko für viele Staaten und Gesellschaften geworden. Auch in Europa haben Täter, die sich auf den göttlichen Auftrag zum *jihad* berufen, bis in unsere Gegenwart schwerste Anschläge verübt. Nichtwissen – oder Nichtwissenwollen – ist hier erneut potenziell tödlich, denn die *jihad*-Ideologie ist eben auch deswegen ein strategisches Risiko, weil man sie in ihrer operativen Dimension immer wieder nicht ernst nimmt. Dies gilt auch für die Hamas selbst, deren Entstehungsgeschichte, Struktur, Zielsetzung und »Erfolgsbilanz« sehr häufig nicht zur Kenntnis genommen wird.

5. Hamas – ein unverstandenes Risiko

Bereits vor 2400 Jahren forderte Sun Tsu in seinem Hauptwerk »Die Kunst des Krieges«, den Gegner zu kennen wie sich selbst, in dem Sinne, dass man sich dessen Denken und Fühlen so stark wie möglich annähert, um es nach Möglichkeit bestmöglich zu verstehen und damit sein Handeln vorauszusehen. Damit umreißt er im Grunde genommen die Kernaufgabe der strategischen wie der taktischen nachrichtendienstlichen Aufklärung, die zur Lagefeststellung und Lagebeurteilung führt: die zutreffende Identifizierung und Qualifizierung eines Gegners, seiner Potenziale, seiner langfristigen wie auch aktuellen Absichten, aber auch seiner gesellschaftlichen und psychosozialen Befindlichkeiten und Limitationen, die bis in das persönliche Verhalten hineinreichen und auch in der taktischen Situation handlungsbestimmend sein können. Diese fundierte Kenntnis des Gegenspielers ist elementar für einen Nachrichtendienst. Die Hamas ohne ihre Entstehungsgeschichte, deren Hintergründe und soziokulturelle Einbettung ihrer Führer und Anhängerschaft verstehen zu wollen, ist daher nicht nur im Urteil Sun Tsus wenig zielführend. Auch hier spielt der *human factor*, diesmal in der kognitiven Überwindung oder wenigstens Reduzierung des eigenen soziokulturellen und psychologischen Bias bei der Bewertung des Gegenspielers, eine zentrale Rolle, gerade auch bei einer nachrichtendienstlichen Betrachtung und Bewertung. Es wäre hier für den Analysten fatal, von sich auf andere zu schließen.

In Fachkreisen gilt Hamas als eine besonders klandestine, strikt autoritär geführte, im Laufe der Jahre von den USA, aber auch der EU und ihren Mitgliedstaaten aufgrund von Zielsetzung und Mitteleinsatz als terroristisch eingestufte Organisation. Die Hamas verfügt über weltweite Kontakte in den Milieus der Muslimbrüder von Australien über die USA bis nach Skandinavien und Deutschland. Im Libanon, in Iran und Qatar. Sie ist aber auch je nach politischer Großwetterlage in Syrien und dem Irak politisch wie operativ präsent. Sogar in der Türkei – immerhin NATO-Mitglied, deren Regierungspartei AKP deutliche Affinitäten zur Ideologie der Muslimbrüder aufweist und sich politisch-operativ auch entsprechend positioniert – ist die Hamas aktiv und immer wieder auf höchster politischer Ebene willkommen. Als strategischer Sponsor und Drahtzieher im Hintergrund fungiert der Iran. Soweit die allgemein bekannten Fakten. Doch was sagen sie für die konkrete, handlungsrelevante nachrichtendienstliche Erfassung und Bewertung der Hamas aus?

Um das Potenzial, die Ziele und die Vorgehensweise der Terrororganisation zu erkennen, muss man ihr geografisches und gesellschaftliches Umfeld, ihre Herkunft und Entwicklung betrachten. Dabei handelt es sich um ein anspruchsvolles Unterfangen, denn die Hamas ist ohne Gaza nicht denkbar – und Gaza wiederum ist ein durchaus spezieller Ort, mit sehr spezifischen Gegebenheiten und gesellschaftlichen Alleinstellungsmerkmalen. Der schmale Küstenstreifen mit seinen etwa zwei Millionen Einwohnern und der seit 2007 besonders streng abgeriegelten und bewachten Grenze zu Israel hat seine eigene Topografie, Demografie und sozioökonomische wie soziokulturelle Identität. All dies ist für das Verständnis der Operationsumgebung von grundlegender Bedeutung.

Im September 1994 bin ich zum ersten Mal nach Gaza gereist. Ich wollte mich einfach auf eigene Faust mit landeskundlicher Neugierde in ein mir bisher unbekanntes Gebiet begeben. Obwohl die Fahrt im palästinensischen Sammeltaxi von Ostjerusalem zum Kontrollpunkt Eretz relativ kurz war, führte sie mich doch von einer Welt in eine andere. Die altersschwache Mercedes-Limousine schaukelte bei jedem Schlagloch und jeder Bodenwelle wie ein Schiff in schwerer See. Aus dem Radio schallte arabische Musik, und ich saß Knie an Knie mit meinen Mitreisenden. Das Auto war vollgepackt, denn die Fahrt musste sich schließlich lohnen. Unser Fahrer stellte das Radio leiser, als wir uns dem Kontrollpunkt näherten. Damals gab es noch nicht die später so charakteristischen dominanten Befestigungsanlagen. Der Mercedes kurvte um improvisiert wirkende Betonquader und Stacheldrahthindernisse auf der Straße. Schließlich hielten wir vor einer Gruppe von israelischen Soldaten. Einer von ihnen kam zum Fenster und verlangte unsere Ausweise. Das M16-Schnellfeuergewehr hatte er dabei über die Schulter gehängt. Für alle Fälle standen im Hintergrund feuerbereite Soldaten und beobachteten uns. Der Fahrer gab dem jungen Mann unsere Dokumente. Mein deutscher Reisepass, damals noch die »grüne Pappe«, stach deutlich hervor. Der Soldat wog ihn in der Hand, beugte sich herunter und sah mich an. Ich grüßte höflich. »*A German. You know that you are leaving Israel and entering the Palestinian side on your own responsibility?*«, waren seine Worte. Warnend, doch in wohlmeinendem Ton. Für ihn war *the Palestinian side* Feindesland, das man meidet und nicht ohne zwingenden Grund aufsucht. Instinktiv musste ich an meine Reisen im libanesischen Bürgerkrieg denken, als ich das kriegszerstörte Beirut zu Fuß vom sunnitischen Westen bis zur Green Line, der mit Schutt- und Containerwällen gesäumten Kampfzone und Trennlinie zum christlichen Teil, durchquert hatte. »*I know*«, antwortete ich lächelnd und nahm meinen Pass entgegen. Der Soldat nickte, und der Mercedes rollte weiter. Solange ich im »*Service*«, dem Sammeltaxi, mit Einheimischen unterwegs war, fühlte ich mich recht gut aufgehoben. Ich hatte ihnen zu verstehen gegeben, dass ich in Gaza nur das »deutsche Kulturinstitut« anschauen und am Abend nach Israel zurückkehren wollte. Auch dank meiner arabischen Sprachkenntnisse und meines Hintergrunds als Historiker mit reichhaltiger Erfahrung in Syrien und Libanon hatte ich den Eindruck, dass mir niemand grundlegend misstraute. Wichtig war nur, dass ich einen plausibel wirkenden Grund für die Mühen der Reise angeben konnte, denn zweckfreier Tourismus, quasi nur aus vordergründiger Neugierde und Unterhaltungssucht, ist in vielen Gesellschaften unüblich und damit suspekt. Insgesamt war jedoch damals die Stimmung unter den Palästinensern mehrheitlich als eher optimistisch zu bezeichnen. Am 16. Mai 1994 war der seit 1967 von Israel besetzte Gazastreifen an die neu gebildete Palästinensische Autonomiebehörde übergeben worden. Dem war im September 1993 der erste Oslo-Vertrag und insbesondere das sogenannte Gaza-Jericho-Abkommen vom 4. Mai 1994 zwischen Israel und der PLO Yasir Arafats vorausgegangen. Nach Jahren des Volkaufstands der ersten Intifada (1987 bis 1993) hatte damit ein phasenweiser Übergang der Verwaltung an die Palästinensische Autonomiebehörde begonnen, die unter Arafats Leitung ihr erstes provisorisches Hauptquartier in Gaza-Stadt aufgeschlagen hatte. Triumphal waren Arafat und einige Tausend PLO-Angehörige, darunter auch 3000 ehemalige PLO-Kämpfer als künftige Polizeikräfte, aus dem Exil in Tunis zurückgekehrt, wohin sie nach der Niederlage gegen die israelischen Streitkräfte im Libanonkrieg 1982 unter internationaler Aufsicht evakuiert worden waren. Nun zog es aus der in der ganzen Welt verstreuten palästinensischen Diaspora meist gut ausgebildete junge Menschen in das entstehende Autonomiegebiet, um zusammen mit den etwa 7000 bereits in den bisherigen Verwaltungsstrukturen arbeitenden Landsleuten am Aufbau eines möglichen Teilstaats mitzuwirken. Es sah so aus, als könnten viele von ihnen zum ersten Mal optimistisch in die Zukunft blicken. Nur extremistische Gruppen wie insbesondere die Hamas, die aus den bereits seit den 40er-Jahren bestehenden, meist im Untergrund aktiven militanten Strukturen der Muslimbrüder hervorgegangen und 1987 in Gaza als islamistische Widerstandsbewegung gegründet worden war, lehnte die Oslo-Verträge radikal ab. Bereits in einer friedlichen Koexistenz mit Israel und einer Zweistaatenlösung sah sie Verrat an der palästinensischen und insbesondere auch islamischen Sache, da sie Israel jegliches Existenzrecht absprach. Die Hamas sah sich dem bewaffneten *jihad* gegen die Besatzer uneingeschränkt verpflichtet und hatte daher bereits im April 1994, also noch im Vorfeld der Verwaltungsübergabe in Gaza, zwei Selbstmordanschläge auf israelische Busse in Afula und Hadera verübt, zum einen um das von extremistisch jüdischer Hand begangene Massaker von Hebron im Februar 1994 zu rächen, aber eben auch, um den Oslo-Kompromiss insgesamt zu sabotieren. Die aktuelle Ruhe war also tendenziell trügerisch, aber noch, jedenfalls für meinen Geschmack, ausreichend stabil. Ärmlich wirkende Ansiedlungen säumten die Nordsüd-Achse der Salah al-Din Road, von der aus man in die Dörfer und Kleinstädte abbog. Rasch erreichten wir Gaza-City. Damals war die Stadt noch nicht so dicht bebaut wie in späteren Jahren, als es Hochhäuser mit bis zu 15 Stockwerken geben sollte. Noch glichen viele

Straßen denen einer beschaulichen ägyptischen Provinzstadt mit Häusern und auch Villen im Stil der Dreißiger- und Vierzigerjahre des 20. Jahrhunderts. Bald gelangte ich jedoch in eine andere Welt: die dicht gedrängten, von engen Gassen durchzogenen, verwinkelten Behausungen eines weitläufigen Flüchtlingslagers. Ich war ausgestiegen und sah dem Mercedes hinterher, während er sich hupend den Weg durch die Menge bahnend in einer Gasse entschwand. Ich war im Camp al-Shati in Gaza-City – in Strandnähe zum Mittelmeer – gelandet. Auf den ersten Blick war es kaum von der Bausubstanz der umgebenden ärmlicheren Stadtviertel zu unterscheiden. Ich begegnete den flüchtigen, eher neugierig-kritischen Blicken der Menschen, die sich jedoch nicht die Zeit nahmen, mich anzusprechen, und stattdessen einfach weiterliefen. Die meisten von ihnen schlugen die gleiche Richtung ein. Ich überlegte nicht lange und ging einfach mit. Von irgendwoher war auch der Lärm vieler Menschen zu hören. Kurz darauf stand ich inmitten einer Menschenmenge vor einem Büro und einer Lagerhalle mit dem blauen Logo der Vereinten Nationen. Es war eng, man trat sich auf die Füße, rempelte sich an, und jeder wollte unbedingt als Erster bei der Lebensmittelausgabe an die Reihe kommen. Die *United Nations Relief and Works Agency for Palestine Refugees in the Near East* (UNRWA) versorgte eine erhebliche Zahl an Flüchtlingsfamilien. Das Hilfswerk der UN war seit 1949 in den palästinensischen Flüchtlingslagern in Libanon, Syrien, Jordanien, aber eben auch der Westbank und in Gaza aktiv. Die Lebensmittelverteilung erfolgte gegen die Vorlage von Berechtigungsscheinen in einer für den Außenstehenden schwer nachvollziehbaren Weise. Chaotisch, beinahe willkürlich und mit erheblicher Geräuschentfaltung. Alles rief, schrie und gestikulierte, die Stimmung war gereizt. Jeder fürchtete offenbar, nicht zum Zuge zu kommen. Diese Menschen existierten sichtbar unter schwierigen Bedingungen, in erdrückender Armut und Abhängigkeit von Hilfsleistungen. Es war ein unwürdiges Schauspiel, dessen Zeuge ich nicht gerne wurde. Es lag in der Luft, dass Fremde hier nicht willkommen waren. Bald zog ich mich wieder zurück. Lange konnte ich ohnehin nicht bleiben, da ich vor Einbruch der Dunkelheit den Gazastreifen wieder verlassen musste, wenn ich die Grenze passieren und nach Ost-Jerusalem zurückkehren wollte. Am Abend war ich schließlich froh, mich in meinem Hotelzimmer ein wenig ausruhen zu können, doch die Eindrücke des Tages stimmten mich nachdenklich. Ich wusste, dass das Flüchtlingslager, das ich kurz besucht hatte, nur eines von mehreren in Gaza war. Insgesamt gab es neun, die sich jeweils an den Stadträndern von Rafah, Khan Yunis und Gaza City mit den Ortsteilen Strand (Shati) und Jabaliya sowie um die kleineren Ortschaften Nusairat, Buraij, Maghazi und Deir al-Balah drängten. Armut und Perspektivlosigkeit waren mit Händen zu greifen, und die Zukunft Gazas – aber auch die der Palästinenser auf der Westbank – hing nun wesentlich davon ab, ob es der Autonomiebehörde gelingen würde, ein halbwegs stabiles Verwaltungs- und einigermaßen prosperierendes Wirtschaftssystem zu etablieren. Nur damit würden auch die Chancen für eine Konsolidierung und eine friedliche Koexistenz mit Israel steigen.

Im September 1994 sah es noch so aus, als könne dies mit sehr viel Glück und internationaler Unterstützung gelingen. Erhebliche Investitionen und Hilfsgelder wurden bereitgestellt und sollten in den Folgejahren für einen Bauboom sorgen. Die Aufbruchsstimmung wurde jedoch rasch durch die anhaltenden Gewaltakte der Hamas getrübt, die sich hiermit in einen Konflikt mit der gerade erst etablierten palästinensischen Autonomiebehörde brachte. Hamas-Angehörige wurden verhaftet, und es kam zu bewaffneten Auseinandersetzungen zwischen den *Izz al-Din al-*

Qassam-Brigaden, dem militärischen Arm der Hamas, und der Fatah. Die Israelis reagierten ihrerseits mit harter Gewalt auf die Anschläge, und bald entstand ein von Terror und Vergeltung geprägtes Klima, das dazu führte, dass viele Menschen in Israel den Oslo-Verträgen allein schon unter Sicherheitsaspekten zunehmend skeptisch gegenüberstanden. Wer möchte schon gerne mit einer Nachbarschaft zusammenleben, aus deren Mitte immer wieder quasi ungehindert schwerste Terroranschläge ausgeübt werden? Verschärft wurde diese prekäre Lage zudem noch durch seit den Achtzigerjahren immer häufiger in Erscheinung tretende extremistisch national-religiöse jüdische Siedlergruppierungen wie etwa Kach und Kahane Chai, die ihrerseits einen umfassenden alttestamentarisch begründeten Gebietsanspruch auf einen exklusiv jüdischen Staat, auf Eretz Israel erhoben und damit den eingeleiteten Friedensprozess mitsamt seinen territorialen Kompromissen und Ansätzen zur Inklusivität ebenfalls, nur unter umgekehrten Vorzeichen, radikal ablehnten. Ein furchtbares Menetekel war hier bereits das Massaker, das der aus den USA eingewanderte Extremist Baruch Goldstein am 25.02 1994 unter den muslimischen Gläubigen am Abraham-Grab in Hebron, quasi als selbst ernannter »Rächer« für die Ermordung von 67 jüdischen Bürgern von Hebron im August 1929, angerichtet hatte. In seiner Vorstellungswelt war das jüdische Volk erneut existenziell bedroht durch die Friedenspolitik von Jitzchak Rabin. Israels Premier verschleudere für die Zweistaatenlösung Gottes Land an die Palästinenser. Nur eine »dramatische Aktion« könne den Friedensprozess aufhalten. Am Abend des 4. November 1995 fiel dann selbst der israelische Premierminister und Friedensnobelpreisträger Jitzchak Rabin in Tel Aviv dem Mordanschlag eines extremistischen nationalreligiösen Attentäters zum Opfer.

Die palästinensische Autonomiebehörde (PA) zeigte sich dieser sich kontinuierlich verschärfenden Konfliktsituation nicht gewachsen. Sie war nicht in der Lage, zur Wahrung und Weiterentwicklung der Kompromisslösungen von Oslo in eine massive Auseinandersetzung mit den islamistischen Kräften von Hamas, Palestinian Islamic Jihad (PIJ), PFLP und anderen Gruppen einzutreten. Dies überließ sie nur zu gerne den Israelis und damit den Besatzern, die man allerdings im Rahmen einer klandestinen Sicherheitszusammenarbeit wo möglich diskret unterstützte, ging es doch auch um die eigene gefährdete Existenz. So wurde neben der Westbank auch Gaza zunehmend von Operationen der israelischen Streitkräfte zur Terrorabwehr und auch von palästinensischen Infiltrationen in den israelischen Grenzraum geprägt. In einer zugespitzten Atmosphäre sich gegenseitig »legitimierender« Gewalt und Gegengewalt gewann im Mai 1996 Benjamin Netanyahu vom Likud mit einem umfassenden Sicherheitsversprechen die Parlamentswahlen und beendete vorerst den Friedensprozess. Im September 2000 brach schließlich die sogenannte zweite Intifada, die *al-Aqsa-Intifada*, aus, nachdem sämtliche erneuten Bemühungen um tragbare Kompromisse – darunter eine zweite Verhandlungsrunde in Camp David im Juli 2000 unter Federführung der USA – gescheitert waren. In diesem gewaltaffinen Klima profilierte sich die Hamas mit erneuten spektakulären und opferreichen Bombenanschlägen in Israel als besonders wirkungsmächtiger Akteur, gewann auf diese Weise immer mehr Zulauf und setzte sich – nachdem Yasir Arafat, legendärer Anführer für viele Palästinenser, im November 2004 in einem französischen Krankenhaus verstorben war – immer deutlicher in Gaza durch. Bereits im Januar 2005 gewann sie so bei den Kommunalwahlen sieben von insgesamt zehn Wahlkreisen im Gazastreifen, bei den Wahlen zum Palästinensischen Legislativrat im Januar 2006 sogar eine klare, jedoch keine absolute Mehrheit der Mandate. In der Folge verstärkten sich die Spannungen zwischen der Palästinensischen Autonomiebehörde unter Arafats Nachfolger Mahmud Abbas und der Hamas, nicht zuletzt, da es nun um die Frage einer Regierungsbildung ging. Erst im März 2007 kam eine kurzlebige, international boykottierte »Einheitsregierung« zwischen Hamas und Fatah zustande, die diese Bezeichnung von Anfang an aufgrund der Unvereinbarkeit der Positionen nicht verdiente. Bereits im Sommer 2007 vertrieb Hamas die Fatah dann gewaltsam aus Gaza, wo sie nunmehr systematisch ihre Machtposition in den administrativen und zivilen Institutionen ausbaute. Gaza wurde faktisch zu ihrem »Teilstaat«. Wie aber konnte es einer ursprünglich in Netzwerken aus dem Untergrund operierenden Terrorgruppe gelingen, den Friedensprozess zu sabotieren und sich quasi als Alleinherrscher in Gaza zu etablieren? Bei der Beantwortung dieser Frage kommen wir nicht umhin, die Ursprünge der Hamas etwas genauer zu betrachten. Auch sie kam keineswegs aus dem Nichts. Historisch, ideologisch und organisatorisch hat sie ihre Wurzeln in der ägyptischen Muslimbruderschaft, die ihrerseits im Laufe der Jahrzehnte zu einer in der ganzen Region einflussreichen islamistischen Bewegung werden sollte.

Die Muslimbruderschaft (*al-Ikhwan al-Muslimun*)

Die *Ikhwan* waren bereits 1928 von Hasan al-Banna, einem ägyptischen Schullehrer in Ismailiyya, gegründet worden und entwickelten sich rasch zu einer der bis heute einflussreichsten islamistischen sunnitischen Bewegungen. Ich habe bereits im Kapitel zur *Jihad*-Ideologie über sie gesprochen. Die Muslimbrüder propagierten die Rückkehr zu den Grundsätzen von Qur'an und Sunna als die end- und alleingültige Herrschaftsform auf Erden.

In den Jahren nach dem Ersten Weltkrieg bedeutete dies zunächst Befreiung von allen Formen des europäischen Kolonialismus. Grundsätzlich war die Errichtung einer gottgewollten islamischen politischen und gesellschaftlichen Ordnung jedoch global konzipiert. Hasan al-Banna prägte hierfür eine besonders schlagkräftige Parole: »*Al-Islam huwa'l-hall*« – »Der Islam ist die Lösung«. Dieses Ziel sei nur über den *jihad* zu erreichen, sowohl im spirituellen Sinn durch den »Großen Jihad«, das persönliche Bemühen um die Verbreitung und Befolgung der reinen Lehre, als auch im militanten Sinn als »Kleiner Jihad«, als bewaffneter Kampf gegen die Feinde des Islam. Die nächstliegenden *Jihad*-Fronten lagen seinerzeit im Kampf gegen die britische Kolonialverwaltung in Ägypten, dicht gefolgt von der britischen Mandatsverwaltung in Palästina und damit – quasi vor der Haustüre – im Gazastreifen. Die Gewalt zwischen bereits über Generationen ansässigen und seit dem 19. Jahrhundert aus Europa eingewanderten Juden einerseits und arabischer Bevölkerung andererseits hatte bereits 1921 mit dem arabischen Mai-Pogrom in Jaffa spektakuläre Formen angenommen; schwerste Verbrechen an Frauen und Kindern wurden im Februar 1929 bei einem Massaker an den Juden von Hebron begangen. Von 1936 bis 1939 wurde das britische Mandatsgebiet von einem anhaltenden Aufstand der arabischen Bevölkerung erschüttert, der sich sowohl gegen die Mandatsmacht als auch die neuen jüdischen Ansiedlungen richtete.

Vor diesem Hintergrund stachelten 1938 auch die *Ikhwan* mit Parolen wie »Nieder mit den Juden« und »Juden raus aus Ägypten« zur Gewalt im Lande auf. Im gleichen Jahr erschien zudem eine ideologische Schrift al-Bannas unter dem Titel »Die Todesindustrie«, in der die Bereitschaft und Fähigkeit der Muslime zu kollektivem Märtyrertum als Quelle der Macht und Überlegenheit gepriesen wird: »Derjenigen Nation, welche die Industrie des Todes perfektioniert und die weiß, wie man edel stirbt, gibt Gott ein stolzes Leben auf dieser Welt und ewige Gunst in dem Leben, das noch kommt. Die Illusion, die uns gedemütigt hatte, besteht in nichts anderem als der Liebe zum weltzugewandten Leben und dem Hass auf den Tod.« Aus dieser Vorstellung heraus bemühten sich die Muslimbrüder bereits 1936 und 1937 um die Rekrutierung und Entsendung Freiwilliger zur Unterstützung der arabischen Aufstände im britischen Mandatsgebiet Palästina.

Banna orientierte sich in seiner *jihad*-Ideologie zunächst an der Parole einer der damaligen Leitfiguren des islamistisch motivierten antikolonialen Befreiungskampfes, des Syrers Izz ad-Din al-Qassam (1882–1935): »Entweder Sieg oder Märtyrertod«. Als Imam einer Moschee in Haifa predigte und organisierte al-Qassam den bewaffneten *jihad* gegen die Mandatsmächte und die von ihnen protegierten jüdischen Einwanderer. Bereits 1925 hatte er einen Fünfpunkteplan zur Vertreibung der Siedler entwickelt und kleinere Untergrundzellen zu deren Bekämpfung gebildet. In den Jahren 1931 und 1932 kam es zu ersten Morden an Einwanderern. Die Gruppe bemühte sich, wenngleich vergeblich, auch um eine Kontaktaufnahme mit dem faschistischen Italien und dem nationalsozialistischen Deutschland. Nach weiteren Gewalttaten und einem Aufruf zum allgemeinen bewaffneten Kampf wurde al-Qassam schließlich von der britischen Mandatsverwaltung zur Fahndung ausgeschrieben. Er starb, getreu seiner Losung, in einem Feuergefecht mit Polizisten am 7. Oktober 1935 und wird seither als »Märtyrer« und frühes Vorbild des antikolonialistischen, insbesondere aber antizionistischen Jihad verehrt.

Qassams Zeitgenosse und Bruder im Geiste, Muhammad Amin al-Husaini (1895–1974), schuf wiederum die Verbindung zum nationalsozialistischen Deutschland. Al-Husaini war Angehöriger einer alteingesessenen und einflussreichen Familie in Jerusalem sowie seit dem Ende des Ersten Weltkriegs die zentrale ideologische, politische und militärische Leitfigur des islamistisch motivierten *jihad* gegen die britische Mandatsmacht und die jüdische Besiedlung Palästinas. Mit dieser Haltung stand er in der Tradition seines Vaters, Muhammad Tāhir al-Husseini, der als Mufti von Jerusalem bereits seit 1891 die Einwanderung von Juden in den der Hohen Pforte in Istanbul direkt unterstellten damaligen Distrikt Jerusalem und deren allmählicher rechtlicher Gleichstellung im Gefolge der osmanischen *Tanzimat*-Reformen (*Hatt-i Humayun*-Erlass von 1856) mit allen ihm zu Gebote stehenden administrativen Mitteln bekämpft hatte. Das spätere Mandatsgebiet Palästina existierte zu jener Zeit noch nicht, Teile gehörten damals zur Provinz Damaskus, andere zur Vilayat Tripoli, Sidon und später Beirut. Der Sohn Muhammad folgte 1921 seinem Vater als Mufti und wurde in dieser Funktion zur Leitfigur der Palästinenser, die einen eigenen Nationalstaat anstrebten. Er vertrat hierbei von Anfang an einen verschwörungsideologisch geprägten islamistischen Antisemitismus und befand sich damit bereits seit 1933 ideologisch und politisch in der Nähe zum NS-Regime in Deutschland. Insbesondere gegen das »Weltjudentum« gerichtete Verschwörungsvorstellungen, auch unter Bezugnahme auf die sogenannten »Protokolle der Weisen Zions« und die daraus abgeleiteten Vernichtungsvorstellungen, fanden Eingang in seine Schriften und Reden. Nach seiner Flucht vor den Briten kooperierte er ab 1937 von Libanon aus mit den Nazis. Ab 1940 arbeitete er für die »Abwehr« von Admiral Canaris, den Auslandsgeheimdienst des Deutschen Reiches, und unterstützte bei Sabotageakten gegen britische Truppen in der Region. Von Oktober 1941 bis zum Ende des Zweiten Weltkriegs lebte al-Husaini mit einigen Anhängern in Berlin und verbreitete von dort aus nationalsozialistische Propaganda im arabischen Raum. Er wurde

Mitglied der SS, mobilisierte Muslime für die Waffen-SS auf dem Balkan und setzte sich dort für die Blockade von Fluchtwegen für Juden aus Osteuropa ein. De facto ermöglichte er so die Auslieferung Tausender Menschen in die Vernichtungslager des Holocaust. Nach dem Krieg wurde er auf der Flucht in der Schweiz als Kriegsverbrecher festgenommen und an Frankreich ausgeliefert, das ihn jedoch nach Ägypten ausreisen ließ, wo er 1946 als »Nationalheld« stürmisch willkommen geheißen wurde, Asyl erhielt und weiter für seine Sache warb.

Bereits am 25. November 1946 wurde eine Zweigstelle der Muslimbrüder in Gaza gegründet. Gegen Ende des britischen Mandats für Palästina im Frühjahr 1948 engagierten diese sich dann bereits im Kampf gegen jüdische Siedlungen, die sich unter britischer Ägide auch in Gaza etabliert hatten. Im Krieg der arabischen Nachbarstaaten gegen den am 14. Mai 1948 frisch proklamierten Staat Israel nahmen etwa 1.000 Freiwillige teil, die von der Muslimbruderschaft in Ägypten und Gaza rekrutiert und von Offizieren der ägyptischen Streitkräfte ausgebildet worden waren. Diese *mujahedin* überwarfen sich jedoch in ihrer Kompromisslosigkeit – man befand sich ja im »heiligen Krieg« – sehr bald mit den pragmatischen Zielsetzungen der ägyptischen Kriegführung und erst recht anlässlich des abschließenden Waffenstillstandsabkommens zwischen Ägypten und Israel vom 24. Februar 1949. Schon hier können wir klare ideologische Kontinuitäten in der späteren Haltung der Hamas bezüglich der Oslo-Verträge und einer Zweistaatenlösung erkennen.

In einer von November 1956 bis März 1957 währenden kurzfristigen israelischen Besetzung des Gazastreifens im Rahmen des Suezkriegs gegen Ägypten konnte sich die Muslimbruderschaft noch einmal als Widerstandsorganisation profilieren, musste diesen Status aber nach dem Ende des Konflikts und der Rückkehr der ägyptischen Militärverwaltung nach Gaza für die nächsten zwei Jahrzehnte wieder aufgeben. 1965 wurden die Muslimbrüder in Ägypten verboten. Im Juni 1967 fiel Gaza im Sechstagekrieg in israelische Hände. Zwei Jahre zuvor hatte Shaikh Ahmad Yasin die Leitung der *Ikhwan* übernommen und erst einmal konsequent auf einen quietistischen Kurs der Mission, der Bildung und des karitativen Engagements gehalten. Aus Sicht der Muslimbrüder ergab diese Ausrichtung durchaus Sinn, galt es doch, das islamische Staats- und Gesellschaftsmodell erst einmal schrittweise in ein stark von jahrhundertealtem Volksglauben, Brauchtum und dementsprechender gewohnheitsrechtlicher Praxis (*'urf*) geprägtes Umfeld einzuführen.

Gazas soziokulturelle Realitäten

Es ist tatsächlich so, dass selbst die in ihren programmatischen Zielvorstellungen fundamentalistischen Muslimbrüder in Gaza Kompromisse machen mussten, um die erforderliche breite Akzeptanz in der Bevölkerung zu finden. Wie durch verschiedene, meist von den Vereinten Nationen im Rahmen ihrer Förderprogramme in Auftrag gegebene sozialwissenschaftliche Studien und Beobachtungen der vergangenen Jahrzehnte belegt ist, handelte es sich in Gaza um eine sozial konservative, überwiegend ländliche Gesellschaft, in der die Familie als Lebens- und Produktionsmittelpunkt in einer stark patriarchalischen Ausprägung das prägende Element darstellt. Dies gilt auch für die Strukturen in den Flüchtlingslagern, deren Einwohner 1948 in Massen aus sozial gleichartig strukturierten Dörfern und Kleinstädten aus der direkten Nachbarschaft des Gazastreifens geflohen waren. Familie und Clan bildeten die ordnende Klammer, zusammen mit ländlichem Gewohnheitsrecht (*'urf*), das ihre Koexistenz regelte. Entscheidende Bestimmungsgröße im Zusammenleben war hier die Stammes- oder Familienehre, die es gerade bei Kontroversen stets zu beachten galt, damit diese nicht in tödliche Feindschaft ausarteten. Mit förmlicher islamischer Rechtsgelehrsamkeit und Gerichtsbarkeit hatte das nicht allzu viel zu tun. Ungeachtet der von außen eher gleichartig wirkenden Sozialstrukturen wurde im Gazastreifen jedoch stets zwischen den Alteingesessenen und den in großer Zahl nach 1948 eintreffenden »Zugereisten«, den Flüchtlingen, unterschieden. Solch tief wurzelnde, lokal und erdverbunden gewachsene Normen, auch diese auf eine archaische Weise konservativ, ließen sich nicht innerhalb weniger Jahre durch eine islamistische Ideologie mit eher städtischem Hintergrund ersetzen. Die Muslimbrüder – und später die Hamas – mussten in Gaza ein gehöriges Maß an Flexibilität aufbringen, um einen Zugang in die über Generationen gewachsenen gesellschaftlichen Strukturen zu finden und im Interesse der eigenen Akzeptanz und späteren Einflussnahme auszubauen. Diese Form der Durchdringung erfolgte über Moscheen und Bildungs- und Sozialeinrichtungen. Das Konzept scheint heute so weit aufgegangen zu sein, doch die Eigenständigkeit der Clan- und Stammesstrukturen gegenüber der von der Hamas weitgehend dominierten Zivilverwaltung, der Polizei und der *Izz al-Din al-Qassam*-Milizen bricht trotzdem immer wieder auf. Die Clans entsenden einige ihrer Mitglieder in diese zivilen wie militärischen Strukturen, allein schon unter materiellen Aspekten (Lohn- und Soldzahlungen) und auch solchen der politischen Teilhabe. Doch der erweiterte Familienverbund bleibt unverändert die gesellschaftliche Kernstruktur in Gaza. Da diese Familienstruktur seit Jahrhunderten strikt patriarchalisch ausgerichtet ist, wachsen männliche Erstgeborene oftmals auch heute noch in dieses Verständnis hinein und können, je nach familiärem Brauch, bereits früh ihre – vom Vater abgeleitete – Macht gegenüber den jüngeren und insbesondere den weiblichen Mitgliedern der Familie ausüben. Dies gilt insbesondere auch im Hinblick auf die Familienehre und das hier verlangte Sozialverhalten aller Mitglieder, deren Aufrechterhaltung neben der Rolle des Ernährers und Bewahrers eine zentrale Aufgabe des *pater familias* ist. Von ihr hängen sein eigenes Ansehen, sein Status und seine Selbstbehauptung im Clan und darüber hinaus ab.

Ausdruck und Ergebnis dieses Sozialverhaltens ist nach übereinstimmenden Beobachtungen von palästinensischer und UN-Seite auch weiterhin ein hohes Maß an innerfamiliärer struktureller Gewalt gegen Frauen und Mädchen, darüber hinaus aber auch gegen den männlichen Nachwuchs, der im strikten Gehorsam gegenüber dem Vater und Großvater aufgezogen wird. Innerfamiliäre, nicht selten langjährige aktive wie passive Gewalterfahrungen prägen viele Menschen in diesem Umfeld in ihrem Gefühlsleben und ihren Einstellungen, werden aber überwiegend als vorgegeben hingenommen. Verschärft werden diese Zustände durch die vielfach beobachtete und analysierte, den miserablen sozioökonomischen Umständen geschuldete Unfähigkeit der Familienväter, den elementaren, gesellschaftlich geforderten männlichen Rollenerwartungen als Ernährer und Versorger gerecht zu werden. Die Flucht aus Depression und innerfamiliärer Aggression scheint hier nicht selten »der Gang zum Zaun«, also in die israelischen Verteidigungsanlagen, zu sein, eine ebenso bittere wie geläufige Metapher für den damit einhergehenden Weg in den »Märtyrertod« (*Istishhad*) im Kampf gegen den Erzfeind Israel. Mit dem Tod im Kugelhagel ist eine Hinterbliebenenrente verbunden. So kann dann im »Heldentod« doch noch die normative Rollenerwartung erfüllt werden. Dies gilt für gescheiterte Familienväter ebenso wie für perspektivlose Söhne. Auch eine Besoldung als Milizangehöriger kann neben Sinnstiftung (*jihad* im Widerstand) auch Sozialstatus und zumindest kleine Prosperität bieten. Glaube, Heldentum und ein Mindestmaß an Versorgungssicherheit und Perspektive schaffen hier somit eine stabile Motivationsgrundlage und ein hohes Maß an Loyalität und Zusammenhalt für alle Formen des organisierten bewaffneten und zivilen Widerstands gegen einen äußeren Feind.

Normen und Werte

Wie stets prägen auch dieses Gesellschaftsgefüge meist althergebrachte normative Orientierungen und Verhaltensweisen ihrer Mitglieder. In den hier beschriebenen Clans, insbesondere aber in den Familien selbst, herrscht, wie beschrieben, ein striktes Patriarchat, das sich – wenn es denn je normativ hinterfragt werden sollte – auf Qur'an und Sunna berufen kann. Vers 34 der 4. Sure (Al-*Nisa'*/Die Frau) lautet so in traditioneller Lesart und Auslegung: »Die Männer stehen über den Frauen, in dem, worin Gott sie vor diesen ausgezeichnet hat, und wegen der Ausgaben, die sie von ihrem Vermögen für diese gemacht haben. Und die rechtschaffenen Frauen sind demütig ergeben und geben acht auf das, was den Außenstehenden verborgen ist, weil Gott darauf achtet. Und wenn ihr fürchtet, dass Frauen sich auflehnen, dann ermahnt sie, meidet sie im Ehebett und schlagt sie! Wenn sie euch daraufhin wieder gehorchen, dann unternehmt weiter nichts gegen sie! Gott ist erhaben und groß.« Ein Ausdruck dieser unbestreitbar misogynen Vorstellungen, die im Übrigen auch mit einem immer noch hohen Prozentsatz von frühen Eheschließungen im Alter unter 18 Jahren einhergehen (elf Prozent im Jahr 2017, immerhin deutlich zurückgegangen im Vergleich zu 30 Prozent im Jahr 1997), ist die immer wieder beklagte Zögerlichkeit der Behörden und Justiz – die in Gaza natürlich ebenfalls in den Händen der Hamas liegen –, gegen männliche Täter vorzugehen. Die autoritären innerfamiliären Strukturen machen nicht vor Kindern und Jugendlichen halt, von denen Gehorsam und Ehrerbietung gegenüber dem Familienvater und seinen Vertretern verlangt und nötigenfalls auch mit gewaltsamer Züchtigung durchgesetzt wird. Was nun bereits den Status rechtmäßig angetrauter Muslimas in traditionellem Verständnis schwächt, lässt den einer nicht muslimischen Frau, noch dazu im Feindesland, erst gar nicht entstehen. Noch 2014 äußerte sich eine Professorin der renommierten Al-Azhar-Universität in Kairo in diesem Zusammenhang so eindeutig wie bereits die muslimischen Rechtsgelehrten des 8. Jahrhunderts: Im *jihad* werden weibliche Ungläubige zur menschlichen Kriegsbeute (*sabi*) und werden damit zum rechtmäßigen Besitz (*milk al-yamin*) ihres muslimischen Eigentümers. Es ist daher kein Zufall, wenn sich aus der erfassten Kommunikation der Täter des 7. Oktober immer wieder der sonst eher antiquierte und jedenfalls nicht umgangssprachliche Begriff *sabi* herausfiltern lässt, der in Bezug auf die verschleppten Frauen und Mädchen gebraucht wird. Auch hier wird das eigene Handeln unter Rückgriff auf die »zeitlosen Lehren« der Vergangenheit, der Offenbarung und der Praxis der ehrwürdigen Altvordern (*al-salaf al-salih*) legitimiert. Es wird mithin nicht im Bewusstsein einer gegebenenfalls trotzigen oder mit Schuldgefühlen begangenen Übertretung elementarer Normen gehandelt, sondern im Selbstgefühl und Sendungsbewusstsein, in Übereinstimmung mit dem so perzipierten Mainstream der »gerechten und überlegenen Sache« zu dienen. Es wird vor diesem Hintergrund nicht überraschen, dass auch frühere Explosionen arabischer Gewalt wie etwa der Pogrom von Jaffa im Mai 1921 und das Massaker von Hebron im Februar 1929 vergleichbare Exzesse gerade auch gegen jüdische Frauen und Kinder aufwiesen.

Karitatives und klerikales Engagement

Die Erfolgsgeschichte der Muslimbrüder und Hamas in Gaza wie auch in Ägypten und anderen Ländern basiert auf ihrer Eigenschaft als karitative, religiöse, ideologische und militante Einflussgröße. Im Jahr 1952 gründeten die seit Ende 1946 in Gaza präsenten *Ikhwan* den *Jam'iyyat al-Tauhid* (Verein des Monotheismus). Sein Betätigungsfeld richtete sich nicht nur auf die etwa 60.000 ursprünglichen Bewohner des Gazastreifens, sondern auch auf die über 160.000 Binnenflüchtlinge. Die gleichzeitig karitative und religiöse Botschaft der *Ikhwan* fiel in diesem entwurzelten und traumatisierten Milieu auf fruchtbaren Boden, zumal sie nicht nur predigten, sondern sich glaubhaft und wirksam um die Linderung des verbreiteten Elends bemühten. Nach dem Sechstagekrieg 1967 und der damit einhergehenden israelischen Besetzung des Gazastreifens erlaubte die neue Militärverwaltung den Muslimbrüdern, Koran- und Sportunterricht zu organisieren, um Jugendliche von der als immer gefährlicher eingestuften palästinensischen nationalistischen Widerstandsbewegung al-Fatah von Yasir Arafat fernzuhalten. Die muslimische »Frömmlerei« wurde von den meist säkularen israelischen Offizieren auf die leichte Schulter genommen. Hauptziel der Muslimbrüder war in dieser Zeit zunächst einmal die innere Mission (*da'wa*), die Einführung islamischer Formen und Werte in allen Gesellschaftsbereichen, aber auch einer elementaren Grund- und Weiterbildung und damit einhergehend der Bau von Moscheen und Schulen.

Dazu gründete Shaikh Yasin 1970 einen »Islamischen Verein« (*al-Jam'iya al-Islamiya*), der 1973 in Gaza-Stadt ein »Islamisches Zentrum« (*al-Mujamma' al-Islami*) eröffnete. Die Popularität des Vereins wurde nicht einmal dadurch eingeschränkt, dass unter dem Einfluss saudi-arabischer Förderer wahhabitische Formen in das öffentliche Leben eingeführt wurden, so etwa die zuvor in Gaza nicht übliche schwarze Gesichtsverschleierung für muslimische Frauen. 1979 wurde Shaikh Yasin's *Mujamma' Islami* von der israelischen Militärverwaltung sogar offiziell zugelassen. Ermutigt durch die Islamische Revolution im Iran von 1979, verübten jedoch bereits im Januar 1980 Islamisten, die von *Mujamma'*-Predigern aufgestachelt worden waren, einen Brandanschlag auf Gebäude des eher säkularen Roten Halbmonds. Die israelischen Reaktionen beschränkten sich seinerzeit noch auf eine geheimdienstliche Überwachung der radikalisierten Strukturen. Die Garnison der IDF in Gaza blieb weiterhin schwach, da man die Gefahr in erster Linie von säkularer palästinensischer Seite im israelischen Kernland, vom Libanon aus und auf der Westbank sah. Ab 1981 begann der *Mujamma'* dann mit von ihm beauftragten Vigilante-Trupps, badende Frauen, Nachtklubs und Videotheken anzugreifen. Die 1978 gegründete Islamische Universität Gaza kam 1984 unter seine Kontrolle. Der personelle Einfluss in Berufsverbänden, Waqf-Stiftungen und Flüchtlingshelfergruppen der UNRWA weitete sich kontinuierlich aus. Wo nötig, wurden politische Gegner mit Gewalt aus dem Weg geräumt.

Bewaffnung und Radikalisierung

In Konkurrenz zur nationalistischen und säkularen Fatah besannen sich die Muslimbrüder in Gaza allmählich auf die Tradition ihrer ägyptischen Mutterorganisation, die einen baldigen bewaffneten *jihad* als einzigen Weg zur Befreiung Palästinas anstrebten. Die spektakuläre Ermordung des ägyptischen Staatspräsidenten Anwar al-Sadat im Oktober 1981, die von jihadistisch radikalisierten Soldaten auf einer Parade vor den Augen der Weltöffentlichkeit in Kairo als Vergeltung für seinen Friedensschluss mit Israel verübt wurde, erwies sich als weiterer Katalysator für die Bildung terroristischer Gruppen mit islamistischer Ideologie. So etwa noch im selben Jahr des proiranischen Palästinensischen Islamischen Jihad (PIJ) durch den aus Rafah stammenden Arzt Fathi Shaqqaqi (getötet durch den Mossad auf Malta im Jahr 1995) und des der Fatah nahestehenden *Islamic Jihad – Beit Al-Maqdis* von Shaikh As'ad Ba'yud al-Tamimi. Ab 1983 ließ dann auch Shaikh Yasin mithilfe von jordanischen Muslimbrüdern klandestine bewaffnete Kampfgruppen aufbauen. Ein von diesen ausgeführter Waffendiebstahl aus einem Depot der IDF im Mai 1983 führte zu Yasins Verurteilung zu 13 Jahren Haft, die jedoch bereits wenig später im Rahmen des spektakulären Gefangenenaustauschs zwischen Israel und der *Popular Front for the Liberation of Palestine – General Command* (PFLP-GC) unter Ahmad Jibril vom 21. Mai 1985 enden sollte. Dieser Deal, bei dem 1.150 vorwiegend palästinensische Sicherheitshäftlinge aus israelischen Gefängnissen gegen drei im Libanonkrieg von 1982 gefangen genommene israelische Soldaten ausgetauscht wurden, sollte 25 Jahre später zur Referenz für Hamas bei der Aushandlung des Vertrags zur Freilassung des 2006 entführten Soldaten Gilad Shalit werden. Nach seiner Rückkehr aus israelischer Haft ließ Yasin 1986 einen eigenen Sicherheitsdienst aufbauen, in dem ausgewählte Mitglieder der Izz al-Din al-Qassam-Brigaden dienen sollten. Geleitet wurde das hochkonspirative Netzwerk von niemand anderem als Yahya Sinwar, der wie Yasin aus Khan Yunis stammte. Unter dem Akronym Al-

Majd (*Mujamma'at li'l-Jihad wa'l-Da'wa*) fungierte es sowohl als islamistische Sittenpolizei als auch als Spionageabwehr und Gegenspionageapparat zur Aufdeckung von palästinensischen Verrätern und israelischen nachrichtendienstlichen Angriffen. Bereits in dieser Zeit erwarb sich Yahya Sinwar aufgrund seiner ungewöhnlich brutalen Amtsführung unter den Palästinensern den Beinamen »Schlächter von Khan Yunis«.

Gründung der Hamas

Am 8. Dezember 1987 begann die Erste Intifada als Volksaufstand gegen die israelische Militärpräsenz im Gazastreifen, und bereits am 10. Dezember gründete Shaikh Yasin nunmehr zusammen mit weiteren sechs Muslimbrüdern die *Harakat al-Muqawama al-Islamiyya* (HAMAS), die »Islamische Widerstandsbewegung«, um den Aufstand islamistisch zu akzentuieren und nach Möglichkeit anstelle der säkularen Fatah (PLO) die nationale Führung der Palästinenser zu übernehmen. Ein von *al-Majd* erstelltes Archiv zu »Feinden des Islam« ließ Yasin in einer Moschee in Gaza verstecken. Wir sehen daran, dass die Hamas schon in ihren Anfängen darum bemüht war, Teile der Bevölkerung Gazas, die nicht mit ihr sympathisierten, mit Gewalt einzuschüchtern und letztendlich zu unterwerfen. Wer sich gegen sie auflehnte oder mit ihrem Wertekanon nicht übereinstimmte, galt als Feind, sei er nun Anhänger von Fatah oder gar Sympathisant Israels, also todeswürdiger »Verräter« und »Spion«.

In Gaza fand die Hamas unter den obwaltenden demografischen und sozialen Rahmenbedingungen ein breites Rekrutierungsreservoir. In den vergangenen Jahrzehnten war die Bevölkerung von ursprünglich knapp 200.000 Flüchtlingen auf erdrückende 1,5 Millionen, in ihrer großen Mehrheit Minderjährige oder junge perspektivlose Erwachsene, herangewachsen. Sie waren geprägt von dem in Familie wie Schule tradierten kollektiven Leid der Vertreibung aus ihrer Heimat, der Katastrophe (*nakba*) schlechthin, dem Stolz des säkular oder islamistisch motivierten Widerstands (*muqawama*) und der damit verbundenen Vorstellung einer glücklichen Rückkehr in ein Land, das sie nur aus den Erzählungen ihrer Eltern und Großeltern, allenfalls noch aus Medien, kannten oder zu kennen glaubten. In diesem Leben, das sich quasi im prekären Wartestand befand, waren viele von ihnen anfällig für radikale Ideen und Handlungen. Im Februar und Mai 1989 ermordete eine Hamas-Zelle zwei israelische Soldaten, worauf die IDF mehr als 250 Hamas-Kämpfer festnahm. Unter ihnen befand sich erneut Shaikh Ahmad Yasin, der nun zu lebenslanger Haft verurteilt wurde. Die beiden Morde wurden zum Gründungsmythos der *Izz al-Din al-Qassam*-Brigaden, des bewaffneten Arms der Hamas. Yasin wurde jedoch bereits 1997 auf Druck der jordanischen Regierung freigelassen, nachdem ein Anschlag des Mossad auf den damaligen Hamas-Führer Khaled Mashal in Amman spektakulär fehlgeschlagen war und mit der Verhaftung der beauftragten israelischen Agenten endete. Sie wurden gegen Yasin ausgetauscht. Auch der Leiter des *Majd*, der uns bekannte Yahya Sinwar, wurde 1988 aufgrund mehrerer Morde an mutmaßlichen Kollaborateuren verhaftet und zu mehrfach lebenslanger Haft verurteilt. Wie wir wissen, erlangte er im Oktober 2011 im großen Austausch gegen Gilad Shalit die Freiheit und kehrte in seine Heimatstadt Khan Yunis im Gazastreifen zurück. Dort setzte er seine Karriere in den Sicherheitsstrukturen der Hamas bis zu seiner eigenen Berufung zum politischen Führer im Jahre 2017 fort. Angesichts dieser Entwicklung ist es eine Tatsache, dass die palästinensischen Muslimbrüder und später die Hamas über die Jahrzehnte seit 1950 eine enge Verbindung zu den Familien, den Clans und Milieus von Gaza aufbauen konnten. Die Hamas ist Teil des muslimischen Establishments, sei es in Ägypten, sei es in Gaza. Sie ist nicht wie manch kleine Terrorgruppe quasi aus dem gesellschaftlichen Nichts, aus Randgruppen gekommen, sondern ist vielmehr Bestandteil und Ausdruck des Mainstreams einer überwiegend konservativen Gesellschaft, mit nahezu weltweiten Unterstützern.

Tunnelwirtschaft – die Lebenslinie von Gaza

Gaza wäre ohne seine sogenannte Tunnelwirtschaft – die »Metro« – nicht denkbar gewesen. Es ist ein offenes Geheimnis, dass seine Wirtschaft seit Jahrzehnten stark von den Gütern abhängt, die oberirdisch über den Grenzübergang Rafah, aber eben auch durch Tunnel aus Ägypten in den Gazastreifen geschmuggelt werden. Ebenso kann man sich die Hamas ohne ihre Verstecke und Korridore im Untergrund nicht vorstellen. In ihrer operativen militärischen Leistungs- und Überlebensfähigkeit – das hat sich ganz besonders wieder nach dem Angriff des 7. Oktober gezeigt – ist die Hamas entscheidend von den Tunnelsystemen und ihrer vollen Integration in oberirdische zivile Infrastrukturen abhängig. Die Tunnelwirtschaft ist ein besonderer, in seiner Ausprägung wohl einmaliger Aspekt der Situation im Gazastreifen, möglicherweise nur noch übertroffen durch die Strukturen, die sich Hizballah in Libanon geschaffen hat. Bereits 1982, drei Jahre nach dem Friedensvertrag zwischen Ägypten und Israel, der eine Grenzziehung durch die Stadt Rafah im Süden des Gazastreifens mit sich brachte, begannen die Einwohner von Rafah mit dem Bau einzelner Tunnel, um nach dem neuen innerstädtischen Grenzregime eine eigenständige, insbesondere von dritter Seite nicht einsehbare und kontrollierte Verbindung zwischen beiden Teilen der Stadt und damit der Außenwelt zu bekommen. Die Ein- und Ausgänge befanden sich in den jeweiligen Kellern auf beiden Seiten der Grenze. Da die Öffnung des regulären Grenzübergangs in Rafah von Anfang an ein Spielball tagespolitischer und sicherheitlicher Erwägungen der unterschiedlichsten Art war, wuchs die Bedeutung der grenzüberschreitenden Tunnelunterquerungen in kurzer Zeit. Durch die unterirdischen Gänge wurden während der Intifada (1987–1993) auch Waffen und militärische Ausrüstung transportiert. Nach der Machtübernahme durch die Hamas im Juni 2007 schloss Ägypten die Grenze auf unbestimmte Zeit, was mit erheblichen Folgen für die Versorgungslage der Menschen verbunden war und deshalb zu einer zusätzlichen Dynamik im Tunnelbau führte. Bis 2013 sollen nach UN-Angaben mehr als 1.532 Tunnel unterschiedlichster Bauart und Größe entstanden sein, die häufig in einer Tiefe von bis zu 30 Metern angelegt worden waren. Auch hier wird man derartigen Zahlen mit Skepsis begegnen müssen; es wird sich hier wohl eher um Tunnelzugänge gehandelt haben. Dank dieser Infrastruktur und dem unterirdischen Import von Baumaterialien war die Beseitigung erheblicher Schäden aus dem Krieg von 2008 und 2009 binnen weniger Jahre möglich. Noch im Jahr 2021 konnten Menschen dem Vernehmen nach gegen eine Gebühr von 30 bis 300 US-Dollar ein- und ausreisen, ohne Kontrolle durch die ägyptischen Grenzbehörden, und schon gar nicht durch Israel. Diese Strukturen waren für viele Interessenten von Nutzen, von Terroristen aller Provenienz bis hin zu auf dem Sinai ansässigen Schmugglergruppen stammesgebundener arabischer organisierter Kriminalität. Der Transport von Konterbande entwickelte sich zu einem der wenigen einträglichen Geschäfte, deren Bau, Nutzung und Kontrolle eifersüchtig zwischen Gaza-Clans, manchmal durchaus auch gegenüber Hamas gehütet wurde. Die Nutzung von Kellern als Zugangsmöglichkeit zu einem Tunnel unterlag in der Regel der Zustimmung des Hauseigentümers, mit dem zumeist eine entsprechende Gewinnbeteiligung oder Gebühr für die Überlassung der Räumlichkeiten und Duldung der Aktivitäten vereinbart wurde. Es ist lebenspraktisch offensichtlich, dass derartige Projekte nicht ohne Wissen und zumindest stillschweigender, freiwilliger oder erzwungener Duldung der betroffenen Eigentümer umgesetzt werden konnten. Dass dies auch für die wesentlich kritischere und sicherheitsempfindliche militärische Nutzung galt, dürfte aus den gleichen Gründen ebenfalls außer Zweifel stehen. Das gilt natürlich auch für Objekte der UNRWA wie aller anderen palästinensischen und internationalen Akteure. Aussagen, man habe von alledem nichts gewusst, widersprechen elementarer Lebensrealität. Unter diesem Aspekt kann seitens internationaler Organisationen allenfalls angeführt werden, die eigenen entsandten Mitarbeiterinnen und Mitarbeiter in den Leitungsfunktionen und Stäben seien durch ihre der Hamas *nolens volens* verpflichteten Ortskräfte von den Realitäten der Untergeschosse abgeschirmt worden. Selbst dann wäre es jedoch auf Dauer schwierig gewesen, die Realitäten zumindest in ihren Umrissen zu verkennen. Der Grat zwischen Nichtwissen und Nichtwissenwollen ist hier bekanntlich sehr schmal. Abschließende Klarheit könnte hier durch *battlefield intelligence* aus den Unterlagen von Hamas gewonnen werden. Die Untertunnelung des Gazastreifens hat sich jedenfalls nach 2007 zu einem der bedeutendsten »Infrastrukturprojekte« entwickelt, an dem sich Tausende beteiligt haben mussten.

Im Krieg von 2014 konnten offenbar 31 Tunnel von und nach Ägypten zerstört werden. Bereits 2009 hatte Ägypten sogar mit dem Bau einer unterirdischen Barriere entlang der Grenze zu Gaza begonnen und in den Folgejahren auch seine oberirdischen militärischen Bemühungen intensiviert, da man sich in Kairo ernsthafte Sorgen um die Infiltration von Terroristen über den Sinai machte. Dort befand sich Ägypten zwischen 2011 und 2013 in einem veritablen Krieg mit islamistischen tribalen Strukturen. Nach der erneuten Machtübernahme der Militärs in Ägypten meldeten die Behörden bereits im Folgejahr 2014 die Zerstörung von 1659 Tunneln. Diese doch sehr hohen Zahlen deuten darauf hin, dass es sich hier allenfalls um die Schließung von Tunneleingängen handeln konnte, die konstruktiv relativ schnell wieder zu beheben war. Die im Zuge der Militäroperation in Gaza begleitende Berichterstattung von israelischen Medien über umfassende Tunnelfunde im sogenannten Philadelphi-Korridor entlang der Grenze zu Ägypten und die mit ihr verbundenen öffentlichen Vorwürfe an Kairo, hier als Komplize von Hamas gehandelt zu haben, wird vor diesem Hintergrund ebenfalls nicht ungeprüft übernommen werden können. Jüngste Berichte der IDF relativieren diesen Befund bereits dahingehend, dass die meisten Einrichtungen zwar noch bestanden, jedoch verschlossen oder unterbrochen waren. Von einem völlig freien Fluss von Konterbande aller Art wird hier ohne belastbarere Informationen also nicht auszugehen sein, wohl jedoch von verschiedenen unter- wie oberirdisch organisierten Schmuggler-Netzwerken unterschiedlicher Art und Leistungsfähigkeit. In diesem Punkt unterscheidet sich die Lage zwischen Gaza und Ägypten jedoch nicht allzu sehr von anderen volatilen und porösen Grenzen in der Region.

Gaza – Feindesland

Fünfzehn Jahre nach meinem ersten Besuch in Gaza befand ich mich 2009 wieder am Kontrollpunkt Erez. Diesmal jedoch nicht im Sammeltaxi, sondern in einem weißen Landcruiser mit UN-Emblem. Drei Jahre zuvor – 2006 – hatte die Hamas den israelischen Soldaten Gilad Shalit entführt und hielt ihn seitdem an unbekannten Orten in Gaza gefangen. Die bisherigen über Kairo geführten indirekten Verhandlungen waren im Frühjahr 2009 gescheitert, und nun sollte ich im Auftrag der neuen Regierung unter Benjamin Netanyahu Kontakt zur Hamas-Führung in Gaza zwecks weiterer Verhandlungen aufnehmen. Nicht nur mein Fahrzeug, auch der Kontrollpunkt Erez hatten sich im Vergleich zu 1994 deutlich verändert. Mich umgaben bis zu sieben Meter hohe Stahlspundwände auf massiven Betonfundamenten und waffenstarrende Schleusenanlagen. Alles vermittelte den Eindruck einer festungsartigen Undurchdringlichkeit. Hier sollte niemand die Chance erhalten, ohne Zustimmung der israelischen Streit- und Sicherheitskräfte in die eine oder andere Richtung voranzukommen oder Anschläge mit Folgewirkung gegen die Anlagen zu verüben. Die Zeit der Improvisationen war mit der Machtübernahme von Hamas im Jahr 2007 vorbei. Israel qualifizierte Gaza nunmehr als »Feindgebiet«, das keinem souveränen Staat zuzurechnen war, und verhängte eine umfassende wirtschaftliche und politische Blockade, mit der aus Sicherheitsgründen auch der Zugang zu etwa einem Drittel der landwirtschaftlich nutzbaren Fläche und über 80 % der küstennahen Fischgründe verwehrt wurde. Dass damit die ohnehin prekäre soziale und wirtschaftliche Lage weiter verschärft wurde, spielte im damaligen Kalkül der Regierung keine Rolle. In Gaza-City traf ich mich mit meinen künftigen Verhandlungspartnern. Das war neben dem Militärchef der Hamas, Ahmad al-Jaabari, in erster Linie Dr. Mahmud al-Zahhar, ein an der Cairo- und Ain al-Shams-University ausgebildeter Arzt aus alteingesessener Familie in Gaza und bereits früh hochrangiger Vertreter der örtlichen Muslimbrüder. Er hatte, zusammen mit Ahmad al-Jaabari, bereits von Anfang an über den ägyptischen militärischen Nachrichtendienst die indirekten Gespräche mit Israel in Kairo geführt. Jaabari hatte Gilad Shalit in seiner Gewalt, al-Zahhar hatte internationale Erfahrungen und Sprachkompetenzen, die Jaabari nicht hatte. In den nächsten Monaten pendelte ich zwischen Gaza, Tel Aviv und Berlin und brachte, wie es mir manchmal schien, die Verhandlungen nur im Schneckentempo voran. Es gab Fortschritte, aber auch herbe Rückschläge und Enttäuschungen. Zwischen zwei derart verfeindeten Parteien zu vermitteln ist eigentlich eine *mission impossible*, die sich seit 2023 vor aller Augen mit höchstrangiger internationaler Besetzung wiederholt. Auch amerikanische, ägyptische und katarische Außenminister, Mossad, Shin Beth- und CIA-Chefs werden in ihren humanitären Bemühungen zu prominenten Opfern intransigenter feindseliger Positionen. Ich habe unter wesentlich bescheideneren, aber dafür auch diskreteren Umständen viele Monate mit solchen Bemühungen verbracht. Bei meinen zahlreichen Gesprächen konnte ich interessante Einblicke in die Mentalität dieser Männer und ihres Umfelds gewinnen. Al-Zahhar beispielsweise hatte 2003 einen seiner Söhne bei einem israelischen Luftangriff auf sein Haus in Gaza-Stadt verloren, den er selbst nur knapp überlebt hatte. Am 15. Januar 2008 kam ein weiterer Sohn als Angehöriger der *Izz al-Din al-Qassam*-Brigaden bei Kämpfen während eines israelischen Vorstoßes ums Leben. Mir trat hier somit ein Mann entgegen, der von einem Leben im – selbst auferlegten – Kampf und Leid gezeichnet war, zugleich jedoch eben jene Zuversicht und Gelassenheit ausstrahlte, die Menschen kennzeichnen kann, die sich auf der richtigen Seite der Geschichte, in diesem Falle im »Gnadenstand« des Kämpfers für die gerechte, die göttliche Sache, sehen. Noch 2021 blieb er sich in Interviews in seiner grundsätzlichen Ablehnung jeder staatlichen

Existenz Israels treu. Palästinensischen Nationalismus tat er wiederum, auch dies durchaus öffentlich wie etwa 2008 gegenüber dem Economist, als ahistorischen Unsinn ab: »Geschichtlich waren wir nie ein unabhängiger Staat. Wir waren Teil eines arabischen und eines islamischen Reiches.« Al-Zahhar war auf der anderen Seite viel zu klug, um nicht die obwaltenden Realitäten zur Kenntnis zu nehmen. Recht offen bedeutete er mir einmal in einem Gespräch, dass zu seinen Lebzeiten, vielleicht auch noch zu Lebzeiten seiner verbliebenen Kinder, mit einer Überwindung der Besatzung und Auflösung Israels eher nicht zu rechnen sei, dies jedoch nichts am von Allah vorbestimmten Lauf der Geschichte, des ultimativen Siegeszuges des Islam, ändern werde.

Gewalt, Leid, Fanatismus und Hass auf Israel und seine Menschen sind über die Generationen eine kollektive und bestimmende Erfahrung der Menschen in Gaza geworden. Hinter den hohen Mauern steht der dämonisierte, der entmenschlichte Feind.

Kein Ende der Eskalation

Nach dem glücklichen Ende eines insgesamt fünfjährigen Verhandlungsmarathons wurde Gilad Shalit als Schatten seiner selbst zu guter Letzt im Oktober 2011 gegen 1027 palästinensische Häftlinge in Israel ausgetauscht. Hamas ging aus diesem Kräftemessen letztlich als Sieger hervor, da es ihr gelungen war, eine Geisel zu nehmen, sie über einen langen Zeitraum am Leben zu erhalten und am Ende mehr als 1000 palästinensische Gefangene zu befreien. Der Gedanke lag nahe: Warum nicht gleich weitere »Shalits«? Der damalige Austausch bereitete somit lediglich den nächsten Phasen der bitteren Auseinandersetzung den Weg. Dass sich die Situation nach dem Austausch Shalits nicht beruhigte, sondern im Gegenteil weiter eskalierte, zeigt sich auch am 14. November 2012 an der gezielten Tötung meines ehemaligen Gesprächspartners Ahmad Jaabari durch einen israelischen Luftangriff. Der Grund für diesen Schlag war wohl weniger Vergeltung als die immer problematischere Rolle, die Jaabari beim Aufbau von operativen Kontakten der Hamas zu Terrorgruppen auf dem Sinai spielte. Auch hier spielte die Tunnelwirtschaft eine wichtige operative Rolle. Diese Gruppen konnten sowohl Ägypten als auch Israel bedrohen. Der folgende siebentägige militärische Schlagabtausch mit Raketen- und Bombenangriffen war heftig. Bereits 2014 kam es zu einem weiteren Waffengang von besonderer Schwere und Bedeutung, der *Operation Protective Edge*, die sich erklärtermaßen gegen das inzwischen deutlich weiter ausgebaute System von Angriffs- und Versorgungstunneln in Gaza richtete. Dass die Hamas die Jahre der Feuerpausen und Phasen relativer Ruhe nutzte, um gezielt ihre militärischen Kapazitäten auszubauen, sehen wir, wenn wir uns abschließend die Eskalation der Gewalt zwischen dem 10. und 21. Mai 2021 anschauen. Es begann mit einem massiven Raketenbeschuss aus Gaza, der als Vergeltungsmaßnahme für israelische Übergriffe auf dem Tempelberg und des umstrittenen Jerusalemer Stadtviertels Shaikh Jarrah gerechtfertigt wurde. Bis zum 14. Mai wurden mindestens 1.800 Raketen aus Gaza auf Israel abgefeuert. Darauf reagierte Israel mit mehr als 1.500 Vergeltungsangriffen, die überwiegend gegen Ziele in Gaza-Stadt geflogen wurden. Trotzdem gelang es der Hamas, durch massiven Beschuss mit einfachen Qassam-Raketen das neue Iron-Dome-System so weit zu beschäftigen, dass höherwertige Raketen, etwa vom Typ A-120 oder Khaibar, die Luftverteidigung durchbrechen und zivile Ziele in Israel bis nach Tel Aviv treffen konnten. Erst am 21. Mai trat eine erneut von Ägypten zu überwachende Waffenruhe in Kraft. Wenn wir einen Vergleich zum Waffengang von 2014 anstellen, sehen wir, dass in nur elf Tagen fast genauso viele Raketen abgeschossen wurden wie während des Kriegs von 2014, der 51 Tage gedauert hatte. Nach israelischen Angaben waren es mehr als 4.360 Projektile. Damit hatte sich die Befähigung der Hamas zum Raketenkrieg deutlich verbessert. Ihr Arsenal zusammen mit dem des Islamischen Jihad war vor Ausbruch der Kämpfe auf mindestens 13.000 Raketen unterschiedlichster Bauart geschätzt worden. Die fortgeschritteneren Raketen gelangten über Schmuggel aus dem Ausland ins Gebiet, die einfacheren Qassam-Modelle wurden mittlerweile in Gaza gebaut. Die Reichweiten der importierten Spitzenmodelle erreichten bis zu 180 Kilometer. Der kurze, aber heftige Schlagabtausch zeigte damit ein weiter entwickeltes Befähigungsprofil der Hamas samt der Bereitschaft, es auch systematisch einzusetzen. Die Dimension und Funktion des Tunnelsystems unter Gaza begann sich deutlicher abzuzeichnen. Mahmud al-Zahhar bezeichnete seinerzeit gegenüber einem westlichen Medienvertreter den Waffengang trotz der schweren eigenen Verluste als einen »Sieg« der Hamas. Das neue Element sei es, »israelische Ziele an sehr wichtigen Punkten anzugreifen, darunter die meisten der dicht bevölkerten Gebiete der Zivilgesellschaft.« Dem Vorwurf, systematisch eigene zivile Einrichtungen als Deckung für die Raketenstellungen missbraucht zu haben, wich al-Zahhar dagegen – wenig überraschend – aus. Es sollte nun nur noch eineinhalb Jahre bis zum Überfall des 7. Oktober 2023 dauern.

»Sein Lager nur erkläret sein Verbrechen.«

Was Friedrich Schiller in seinem Prolog zu »Wallensteins Lager« so apodiktisch formuliert, umreißt bereits einen zentralen Ansatz in der nachrichtendienstlichen Analyse eines vielschichtigen wirkungsmächtigen Phänomens. Ein solches ist eine extremistische Bewegung mit terroristischem *modus operandi*. Es sind die ideengeschichtlich, sozialhistorisch, soziologisch und sozialpsychologisch zu erfassenden Umstände und Rahmenbedingungen, unter denen sich eine Organisation über einen bestimmten Zeitraum in einem bestimmten geografischen und gesellschaftlichen Raum entwickelt. Sie wird, wie die Hamas in Gaza, zu einem Teil des Umfelds, aus dem sie hervorgegangen ist. Dieses Umfeld lehrt uns, ihre Eigenart, ihre Ziele, ihre Stärken und Schwächen zu verstehen. Es ist dieses Umfeld – das »Lager« –, das die Entstehung und Ausprägung der Hamas, bis hin zu Art, Umfang und Ablauf ihrer Aktionen und letztendlich zum ultimativen Verbrechen des 7. Oktober 2023, zu erklären hilft. Ein vertieftes Verständnis dieser Bedingtheiten trägt auch dazu bei, die häufig genutzte Formel zu hinterfragen, dass man die Hamas nicht militärisch besiegen könne, da sie eine Ideologie sei. Gedanken werden erst im Zusammenwirken mit gesellschaftlichen Kräften und den daraus erwachsenden Organisationsstrukturen wirkmächtig. Marx und Engels wären ohne Lenin und Stalin in erster Linie akademische Philosophen geblieben. Deren gesellschaftliche und weltpolitische Wirkungsmacht haben ihre Gedanken erst durch ihre Operationalisierung im Marxismus-Leninismus, in einer revolutionären Strategie entwickelt. Es ist zwingend notwendig, eine Ideologie oder Religion, immer auch im Kontext der real existierenden Verhältnisse – mithin des »Lagers« – zu verstehen.

Selbst wenn es gelingen sollte, die Hamas als Terrororganisation und Miliz in Gaza auszuschalten, blieben doch viele der sozioökonomischen und politischen Probleme bestehen, die ihre Relevanz und Wirkungsmacht, und insbesondere jene der Muslimbruderschaft als revisionistische Ideologie der islamistischen

Selbstbehauptung, ermöglicht haben. Es sind die real existierenden sozioökonomischen Strukturen von Neo-Patrimonialismus, repressiver Autokratie und exzessiver Verteilungsungerechtigkeit in Lebenschancen, die den Grund für die Wirkungsmacht und Stoßkraft radikaler Ideologien legen.

Eine der machtpolitischen Herausforderungen der kommenden Jahre wird es also sein – im Übrigen nicht nur aus Sicht Israels, sondern einer ganzen Reihe von Regionalstaaten –, die Hamas als Organisation so weit zu isolieren, zu reduzieren oder gar zu zerschlagen, dass sie mittelfristig keine terroristische oder subversive Bedrohung mehr darstellen wird. Die israelische Regierung hat die Anführer der Hamas nach dem Angriff des 7. Oktober als *dead men walking* bezeichnet und bekanntlich diesen Worten bis hin zur spektakulären Tötung von Salah Arouri, Muhammad Daif und Ismail Haniyeh Taten folgen lassen. Doch wie realistisch ist es, die Terrororganisation in ihren horizontalen und transnationalen Strukturen vollständig zu vernichten? Und welche geheimdienstlichen und militärischen Zwischenschritte wären dazu nötig? Hier begeben wir uns auf das Terrain der asymmetrischen Kriegführung.

6. Menschliche Schilde – Mission impossible

Für einen israelischen Soldaten ist ein Kämpfer der Hamas nicht auf Anhieb zu erkennen. Während der Israeli eine Uniform trägt, ist dieser auch im Einsatz häufig zivil gekleidet. Der Israeli ist in der Regel sichtbar bewaffnet, sein Gegner versteckt seine Waffen, solange es irgend geht. Er will so aussehen wie die Menschen, unter denen er sich bewegt. Schon an diesen einfachen Details wird deutlich, dass sich in Gaza die Grenzen zwischen Kämpfern und Zivilisten dergestalt verwischen, dass eine zweifelsfreie Unterscheidung so gut wie nicht – und noch weniger unter Zeitdruck – zu treffen ist. Mit dieser Unschärfe kalkuliert die Hamas-Führung seit jeher bewusst – und dies ebenso skrupellos wie offen. Yahya Sinwar sagte schon am 18. März 2018: »Unser Volk hat seine militärischen Uniformen abgelegt und sich den Märschen [auf die israelischen Grenzbefestigungen] angeschlossen. Wir haben beschlossen, die Körper unserer Frauen und Kinder in einen Damm umzuwandeln, der den arabischen Zusammenbruch blockieren wird.« Nach den Worten Sinwars führt hier nicht nur der bewaffnete Arm der Hamas, sondern mit ihm, gefragt oder ungefragt, gleich ein ganzes Volk Krieg: Folglich ist dieser Krieg aus der Sicht der Terrororganisation total. Ähnlich sah dies auch der Hamas-Führer Isma'il Haniyeh: »Wir brauchen das Blut der Frauen, Kinder und Alten, damit es in uns den revolutionären Geist erweckt.« Haniyeh sagte das am 26. Oktober 2023, also etwa drei Wochen nach dem Angriff der Hamas, zu einem Zeitpunkt, als die israelische Armee nach knapp dreiwöchigen Bombenangriffen sich anschickte, mit Landstreitkräften massiv gegen die Organisation in Gaza vorzugehen, wodurch die Zivilbevölkerung noch mehr in die Schusslinie geraten würde – wie von der Hamas einkalkuliert, ja gewünscht. Haniyeh selbst wurde übrigens am 31. Juli 2024 durch einen Bombenanschlag in Teheran getötet, ein Teil seiner Familie kam bei den Kämpfen in Gaza ums Leben, ein anderer lebt – in Israel als Bürger des Landes. Bei oberflächlicher und selektiver Betrachtung erwecken die Bilder aus dem kriegszerstörten Gazastreifen den Eindruck, hier würde wahllos Gewalt – zum Beispiel in Form von Flächenbombardements oder ungezieltem Artilleriebeschuss – ausgeübt. Doch man sieht tatsächlich nur einen Teil, das Tunnelsystem mit seinen Tausenden Zugängen, überwiegend in zivilen Objekten, bleibt verborgen. In Gaza kämpfen keine Staaten gegeneinander, keine regulären Truppen, die gekennzeichnet sind und sich an die Regeln des humanitären Völkerrechts gebunden fühlen. Das, was für die israelischen Streitkräfte gilt – darunter die Einhaltung der Genfer Konventionen –, ist für die Hamas als Maßstab für ihr eigenes, nach ihrer Ansicht letztlich göttlich legitimiertes Vorgehen bedeutungslos. Doch dies ist nur ein Aspekt der Asymmetrie, die zwischen den Gegnern herrscht. Abgesehen davon sind auch ihre Bewaffnung und ihre militärischen Möglichkeiten stark unterschiedlich. Die Hamas hat im Gegensatz zu Israel keine Kampfpanzer, Hubschrauber und Düsenjets, sondern stattdessen zum Teil importierte, vielfach aber selbst gebaute Raketen, Panzerabwehrwaffen (RPG), Mörser, Sprengfallen und Sturmgewehre. Aus rein technischer Sicht ist sie damit ein weit unterlegener Gegner, denn sie kann den israelischen Streitkräften an Feuerkraft,

Beherrschung des Luftraums und Mannschaftsstärke nichts Vergleichbares entgegenstellen. Um dieses Ungleichgewicht – diese Asymmetrie – wettzumachen, sucht die Terrororganisation ihren Vorteil im Überraschungsmoment und damit auch in der Wahl des Ortes, an dem gekämpft wird. Mit Gaza unter der Herrschaft der Hamas zeigt sich seit nunmehr 17 Jahren ein besonders ausgeprägtes – und im Medienfokus liegendes – Beispiel für die Problematik dieser asymmetrischen Kriegführung: Ein militärisch in Zahl und Ausrüstung unterlegener Akteur ermittelt und nutzt operative oder strukturelle Schwächen des Gegners, setzt aber auch konsequent alle ihm zu Gebote stehenden Mittel ein, um diesen durch anhaltende oder punktuell unverhältnismäßige militärische oder politische Verluste zu einer Verhaltensänderung zu bewegen. Die Hamas setzt auf asymmetrische Gewalt unter Einsatz vorwiegend terroristischer Mittel. Dazu zählen Anschläge mit Handwaffen oder Sprengstoff ebenso wie der Einsatz von Panzerabwehrwaffen oder Raketen aus verdeckten Stellungen in Wohngebieten. Bei diesen Kampfhandlungen ist eine Unterscheidung zwischen Kombattanten und Nichtkombattanten nur im Ausnahmefall möglich, und genau dies ist auch gewollt. Allerdings werden nach einhelliger Rechtsauffassung die so missbrauchten Schulen, Wohnhäuser, Krankenhäuser und UN-Gebäude zu militärischen Zielen. Wer aus einer zivilen Einrichtung heraus kämpft, verwandelt diese bewusst in ein legitimes militärisches Ziel, macht sich damit eines Kriegsverbrechens schuldig und trägt die Verantwortung für Tod und Zerstörung, die durch die so provozierte gegnerische Waffenwirkung in der Auseinandersetzung verursacht werden. In Gaza fand eine direkte Auseinandersetzung mit israelischen Bodentruppen seit 2014 bis zum 7. Oktober 2023 nur im Ausnahmefall bei einem zeitlich und räumlich begrenzten Eindringen der Israelis statt. Die Hamas und der Palestinian Islamic Jihad (PIJ) bekämpfen Israel seit 2007 in erster Linie mit Raketen unterschiedlichster Bauart und Reichweite, die – allein schon wegen ihrer Ungenauigkeit – auf zivile Ballungszentren gerichtet werden, auch dies ein klarer Verstoß gegen alle Regeln des Kriegsvölkerrechts. Abschusseinrichtungen werden in Gaza bewusst in der Nähe von Schulen, Kranken- und Wohnhäusern aufgebaut oder sogar direkt dort positioniert. Das Tunnelsystem dient erklärtermaßen nur dem Schutz der Hamas-Kämpfer und ihrer Waffen, keineswegs dem der Zivilbevölkerung. Dieser kommt die »noble« Aufgabe zu, mit ihrem Leben als potenzielle Märtyrer den »gottgewollten« Widerstand der Hamas zu unterstützen: Entweder sie wirken erfolgreich als menschliche Schilde und halten den Gegner von Kampfhandlungen ab, da er fürchtet, gegen die Regeln der Genfer Konvention zu verstoßen, oder aber ihr »gottgefälliges Opfer« treibt den Feind in die internationale Ächtung und reduziert auf diese Weise dessen Handlungsfreiheit und Handlungswillen.

Diese Normen – darunter die Genfer Konventionen von 1948 und ihr Vorgänger, die Haager Landkriegsordnung – sind relativ neue Errungenschaften in der Menschheitsgeschichte, mit denen die Staatengemeinschaft versucht, die im Krieg entfesselte und ihrem Wesen nach totale Gewalt einzuhegen. Wir wissen, dass seit der Antike bei Kriegshandlungen nicht zwischen Zivilbevölkerung und Kombattanten unterschieden wurde. Es war üblich, eine eroberte Stadt zu plündern, nach Belieben zu verwüsten und neben den wehrfähigen Männern auch Frauen und Kinder zu versklaven oder zu töten. Vergewaltigung und andere Misshandlungen inbegriffen. Wie bereits geschildert, wird diese Praxis – wenig überraschend – auch in den klassischen Rechtshandbüchern der islamischen Ära, allerdings mit einigen Ausnahmen, im

Geiste der damaligen Zeit indossiert. Erst im 19. Jahrhundert wurde die Haager Landkriegsordnung (HLKO) von 1899/1907 erarbeitet. Und erst nach zwei Weltkriegen mit ihren furchtbaren Verwüstungen und Opfern entstanden die vier Genfer Konventionen von 1949; zwei weitere Zusatzprotokolle dann noch 1977. Aus dem zunächst auf das Geschehen auf dem Schlachtfeld fokussierenden Kriegsrecht entstand so angesichts des massiven Leids der Zivilbevölkerung während der Weltkriege ein humanitäres Völkerrecht, das ausgedehnt wurde und generell auf die Gewaltausübung in Konflikten anzuwenden ist. Um diese Rechtsgrundlagen umzusetzen, stehen den Vereinten Nationen internationale Gerichtshöfe zur Verfügung. Zum Beispiel der 1945 eingerichtete ICJ (International Court of Justice) oder der 1998 gebildete ICC (International Criminal Court). Wie stets im Völkerrecht hängt die Durchsetzung von Gerichtsbeschlüssen jedoch von der – zumeist selektiven und interessegeleiteten – Kooperationsbereitschaft der Staatengemeinschaft ab. Zumindest existieren aber so wenigstens Regeln und Institutionen, die auf die Einhaltung dieser Rechte schauen, doch in den meisten asymmetrischen Konflikten fühlt sich zumindest eine der kriegführenden Parteien entweder nicht daran gebunden, oder es fehlen schlichtweg die Voraussetzungen, sie einzuhalten. Bei der Betrachtung des Konflikts zwischen Israel und der Hamas ist für uns insbesondere der Artikel 48 der Genfer Konvention von Interesse. Hier ist die Verpflichtung für Streitkräfte enthalten, bei Kampfhandlungen jederzeit zwischen Zivilpersonen und Kombattanten zu unterscheiden. In einem weiteren Artikel – Nummer 51 – findet sich jedoch die Einschränkung, dass diese Verpflichtung nur dann in vollem Umfang gilt, solange sich keine Zivilisten an den Kampfhandlungen beteiligen. Wie sieht es nun also mit der praktischen Umsetzung dieser Verpflichtung in Gaza aus, wo ein Hamas-Kämpfer seine Waffe abfeuert, sie anschließend versteckt, und aus einer – ebenso zivilen Deckung heraus – in Zivilkleidung auf die Straße tritt?

Dass die Hamas den Gazastreifen mit großer Konsequenz und Tatkraft zu einem komplexen und umfassenden Instrument der eigenen asymmetrischen Kriegführung gegen Israel ausgebaut hat, ist bereits in den Konflikten des Jahreswechsel 2008/2009 und erneut 2014 offenbar geworden. All dies wurde auch schon von namhafter Seite wie etwa dem international breit besetzten, fachlich anerkannten NATO Strategic Communications Centre of Excellence im Jahr 2019 so dokumentiert. Im Fall des Gazastreifens kommt seit 2007 eine im Ergebnis nahezu unbegrenzte Sachherrschaft der Hamas und ihrer Verbündeten über Infrastruktur und Raum hinzu, die sie, zumeist mit Unterstützung, zumindest aber mit stillschweigender Duldung der jeweils Betroffenen systematisch ausnützt. Diese Rahmenbedingungen betreffen übrigens auch internationale Organisationen und ihre Mitarbeiterinnen und Mitarbeiter. Wer, noch dazu mit einem überproportional großen Anteil von Ortskräften, in einem Machtbereich aktiv ist, gegen dessen Autoritäten keine eigenen unabhängigen und ausreichenden Machtmittel zur Verfügung stehen, ist dem offenen, jedenfalls aber dem verdeckten Zugriff der lokalen Autoritäten nahezu hilflos ausgeliefert. Das bedeutet den partiellen oder kompletten Missbrauch der Infrastrukturen, ob man will oder nicht. Die lokalen Autoritäten sind es ja, die eine Ortskraft überhaupt erst in die Lage versetzen, sich bei einer ausländischen Organisation zu bewerben und im Erfolgsfall eine dauerhafte Funktion auszuüben. Wer glaubt, dass dies ohne diskrete »Gegenleistung« geschieht, lebt abseits der Realität. Besonders dann, wenn es sich wie in Gaza um autoritäre, gewaltaffine Systeme und deren Geheimdienste handelt. Dass die UNRWA mit ihren mehr als 10.000 Ortskräften – ebenso wie nahezu alle lokalen und internationalen Strukturen in Gaza – von der Hamas für die eigenen operativen Zwecke missbraucht worden ist, erscheint angesichts der zahlreichen Erkenntnisse aus *battlefield intelligence* und dem allgemeinen *modus operandi* der Terrororganisation grundsätzlich nur folgerichtig. Art und Umfang werden hier allerdings erst eines Tages im Einzelnen zu ermitteln sein.

Wie können reguläre Streitkräfte nun gegen einen Gegner wie die Hamas effektiv vorgehen? Wer sich in einer solchen Auseinandersetzung nicht an die Genfer Konvention und das humanitäre Völkerrecht gebunden fühlt und wem – zusammen mit Freunden und Verbündeten – solche Einschränkungen fremd sind, hat es erst einmal leichter. Ein solcher Staat bekämpft kompromisslos, flächendeckend, gegebenenfalls auch präventiv, alle ihm militärisch oder politisch relevant erscheinenden Ziele mit überlegener Feuerkraft und notfalls auch mit international geächteten Kampfmitteln. Die Ergebnisse eines solchen summarischen Vorgehens sind zum Beispiel in Syrien zwischen 2015 und 2018 ebenso zu sehen gewesen wie im Sudan der vergangenen beiden Jahre, im Jemen der Jahre 2016 und 2017 sowie natürlich im russischen Vorgehen in Tschetschenien (1999–2009) und aktuell in der Ukraine seit 2022. Angesichts solcher Gegner würde der Hamas eine zivile Bebauung und die Anwesenheit von Frauen und Kindern – mit oder ohne Schutz durch das Rote Kreuz oder eine Unterorganisation der Vereinten Nationen – überhaupt nichts nützen. All dies ist in den genannten Fällen ohne Zögern, umfassend und mit furchtbaren zivilen Opfern zur Vernichtung jeglichen bewaffneten Widerstands und zur Vertreibung missliebiger Bevölkerungsgruppen aus »sicherheitsrelevanten« Räumen zerstört worden, ohne dass man sich auch nur einen Deut um internationales Recht oder das viel gerühmte, aber medial selektive internationale öffentliche Gewissen gekümmert hätte. Der Zweck heiligte und heiligt für solche Staaten oder Organisationen praktisch jedes Mittel. Die Vorstellung, nicht zur Rechenschaft gezogen zu werden, mag zwar im Einzelfall auf lange Sicht trügerisch sein, doch zählen im Ergebnis erst einmal der militärische Erfolg und die eigene internationale Machtposition, die auf einen breiten Kreis einflussreicher, in gleicher Weise orientierter Unterstützer zurückgreifen kann. Diese wiederum sind aufgrund ihrer Zahl und Größe ihrerseits unverändert in der Lage, mögliche Sanktionen der Vereinten Nationen, der Europäischen Union oder einzelner Drittstaaten zumindest in ausreichendem Maße zu kompensieren und internationale Ächtung notfalls auszusitzen.

Bezogen auf die israelische Armee – die sich definitiv der westlichen Wertegemeinschaft und dem Kriegsrecht verpflichtet fühlt – bedeutet das, dass besonders hohe, nahezu unrealistische Anforderungen an präzise, zeitkritische *intelligence* und ihre nahtlose Verzahnung mit dem eigenen operativen militärischen Vorgehen gestellt werden. Hier gilt es, in einem unübersichtlichen Terrain mit ständig wechselnden taktischen Lagen, insbesondere hervorgerufen durch Hinterhalte, rasch wechselnde Präsenzen gegnerischer Kräfte in geschützten zivilen Objekten sowie durch detektierte Aktivitäten in klandestinen Operationszentralen und Angriffstunneln die eigene Sicherheit zu wahren, zivile Opfer wo immer möglich zu vermeiden und zugleich wirksam einen bedenkenlosen Gegner zu bekämpfen. Dass die Abfolge derartiger Extremsituationen immer wieder zu tragischen Fehlern bis hin zu *friendly fire* führt, dem eigene Soldaten, ja sogar eigene Geiseln zum Opfer fallen, kann nur in ignoranter oder böswilliger Arroganz geleugnet werden. Grundsätzlich ist Krieg unter Einbeziehung der Zivilbevölkerung zwar eine verbreitete, aber eben auch eine komplexe und selten militärisch und rechtlich in jedem Fall korrekt lösbare Herausforderung. Die involvierten Streitkräfte stehen angesichts der gezielten und systematischen Vermischung von zivilen und militärischen Strukturen tatsächlich vor einem Dilemma, wenn den Erfordernissen von Kriegsrecht und humanitärem Völkerrecht ebenso entsprochen werden soll wie den Imperativen der Eigensicherung und dem Erreichen militärischer Operationsziele. Dabei spielt – wenig verwunderlich – *intelligence* eine Schlüsselrolle. Die militärische wie rechtliche Fachdiskussion kommt hier immer wieder auf das zentrale Erfordernis optimaler, hochaufgelöster und zeitgerechter *all sources intelligence* zurück, die dem militärischen Planer und Entscheider quasi jederzeit zur Verfügung stehen müsste, um ihm die Identifizierung von legitimen militärischen Zielen zu ermöglichen. Im Fall von Gaza würde dies bedeuten, dass über die Jahre eine hochaufgelöste, dynamische und interaktive Karte mit allen Objekten und Strukturen von aktueller und potenzieller militärischer Bedeutung unter besonderer Berücksichtigung ihrer jeweiligen personellen Belegung erstellt und kontinuierlich hätte aktualisiert werden müssen, um die notwendige Präzision in Zielerfassung und Entscheidungsfindung zu gewährleisten. Aber das ist graue Theorie, denn dies würde wiederum eine völlige nachrichtendienstliche Durchdringung aller Lebensbereiche, insbesondere auch durch HUMINT, und dies durch Infiltration von außen, erfordern. Die wiederkehrenden spektakulären Auslandsoperationen des Mossad demonstrieren zwar solche Fähigkeiten, so zuletzt im September 2024 auch gegen kriegswichtige internationale Logistik von Hizballah oder deren militärische Führung, doch den gesamten Gazastreifen derart von außen zu penetrieren und im Detail abzudecken ist illusorisch. Signifikant sind gleichwohl Annäherungen an diese Form der Informationsüberlegenheit in Form der zunehmenden operativen Präzision und Zielsicherheit der IDF im Zusammenwirken mit dem *Shin Beth*, die im Verlauf der Bodenoperationen im Gazastreifen erreicht worden ist. Hier hat nun tatsächlich ein *all sources*-Aufklärungsansatz aus Asservatenforensik, Kriegsgefangenenbefragungen, Gesprächsaufklärung im Einsatzraum, verbunden mit verstärkter Fernmelde- und Luftaufklärung sowie *Cyber Network Operations*, zu einer Dichte, Detailschärfe und Aktualität der Erkenntnisse geführt, die ein außergewöhnlich differenziertes, wenngleich nicht fehlerfreies Vorgehen ermöglicht. Das zeigen auch die beeindruckenden und im internationalen Vergleich einzigartigen Bemühungen der IDF, mittels einer *Civilian Harm Mitigation Cell* (CHMC) Risiken zu minimieren. Die CHMC integriert digitale, stündlich aktualisierte Lagekarten mit *all sources intelligence*, um zum Beispiel die jeweils örtliche Bevölkerungsdichte in Gaza anzuzeigen. Jeder Operationsstab der IDF hat unmittelbaren Zugang zu dieser Lagekarte, die während der Operation mit Luftüberwachung in Echtzeit abgeglichen wird, um die Präsenz von Schutzpersonen zu verifizieren. Klar sollte allerdings auch sein, dass selbst die beste *intelligence* nicht verhindern kann, dass ein auf die Maximierung von zivilen Opfern und Verlusten an humanitärer Infrastruktur fixierter Gegner unverändert die taktische Initiative innehat und militärisches Vorgehen im eigentlich geschützten Raum durch eigene Kampfhandlungen immer wieder erzwingen kann.

Geiseln – oder deren sterbliche Überreste – unter den geschilderten Umständen zu finden, kann nur auf der Grundlage präziser und aktueller Hinweise erfolgen, die vor Ort erhoben werden müssen. Auch zu diesem Zweck hat die IDF den erwähnten *battle-*

field intelligence-Sonderstab von mehr als 350 Expertinnen und Experten aufgestellt. Im Folgenden werden wir sehen, in welchem Umfang derart generierte Erkenntnisse bei der Rettung von Geiseln eine Rolle haben spielen können.

7. Geisellagen: ein operativer Albtraum

Während meiner Vermittlungsmissionen habe ich mich mit dem außerordentlich belastenden Verlauf von Geiselnahmen befassen müssen. Ich habe erlebt, was es für den Vermittler, umso mehr noch für die Angehörigen und die Entführungsopfer selbst heißt, mit tiefem Leid, Enttäuschungen, Irrungen und Wirrungen zu leben – letztlich mit dem Gefühl, ein Spielball im Kalkül der Geiselnehmer zu sein. Besonders emotional sind die Nachrichten von gelungenen oder gescheiterten Befreiungsaktionen. Bei rationaler Betrachtung offenbart sich jedoch gerade in solchen Fällen, in welchem Maße hier die Qualität und Zeitgerechtigkeit von nachrichtendienstlichen Erkenntnissen über Leben und Tod entscheiden. Die Risiken gewaltsamer Befreiungsaktionen sind extrem hoch, zumal wenn sie im feindlichen Territorium stattfinden.

Im Juni 2024 fand im Bereich des Flüchtlingslagers al Nuseirat – etwa acht Kilometer südlich von Gaza-City – eine solche Operation statt, die in ihrer Vorbereitung und ihrem Verlauf all diese methodischen Aspekte und schrecklichen Herausforderungen beispielhaft verdeutlicht. Das Lager ist dicht besiedelt, mehrgeschossige Häuser drängen sich aneinander, dazwischen verlaufen enge Straßen. Am Vormittag des 8. Juni 2024 überraschte dort ein Team der *Yamam* – einer Sondereinheit der israelischen Polizei, die auf Geiselbefreiung spezialisiert ist – die Bewacher dreier israelischer Geiseln. Obwohl es den *special forces* gelungen war, unbemerkt bis in die Nähe des Zielobjekts vorzurücken, kam es im Haus gleich zu Beginn zu einem heftigen Feuergefecht mit den Terroristen, bei dem der Anführer des Teams Chief Inspector Arnon Zamora schwer verletzt wird und kurze Zeit später stirbt. Trotzdem kämpft sich die *Yamam*-Einheit sehr schnell bis ins dritte Stockwerk des Zielobjekts vor, tötet die Bewacher und befreit drei vollkommen verstörte und verängstigte israelische Geiseln. Danach gilt es, den Ort schnellstmöglich zu verlassen – die sogenannte Extraktion –, um weiteren, durch den Schusswechsel alarmierten Hamas-Kämpfern zu entgehen. Wir dürfen nicht vergessen, dass hier lediglich eine Handvoll Spezialkräfte samt eines Schwerverwundeten und dreier befreiter Geiseln inmitten feindlichen Gebiets operiert. Der Faktor Zeit – die Schnelligkeit des Zugriffs und der anschließende Abzug – ist vom ersten Moment an entscheidend für ein Gelingen der Operation. Nur etwa 200 Meter entfernt befindet sich Noa Argamani in ihrem Gefängnis, einer Wohnung im ersten Stock. Die junge Frau wurde auf dem Nova-Musikfestival entführt und ist seither mehr als 240 Tage in der Gewalt der Hamas. Die Tür, hinter der sie sich befindet, ist verschlossen, ihre palästinensischen Bewacher befinden sich auf der anderen Seite. Plötzlich hört sie gellendes Geschrei, Momente später fliegt die Tür mit einem Krachen auf und Uniformierte stürmen in den Raum. »Du wird jetzt gerettet!«, rufen sie ihr im vertrauten Hebräisch zu. Später erinnert sich Nora immer noch fassungslos an diesen Moment. »Sie kamen einfach so herein«, sagt sie, »und fragten mich in aller Eile, aber höflich, ob sie mich auf ihre Schultern nehmen könnten, um die Operation zu beschleunigen. Da wusste ich, dass sie Israelis waren.« Die Bewacher im Hause waren offensichtlich von dem Überfall vollständig überrascht worden und hatten keine Chance, sich zu wehren oder Verstärkung zu rufen. Noa wurde von ihren Befreiern in aller Eile und Stille über das Treppenhaus vom ersten Stock zu einem wartenden Fahrzeug gebracht und zu einem in der Nähe bereitstehenden Helikopter gefahren. Nach Angaben der israelischen Streitkräfte hatte die Operation um 11:00 Uhr begonnen, bereits um 12:20 wurde Noas Familie über ihre Befreiung informiert. Mittlerweile hatte das *Yamam*-Team mit den drei ebenfalls befreiten Geiseln und dem schwer verwundeten Offizier ein vorab bereitgestelltes Fluchtfahrzeug bestiegen. Doch waren mittlerweile zahlreiche Bewaffnete zum Schauplatz geeilt und beschossen die Flüchtenden aus allen Richtungen mit Infanteriewaffen und RPGs. Das stark beschädigte Fahrzeug musste aufgegeben werden, und damit wäre die Operation katastrophal gescheitert, wenn es nicht einen »Plan B« gegeben hätte. Dieser bestand darin, über angeforderte Luftnahunterstützung um jeden Preis den Weg zu einem weiteren Fluchtfahrzeug und dann zu einem an der nahe gelegenen Küste wartenden israelischen Helikopter freizuschießen. Man kann sich zumindest halbwegs vorstellen, was es für diese Männer bedeutet haben muss, sich zusammen mit den drei befreiten wehrlosen Geiseln und dem schwer verletzten Kameraden in den engen verwinkelten Gassen vor einer feindlichen Übermacht zu schützen. Sie mussten damit rechnen, von allen Seiten angegriffen zu werden. Von israelischen Kampfflugzeugen und Kampfhubschraubern wurde nun zu beiden Seiten des Fluchtwegs ein veritabler Feuerwall aus Bomben und Granaten zwischen das Team und die Angreifer gelegt. Durch diese Schneise konnten Geiseln und Befreier unverletzt fliehen. Die Straßenfronten der umliegenden Häuser entlang der Fluchtroute wurden durch den Beschuss erheblich zerstört und nicht nur Dutzende Hamas-Kämpfer getötet, sondern auch eine erhebliche Zahl an Passanten. Die israelischen Befreier und ihre Schutzpersonen erreichten nach dieser Höllenfahrt den am Strand mit laufenden Rotoren wartenden Hubschrauber und hoben sicher ab. Es waren wirklich hochdramatische Ereignisse, doch auch eine furchtbare Tragödie für alle Unbeteiligten, die ohne eigenes Zutun zum Opfer der erbitterten Kämpfe geworden waren.

Was ich hier beschrieben habe, der Zugriff und die Befreiung samt Evakuierung, ist nur der nach außen sichtbare Teil einer wesentlich komplexeren und äußerst langwierigen Operation. Hinter den Kulissen tobt ein stiller – jedoch nicht minder heftiger – Kampf der Nachrichtendienste. Dem Vernehmen nach sollen sich die Vorbereitungen zu den beiden Befreiungsversuchen vom 8. Juni 2024 über Monate erstreckt haben. An ihrem Anfang stand ein hochkomplexer, langwieriger, zusätzlich von US-*Intelligence* unterstützter Aufklärungsprozess, der zuerst die Existenz der vier Geiseln und ihre Lokalisierung zu etablieren hatte. Danach galt es, mit technischen und menschlichen Beschaffungsarten (SIGINT, IMINT und HUMINT) sämtliche Details der Umgebung auszukundschaften und nachzubilden. Darüber hinaus musste eine genaue Lokalisierung der Geiseln in den Gebäuden erfolgen. Auch Informationen zu ihrem körperlichen Zustand waren in Erfahrung zu bringen. Im Fall von Noa Argamani war – auf welchem Wege auch immer – bekannt geworden, dass sie an verschiedenen Orten im Gazastreifen versteckt worden war, bevor sie in den Gewahrsam einer mit Hamas liierten Familie geriet. Erst auf der Grundlage dieser Erkenntnisse konnte mit den konkreten weiteren Erkundungen und Planungen begonnen werden. Dabei mussten Routinen der Hausbewohner und Wachen durch systematische verdeckte Ausspähung ebenso erfasst und analysiert werden wie ihr Kommunikationsverhalten. Darüber hinaus wurde das unmittelbare örtliche Umfeld auf seine Eignung für die kompliziertere Exfiltration aus dem Haus hin zu an einem geeigneten Ort bereitzustellenden Hubschraubern untersucht. Auch dies ist eine wesentliche Aufgabe für die Luftaufklärung sowie für die *Undercover*-Augenaufklärung von sprachmächtigen und akkulturierten Spezialkräften vor Ort, die man erst einmal haben muss. Originäre örtliche Quellen kommen nur dann infrage, wenn sie absolut vertrauenswürdig und militärisch ausreichend kompetent sind. Die Wege zum Hubschrauber mussten ebenfalls vorbereitet werden. Im konkreten Fall sogar unter Einsatz von schwerem Baugerät, das zur Erweiterung und Planierung bestimmter Routen genutzt wurde, allerdings erneut unter der Legende andersartiger Arbeiten. All dies muss jedoch erst einmal geschaffen und abgeschirmt ins Werk gesetzt werden. Auf dieser Grundlage hat man die Einsatzpläne bis ins kleinste Detail ausgearbeitet und in intensiven Übungen anhand nachgebauter Modelle im Maßstab 1:1 auf ihre Umsetzbarkeit geprüft. Bei Befreiungsoperationen müssen sich die Einsatzkommandos im Idealfall besser im Objekt und in seiner Umgebung auskennen als die Entführer und Bewacher. Kognitive Überlegenheit ist hier die notwendige Grundlage für operative Überlegenheit. Nur sie bietet eine Chance für das eigene Überleben und den Erfolg. Aus diesem Grund wurde die Operation erst dann vor Ort eingeleitet und durchgeführt, als jeder Handgriff saß und sämtliche Eventualitäten erfasst und durchgeplant worden waren. Der Zugriff erfolgte am helllichten Tag und nicht in den Nacht- oder frühen Morgenstunden, um trotz des damit einhergehenden massiven Operationsrisikos ein maximales Überraschungsmoment zu erzielen. Das schien umso mehr geboten zu sein, als sich die Häuser eben in einem dicht bebauten Wohngebiet befanden und damit ein sonst üblicher vorbereitender massiver Luftangriff zur Unterdrückung von Feindkräften im Interesse der Zivilbevölkerung nach Möglichkeit vermieden werden sollte.

Weiten wir aber den Blick von diesem hochdramatischen, jedoch vergleichsweise kleinen Ereignis auf das Gesamtbild, die wahre Dimension der Geiselnahmen durch Hamas am 7. Oktober 2023. Bei ihrem massiven Überfall auf das israelische Siedlungsgebiet an der Grenze zum Gazastreifen, den sogenannten Gaza-Envelope, nahm Hamas zusammen mit verbündeten Gruppierungen wie dem Palestinian Islamic Jihad, aber offenbar auch mit nicht affiliierten Tätern, 251 Frauen, Kleinkinder, Kinder, Jugendliche, Senioren und Männer, Zivilpersonen, Soldatinnen und Soldaten als Geiseln und verschleppte sie in den Gazastreifen. Um die 250 weitere Gefangene konnten am 7. Oktober im Rahmen der bewaffneten Nacheile noch auf israelischem Territorium aus den Händen der fliehenden Geiselnehmer gerettet werden. Bereits in den ersten Tagen des nun ausbrechenden Konflikts erklärte Hamas öffentlich als grundsätzliches Ziel, die »Kriegsbeute« nur im Gegenzug zur Freilassung aller in Israel einsitzenden palästinensischen Häftlinge wieder herauszugeben. Dabei handelte es sich damals um etwa 5.700 Inhaftierte. Angestrebt wurde ganz offenbar eine Megaversion des Gilad Shalit-Deals von 2011. Im Herbst 2023 brachte es nun die große Zahl der Entführten mit sich, dass sie offenbar von Anfang an von verschiedenen Gruppen, aber auch von mit der Hamas verbündeten Familien in Gewahrsam genommen wurden. Auf diese Weise wurden sowohl eine elementare Versorgung sichergestellt als auch eine stabilere Bewachung durch dezentrale Kräfte und damit auch eine Reduzierung des Risikos einer entscheidenden israelischen Befreiungsaktion bewirkt.

Mit dem 7. Oktober standen die Nachrichtendienste und Streitkräfte Israels mit einem Mal vor einer beispiellosen Herausforderung. Der Gazastreifen mit seinen hochverdichteten, überwiegend intransparenten urbanen Agglomerationen und Flüchtlingslagern, seinen weit verzweigten Tunnelanlagen und unscheinbaren natürlichen Verstecken bot nahezu optimale Bedingungen für die Entführer und war zugleich ein Albtraum für alle Kräfte, die mit einer Befreiung betraut werden mussten. Wie einst Gilad Shalit im Sommer 2006 verschwanden die Opfer gleichsam spurlos im anonymen Gewirr der Tunnel, Gassen und Häuser. Damit schlug die Stunde aller israelischen Nachrichtendienste mit der Gesamtheit ihrer technischen land- und luftgestützten Sensorik, ihren menschlichen Quellen und internationalen Verbündeten. Großgeisellagen wie diese erfordern einen außergewöhnlichen, umfassenden Ansatz in Aufklärung, Planung und Durchführung von Operationen, mit denen Opfer gerettet werden können, sei es durch Anwendung gezielter Gewalt, sei es durch geeignete direkte oder indirekte Verhandlungs- und Interventionsformate, in denen Bedingungen für Freilassungen ermittelt und Optionen für deren Umsetzung geschaffen werden können. Gerade auch in diesem Bereich kommen dann ebenfalls Dienste wie der BND mit seinen langjährigen Beziehungen in die Region ins Spiel. Bereits bei der öffentlichen Anhörung des Parlamentarischen Kontrollgremiums des deutschen Bundestages am 16.10.2023 hatte BND- Präsident Kahl angedeutet, dass man »alle Sensoren ausgefahren habe«.

In den ersten Stunden einer Entführung können die Mobiltelefone der Opfer eine Rolle spielen. Zumindest dann, wenn sie noch funktionsfähig sind. Ihre Identifikation und Ortung, eventuell auch mit den Geräten der Entführer, kann im Idealfall sogar Ansätze für einen Zugriff bieten, so dieser denn in einer völlig fluiden taktischen Lage operativ geleistet werden kann. Wurden die Geiseln jedoch zunächst in die Tunnel verbracht, was angesichts der israelischen Luftangriffe nahelag, entfiel diese Option.

Je länger der Gewahrsam dauert, desto unwahrscheinlicher wird ein späterer GSM-basierter Zugriff: Die Geräte werden mit Sicherheit von ihren Eigentümern getrennt. Höchstwahrscheinlich wurde mit umfassender 24/7-Telekommunikationsüberwachung des Gazastreifens versucht, Hinweise auf den Verbleib und das Schicksal einzelner Opfer zu gewinnen. Das war jedoch angesichts des immer wieder festzustellenden Zusammenbruchs von Internet und Telefonie ebenfalls nur unzureichend möglich. Einzelhinweise konnten zwar immer wieder generiert werden, jedoch nichts, was für sich erkennbar zu entscheidender operativer Handlungsbefähigung geführt hätte.

Die Verteilung der Geiseln an unterschiedlichen Stellen war von Anfang an eine Art »Lebensversicherung« für die Hamas-Führung. Das operative Risiko, bei einem versuchten Zugriff auf Führungspersönlichkeiten das Leben von Geiseln in ihrer nächsten Umgebung bewusst aufs Spiel zu setzen, bleibt bis heute hoch, oft unkalkulierbar und damit meist politisch wie ethisch unvertretbar. Diese Problematik ist aus sämtlichen Geisellagen in aller Welt bekannt. Nur mit außergewöhnlich präziser Information zu allen Lageelementen, exzellenter operativer Befähigung und Vorbereitung und einem großen Quantum Glück der Tüchtigen kann so eine Lage dann auch zum glücklichen Ende geführt werden. Dabei sollten Geisel und Geiselnehmer voneinander getrennt werden, um die einen zu retten und die anderen unschädlich zu machen oder diese sogar zunächst fliehen zu lassen. Geiseln, noch dazu an einem unbekannten Ort, sind menschliche Schilde *par excellence*. Im schlimmsten Fall können sie in eiskaltem Zynismus auch noch zur aktiven Erpressung missbraucht werden, indem man ihnen Leid zufügt und dies der anderen Seite in geeigneter Weise kommuniziert. Schreckliche Entscheidungsdilemmata können auf diese Weise gezielt herbeigeführt werden, aus denen heraus dann Konzessionen zur Vermeidung des Äußersten erzwungen werden. Solche Versuche der individuellen oder auch kollektiven emotionalen Erpressung sind in den vergangenen Monaten so auch immer wieder durch die Veröffentlichung von Videoclips unternommen worden, in denen einzelne Geiseln mit Botschaften an ihre Familien oder auch Szenen ihrer Entführung vorgeführt wurden. Sogar vor einer Nutzung bereits zu Tode gekommener Geiseln schreckt die Hamas nicht zurück, indem sie deren trauriges Schicksal mit israelischen Angriffen oder mit »unzulässigen Affekthandlungen« der Bewacher in Verbindung bringt. Einen negativen Höhepunkt stellt in diesem Zusammenhang dann die Ermordung von sechs israelischen Geiseln Ende August 2024 in einem Tunnel in Rafah dar, offenbar nur wenige Stunden, bevor sie von den sich nähernden israelischen Kräften hätten gerettet werden können. Die generelle Weisung, Geiseln unter keinen Umständen lebend in die Hände der IDF fallen zu lassen, war bereits seit Längerem bekannt. Hier war sie nun in kaltherziger Menschenverachtung umgesetzt worden. Die Täter sollen wohl ihrerseits Mitte September von der IDF aufgespürt und getötet worden sein; Leben konnte damit nicht mehr gerettet werden.

Die Behandlung der Geiseln unterliegt gemeinhin dem Kalkül derjenigen, in deren Gewalt sie sich befinden: In diesem Falle ist es die Hamas, und darum möchte ich hier noch einmal einige erklärende Worte zum islamischen Recht anfügen, auf das sie sich immer wieder – auch in Abgrenzung zum internationalen humanitären Völkerrecht der Genfer Konventionen, die bekanntlich Geiselnahmen als Kriegsverbrechen disqualifiziert – beruft. Die Geiseln der Hamas werden zumindest von einzelnen Tätern in partieller Anlehnung an vulgarisierte islamrechtliche Vorstellungen als »Kriegsbeute« (*ghanima*) betrachtet. Über ihr Schicksal, ihre körperliche Unversehrtheit und auch ihr Leben kann der Anführer (*Imam*) nach freiem Ermessen und in Wahrnehmung der Interessen der Entführer entscheiden. Das Leben der männlichen Gefangenen ist in seiner Hand. Ihre Tötung steht im frei, solange sie kriegstüchtig sind. Kinder unter 15 Jahren, Frauen und Greise sind zu schonen. Als Beute haben die Entführten allerdings den Status von Sachen, die der Verfügungsgewalt der begünstigten Personen und Familien unterliegen. Frauen und Mädchen werden damit zu Sklavinnen und haben dem neuen »Eigentümer« auch sexuell zur Verfügung zu stehen. Die Berichte freigelassener – oder befreiter – Opfer lassen erkennen, dass von diesem »Recht« ebenso Gebrauch gemacht wurde wie von der Möglichkeit des Arbeitseinsatzes oder auch der körperlichen Züchtigung und Misshandlung. Der schreckliche Zustand der Ermordeten im Tunnel von Rafah hat hier nach all den Zeugenaussagen befreiter Geiseln nochmals einen zutiefst verstörenden Eindruck von den Zuständen vermittelt.

Geiselbefreiungen aus Gaza im Rahmen bewaffneter Nacheile waren direkt nach dem 7. Oktober allein schon mangels belastbarer *intelligence* nicht möglich. Erst mit dem Beginn der Bodenoffensive vom 28. Oktober 2023 gab es spürbare Fortschritte in Einzelfällen. Ab diesem Zeitpunkt war der für *counterinsurgency intelligence* elementar wichtige direkte Zugriff auf HUMINT, auf Augen- und Ohrenzeugenberichte und auf Asservate aus den eroberten Hamas-Stellungen in ausreichendem Umfang Teil der Operationen. Dabei wurden Lagepläne, Telefonverzeichnisse, IP-Nummern und Personallisten gefunden, die wiederum Anhaltspunkte für Mobiltelefonüberwachung per Spyware, Infiltration bestehender kabelgebundener Kommunikationsverbindungen, UKW-gestützter Funkverbindungen und KI-unterstützter Netzwerkanalysen ergaben. All dies wurde mit hochaufgelöster und detaillierter Drohnenaufklärung aus der Luft abgeglichen und ergänzt. Erst in der Summe derartiger Hinweise, die es zu fusionieren und analysieren gilt, können, allerdings nur unter glücklichen Umständen, tragfähige Ermittlungsansätze für gezielte *Undercover*-HUMINT-Einsätze im Zielgebiet zur Identifizierung und Aufklärung der spezifischen Targets und ihrer operativ relevanten Umfelds gewonnen werden.

Trotzdem ereignete sich am 14. Dezember 2023 ein schrecklicher Fall von taktischer *intelligence failure*. Bei Kampfhandlungen in Shuja'iyya, im Norden des Gazastreifens, wurden die Geiseln Alon Shamriz, Samer al-Talalka und Yotam Haim von israelischen Soldaten am helllichten Tage gezielt erschossen. Sie hatten die drei »versehentlich als Bedrohung identifiziert«, obwohl sie zur Demonstration ihrer Waffenlosigkeit kein Hemd trugen und einer von ihnen eine behelfsmäßige weiße Flagge zeigte. Den Geiseln war die Flucht gelungen, nachdem ihre Bewacher fünf Tage zuvor bei Kämpfen mit der israelischen Armee getötet worden waren. Sie hatten in der Folge auch noch Schilder mit den Aufschriften »Hilfe, 3 Geiseln« und »SOS« an einem Gebäude aufgehängt. Die israelischen Truppen vor Ort hatten all dies in einer für sie offenbar unübersichtlichen taktischen Lage für einen Hinterhalt gehalten und nach der Devise »Erst schießen, dann fragen« gehandelt. Die Tragödie verdeutlicht, wie sich defizitäre taktische Lagekenntnis (*situational awareness*), mögliche Ausbildungsmängel und taktische Überforderung zu einer tödlichen Konstellation verdichtet haben. Durch mentale Belastung induzierte Wahrnehmungsdefizite sind ein besonderes Risiko, insbesondere in Extremsituationen, wie sie Kampfhandlungen darstellen. Sie sind ein besonders augenfälliges und im Ergebnis meist dramatisches Phänomen des *intelligence failure* und des hierdurch bedingten Fehlverhaltens.

Leider gelingt es den israelischen Streitkräften bisher nur im Ausnahmefall, die Verschleppten lebend aus der Gefangenschaft der Hamas zu befreien. Es gilt mittlerweile als sicher, dass viele Geiseln nicht mehr am Leben sind. Einige wurden bei dem Überfall am 7. Oktober derart schwer verwundet, dass sie nur wenige Stunden oder Tage in der Geiselhaft überlebten, in anderen Fällen ist bekannt, dass die Hamas die Leichen getöteter Israelis nach Gaza verbrachte, um sie ebenfalls als Faustpfand in einem möglichen Austausch zu nutzen. Weitere Geiseln starben an mangelnder medizinischer Versorgung, wurden von ihren Bewachern ermordet oder kamen tragisch durch israelische Waffenwirkung zu Tode. Auch die bereits im Dezember 2023 gelungene Bergung von fünf Opfern aus dem Tunnelsystem von Jabaliya im Norden des Gazastreifens hat sich nach Monaten forensischer Untersuchung als Ergebnis der schweren Kampfhandlungen um die Hamas-Positionen herausgestellt.

Parallel zu den militärischen Befreiungsaktionen in Gaza finden nach wie vor – wenn auch äußerst schwierige und bisher überwiegend von Rückschlägen gekennzeichnete – indirekte Verhandlungen zwischen Israel und der Hamas über einen Austausch der verbliebenen Geiseln statt. Auch hier schlägt von Anfang an die Stunde der Nachrichtendienste. Die besondere Bedeutung, die dabei einer umfassend auszubringenden *all sources intelligence* bei den Bemühungen zukommt, die auf eine Freilassung von Geiseln auf dem Verhandlungswege abzielen, kann gar nicht hoch genug bewertet werden. Hier bezieht sich das Erkenntnisinteresse auf sämtliche nur denkbaren Elemente und Konstellationen, die im Rahmen direkter wie indirekter Verhandlungen die Willensbildung der Geiselnehmer beeinflussen könnten. Dabei besteht umfassender Aufklärungsbedarf zu Potenzialen, Verbindungen, strategischen wie taktischen Interessenlagen aller involvierten Akteure innerhalb wie außerhalb des unmittelbaren Täterkreises. Bei derartigen Verhandlungen befinden wir uns im Bereich der klassischen *intelligence* zur Unterstützung eigener politischer Vorhaben. Ganz konkret läuft es auf die Fragestellung hinaus: Wer könnte unter welchen Voraussetzungen und mit welchen Mitteln welchen Einfluss auf welche Entscheidungsträger innerhalb der Hamas ausüben? Geheimdienste mit direktem Zugang zu den Geiselnehmern spielen hier auch als operative Akteure, zumeist in der Übermittlung von Nachrichten eine zentrale Rolle, eventuell jedoch auch in der Ausübung von mehr oder weniger freundschaftlichem Druck. Die politisch-operative Kommunikation bis zum *deal* liegt in den meisten Fällen in Händen von Nachrichtendiensten, im vorliegenden Fall aufgrund der direkten geografischen Zugangsmöglichkeiten in den Gazastreifen und damit zu Yahya Sinwar im weit verzweigten Tunnelnetzwerk unter Khan Yunis in jenen des ägyptischen militärischen Nachrichtendienstes.

So konnten am 22. November 2023, vier Wochen nach Beginn der massiven israelischen Bodenoffensive, mit Schwerpunkten in der Nordhälfte Gazas und erheblichen Verlusten aufseiten der Hamas, eine viertägige Waffenruhe, bis zu 50 Geiselfreilassungen und die zusätzliche Entlassung von bis zu 150 palästinensischen Häftlingen in Israel ausgehandelt werden. Danach wandelten sich die Rahmenbedingungen von einem humanitär-operativen hin zum politisch-operativen Ansatz. Wenig überraschend wurden damit Geiselfreilassungen nunmehr endgültig zum Tauschobjekt gegen politische und militärische Konzessionen. Jetzt ging es in erster Linie um den Fortbestand und die Rehabilitierung der Hamas in Gaza. Notwendigerweise verbunden mit einem phasenweisen, aber letztlich endgültigen und vollständigen Rückzug der israelischen Streitkräfte. Diese Austauschrelation wurde immer wichtiger, je mehr die Hamas militärisch unter Druck geriet. Was sich zunächst positiv anhört, führt jedoch operativ nur zum Kern des »Sparkassendilemmas« von Polizeieinsatzkräften: Der Geiselnehmer hat sich mit seinen Opfern im umzingelten Bankgebäude verschanzt und stellt Forderungen, die Polizei sucht vergebens nach operativen Zugriffsmöglichkeiten unter Schonung der Geiseln. Um im Bild zu bleiben, befindet sich das Objekt in einem Stadtteil, in dem es auch noch »autonome Sympathisanten« des Geiselnehmers gibt, auf deren Störaktionen die Polizei ebenfalls gefasst sein muss. Zugleich steht das Vorgehen der Einsatzkräfte unter der kritischen Beobachtung der Öffentlichkeit, die auf strikter Verhältnismäßigkeit und Schonung des hochverdichteten Wohnraums besteht. Unter solchen Umständen zieht sich die operative Situation in eine unbestimmte Länge und entwickelt sich zum Nervenkrieg für alle Beteiligten. Damit wären die Ingredienzien für eine Katastrophe angerichtet. Deshalb ist es eine Kernaufgabe der Nachrichtendienste – nunmehr wieder in der realen Situation des Nahen Ostens –, die sich im Umfeld Israels entwickelnden schweren Konfliktrisiken mit der Hizballah sowie iranisch unterstützten Milizen im Irak und Syrien, den Huthis in Jemen wie auch den Untergrundkräften in Jordanien und auf der Westbank sowie mit Iran selbst so eng wie möglich zu verfolgen und zu bewerten. Operativ kommt im Fall Israels hinzu, dass es Tel Aviv mit der reinen Beobachtung nicht belassen will und auch zu gezielten Liquidationen relevanter Kommandeure übergeht. Die Hamas-Führung in Gaza ist vor einem israelischen Zugriff nur sicher, solange sie ihren Aufenthaltsort geheim halten kann und sich mit Geiseln als lebendem Schutzschild umgibt. So war die Tötung des legendären Hamas-Führers und Chefplaners des 7. Oktober, Muhammad al-Deif, am 13. Juli 2024 nur möglich, weil er sich eben ohne menschliche Schutzschilder innerhalb einer humanitären Schutzzone bewegt hat. Der Schlag gelang aufgrund einer lang angelegten, hochriskanten Undercover-Operation des *Shin Beth* und der IDF, einschließlich der Rekrutierung örtlicher Quellen.

Abschließend können wir sagen, dass die sicherheitspolitischen und militärischen Herausforderungen von Geiselnahmen stets auf der Ebene von Nachrichtendiensten beginnen und den Fall bis zu seinem Ende begleiten. Sei es im Vorfeld bei der Identifizierung von Gefährdungsmomenten und möglichen Tätern, sei es unmittelbar bei Tatverübung in der Beleuchtung des Tat- und Täterhintergrunds und in der Unterstützung des Krisenmanagements mit operativ relevanten Informationen (*actionable intelligence*), oder sei es für einen eventuellen Zugriff sowie für die Ermittlung von nationalen oder internationalen Verhandlungsansätzen. Die Möglichkeiten und Grenzen der Nachrichtendienste beeinflussen in besonderem Maße die Erfolgsaussichten des politischen, militärischen und polizeilichen Handelns. Wir sollten uns vergegenwärtigen, dass jede Geiselnahme, auch eine kriminelle Einzeltat, generell eine Ausnahmesituation darstellt. Sie ist ein Albtraum, erst einmal für die Opfer, doch ebenso für die Sicherheitskräfte, die unter dem Druck stehen, die Geiseln zu retten. Manchmal auch für den oder die Täter. Es handelt sich um eine zugespitzte physische wie psychische Konfrontation, bei der mit dem höchsten Einsatz – Freiheit, Leben und Gesundheit – »gespielt« wird. Hier gibt es keinen Spielraum für Fehler. Nichtwissen ist tödlich.

In Gaza sind die israelischen Geiseln zudem Teil eines zynischen Kalküls geworden: Sie sind Teil des *information warfare*. Hier wird der Krieg mittels Information und Desinformation ausgetragen. Dieses Schlachtfeld ist, wie wir sehen werden, global.

8. *Information Warfare, Lawfare und Psywar*

Da befand ich mich mit einem Mal sprichwörtlich im Rampenlicht. Die Scheinwerfer strahlten von der Decke des Studios in Hamburg auf unsere Gesprächsrunde hinab. Der Krieg in Gaza beschäftigte seit Kurzem die Weltöffentlichkeit. So auch an diesem Mittwochabend bei »Markus Lanz«. Am Vortag, dem 17. Oktober 2023, hatte sich in den Abendstunden auf dem Parkplatz des Al-Ahli-Krankenhauses in Gaza-City eine Explosion ereignet. Im Anschluss daran brach dort ein schwerer Brand aus, dem, so war zu befürchten, zahlreiche Menschen zum Opfer gefallen sein mussten. Das Ereignis dominierte auch in Deutschland die Berichterstattung zum Gaza-Konflikt, und natürlich stand die Frage im Mittelpunkt, wer dafür verantwortlich war. Allem Anschein nach waren unbeteiligte Zivilisten getötet oder verwundet worden, die im Innenhof des Krankenhauskomplexes Zuflucht gesucht hatten. Israel hatte zu diesem Zeitpunkt mit Luftangriffen auf militärische Ziele in Gaza begonnen. Die Hamas und ihre Verbündeten wiederum beschossen ihrerseits israelische Städte mit ihren Raketen aus Gaza heraus. Theoretisch konnten beide Parteien für das Geschehnis verantwortlich sein, doch bereits wenige Minuten nach der Explosion hatte die Hamas verlautbart, dass die israelischen Streitkräfte das Krankenhaus vorsätzlich mit einer Rakete angegriffen hätten. Dazu wurden nahezu apokalyptische Opferzahlen kommuniziert und von furchtbaren Zerstörungen am Krankenhaus gesprochen. Damit stand in internationalen Medien und großen Teilen der politischer Öffentlichkeit Israel als »ruchloser Mörder unschuldiger Frauen und Kinder« da. Aus der Kirya, dem israelischen Verteidigungsministerium, hieß es erst einmal, ebenso nüchtern wie »propagandistisch unprofessionell«, man wisse zur Stunde nicht, was im Detail geschehen sei, man werde der Sache nachgehen. Leider war damit in den Augen vieler Menschen die Schuldfrage bereits geklärt.

So platzte mir dann im Verlauf der abendlichen Diskussion regelrecht der Kragen. Es war längst einmal überfällig, den bisherigen Stand der unsachlichen medialen Diskussion aus der Sicht des Nachrichtendienstlers und ehemaligen Leiters des EU INTCEN zu kommentieren: »Ja, ich kann hierzu eigentlich aus alter professioneller Erfahrung nur sagen: Wenn mir jemand auf dieser Grundlage eine Lagefeststellung vorlegt, dann jage ich ihn aus dem Dienstzimmer wieder heraus wegen Unfähigkeit. Das muss ich hier ganz deutlich sagen.« Es war tatsächlich dringend nötig, auf den Boden der Tatsachen zurückzukehren, denn abgesehen von dem unstrittigen Sachverhalt eines Feuers und zu befürchtender zahlreicher Opfer war in den Nachtstunden nach dem Ereignis nichts weiter bekannt, als dass es eben ein solches gegeben hatte. Zur Ursache des Unglücks und damit der Urheberschaft konnte man unmöglich eine seriöse Aussage machen. Woher wollte die Hamas inmitten des Chaos innerhalb von Minuten wissen, dass es sich um eine israelische Rakete gehandelt hatte? Niemand ist dazu in der Lage. In diesem Moment war ich froh darüber, im Rahmen der Fernsehsendung die Möglichkeit zu haben, ein wenig mehr Sinn für lebenspraktische Realitäten zu wecken. Und so machte ich aus meinem Herzen keine Mördergrube: »Wir haben bisher verschiedene Ersthinweise, wir haben Segmente von

Bilddokumentationen, aber auf dieser Grundlage kann man erstens kein Schadensbild erstellen, geschweige denn irgendwelche validen Aussagen über die Ursachen des Schadens oder gar seine Urheberschaft treffen. Handwerklich gesehen ist das, was wir in den letzten 24 Stunden gesehen haben, schlicht und einfach miserabel, Punkt! Und [aus den spontanen Schuldzuweisungen] können Sie schon schließen: Wer als Erster schreit, der setzt sich – zumindest intellektuell – ins Unrecht. Wenn Sie nach fünf Minuten sagen, das müssen die Israelis gewesen sein, das haben wir ja schon immer erwartet und so weiter, und auch eine Schadensmeldung vorlegen, die Sie ja noch gar nicht objektiv haben erfassen können, und mit Zahlen hantieren, die Sie noch gar nicht haben ermitteln können, dann sind Sie von vornherein unglaubwürdig. Das ist rein handwerklich gesehen, das hat nichts mit [einer Stellungnahme zugunsten oder zulasten] der Hamas zu tun. Aus den [bisher öffentlich verfügbaren] Bildern kann kein Mensch etwas ablesen. Das könnte genauso – ich sage das jetzt zynisch – Silvesterfeuerwerk sein. Ist es natürlich nicht. Eine Kausalkette können Sie auf der Grundlage dieser Bilder in keiner Weise etablieren. Das weiß eigentlich auch jeder!«

Ja, eigentlich weiß das jeder, doch leider will es nicht jeder so genau wissen. Hier könnte ich in Anlehnung an den Titel des Buches sagen, dass auch selbst gewählte Ignoranz tödlich ist, denn neben dem Krieg in Gaza, der mit Waffen ausgetragen wird, findet auch ein Krieg statt, der mit Worten und Bildern geführt wird. Er ist nicht minder tödlich, geht es doch darum, Ergebnisse herbeizuführen, die sich mittelbar auf den Krieg auf dem Schlachtfeld auswirken oder aber in Radikalisierung und physischer Gewalt gegen Menschen in anderen Staaten münden. Dabei ist *information warfare* beileibe nichts Neues; spätestens seit dem Ersten Weltkrieg investieren kriegführende Mächte viel Zeit und Mühe, um ihre Narrative von der eigenen guten und gerechten Sache über die des »verabscheuungswürdigen« Gegners zu stellen. Neu dagegen ist, dass im digitalen Zeitalter die Informationen – seien sie nun wahr oder unwahr – quasi in Echtzeit Millionen von Menschen auf der ganzen Welt erreichen. Zumindest in Demokratien sind dies dann auch Wähler, die Einfluss auf die Politik ihrer Regierungen nehmen. Unwahrheiten können somit zu Entscheidungsgrundlagen werden. Dass dies gefährlich ist, liegt genauso auf der Hand wie die Gefahr, die sich für den gesellschaftlichen Frieden in den adressierten Staaten aus Propaganda, Desinformation, Hass und Hetze ergibt. Es sei in diesem Zusammenhang aktuell nur an die ebenso spektakulären wie für Kenner wenig überraschenden Enthüllungen zur ambitionierten und umfassenden russischen Desinformationskampagne über die Social Design Agency (SDA) im Vorfeld zur Europawahl erinnert. Besonders deprimierend ist hier, dass die Probleme ausweislich der nun vorliegenden Medienberichterstattung von den deutschen Diensten bereits 2017 in aller Klarheit analysiert und berichtet worden sind. Wissen allein schützt nicht vor Fehlentscheidungen und insbesondere auch nicht vor wie auch immer motivierter politisch-operativer Untätigkeit.

Zurück zum konkreten Fall der Explosion vor dem Al-Ahli-Krankenhaus in Gaza-City. Bereits zwei Tage später konnte die BBC mit einer Recherche vor Ort das Ereignis in realistischere Proportionen rücken. Mit den Mitteln technischer Aufklärung und Analyse von Nachrichtendiensten wurde wenig später denn auch der tatsächliche Sachverhalt gesichert. Es handelte sich um eine vom Palästinensischen Islamischen Jihad PIJ auf Israel abgefeuerte Rakete der Marke Eigenbau, die aufgrund einer Fehlfunktion in der Luft desintegrierte, in Teilen in den Hof des Krankenhauses stürzte und dort mit dem eigenen brennenden Treibstoff und Sprengkopf den Brand und eine Explosion auslöste. In Gaza ist es nichts Neues, dass ein erheblicher Anteil an Raketen einfacher Bauart ihr Ziel nicht erreicht und abstürzt oder in der Luft explodiert. Auch der Bau kleiner Raketen ist nicht trivial und erfordert ein hohes Maß an konstruktiver und technischer Präzision und hochwertige Materialien. All dies ist unter den gegebenen Umständen in den Untergrundwerkstätten kaum zuverlässig zu leisten. All dies ist allen bekannt, die sich einigermaßen seriös um die Sachverhalte kümmern. Solche Zwischenfälle werden seit 2007 beobachtet, und entsprechende Statistiken liegen für die Kriege von 2008 bis 2009 und 2014 vor. Bis zu 40 Prozent aller aus dem Gazastreifen abgeschossenen Projektile desintegrieren oder fallen aufgrund von Fehlfunktion der eigenen Steuerung auf dem eigenen Territorium nieder und verursachen dabei erhebliche Personen- und Sachschäden. Zudem erfasst das von Israel entwickelte Raketenabwehrsystem Iron Dome seit 2010 sämtliche Raketenabschüsse, berechnet ihre Flugbahn und entscheidet anhand dieser, ob das Projektil eine Gefährdung für bewohntes Gebiet darstellt und somit binnen Sekundenbruchteilen eine Abwehrrakete zu starten sei. Auch die Auswertung dieser Daten hat im Falle des Al-Ahli-Krankenhauses Klarheit gebracht, ebenso die Auswertung des Fernmeldeverkehrs zur Tatzeit. Aus Letzterem ging sogar noch hervor, dass man aufseiten der Hamas- und des PIJ sofort mutmaßte, dass hier die Fehlfunktion einer eigenen Rakete im Spiel war. Weitere Tatortforensik erhärtete dann auch noch über die Analyse des Schadensbilds, eines flachen Kraters im Asphalt des Parkplatzes, dass es sich definitiv nicht um ein israelisches Projektil handelte. Ende November 2023 kam dann auch Human Rights Watch zu dem Ergebnis, dass der Vorfall nicht – wie von Wohlmeinenden und schlecht Informierten behauptet und in schärfsten Worten moralisch verurteilt –

durch eine perfide gezielte israelische, sondern – horribile dictu – eine fehlgeleitete palästinensische Waffe verursacht worden war. Als die Fakten endlich auf dem Tisch lagen, war die Schlacht im *information warfare* natürlich schon längst geschlagen. Denn einige Wochen nach dem Ereignis interessierte sich die Weltöffentlichkeit – die meistens stark emotional auf aktuelle Vorkommnisse reagiert, dann aber schnell das Interesse daran verliert – nicht mehr für die Wahrheit. Somit war es der Hamas gelungen, sich ein weiteres Mal als Opfer und Israel als den Schuldigen zu präsentieren. Der intendierte Effekt war erreicht – die gefühlten Verantwortlichkeiten waren klar und in der öffentlichen Meinung wirkungsmächtig. Dies ist kein Einzelfall, und auch dies ist seit Jahren bekannt. Bereits eine intuitive Analyse des Meldeverlaufs zu Ereignissen in Gaza zeigt immer das gleiche Muster: Auf einen israelischen Luftschlag gegen ein zumeist in einem zivilen Objekt, nach Möglichkeit einer Schule, einem Krankenhaus, einer UNRWA-Einrichtung, disloziertes militärisches Hamas-Ziel folgt binnen Minuten eine katastrophale Opfer- und Schadensmeldung, vorzugsweise unschuldige Frauen und Kinder, untermauert mit einer ganzen Reihe von Bildausschnitten, die blutende oder tote Opfer, zerstörte Räumlichkeiten, verstreute Objekte des täglichen Bedarfs und verzweifelte Menschen zeigen. Bilder des Gesamtobjekts, die einen Eindruck vom Gesamtschaden vermitteln könnten, fehlen in der Regel. So wird aus dem unzweifelhaft zerstörten Raum in einem Objekt sowie den dort zu Schaden gekommenen Personen eine noch umfassendere Tragödie und ein weiterer »Beweis« für gewissenloses, völkerrechtswidriges Vorgehen des Erzfeindes. Verbreitet ist auch die »Pallywood« genannte Praxis, gefakte Filmaufnahmen zu verbreiten. »Profi-Eltern«, die in theatralischer Verzweiflung Vorzeigekinder – nicht selten sogar entsprechend eingewickelte und dekorierte Puppen – vor zerstörten Mauern in die Luft halten, um danach zum nächsten »Set« zu gehen. Es ist ebenso erbärmlich wie folgerichtig, dass der von Hamas bereits in der Realität angestrebten Maximierung ziviler Opferzahlen auch in der Propaganda weitgehend Priorität eingeräumt wird.

Die meisten Menschen hierzulande beziehen ihre Informationen jedoch nicht über die einschlägigen Kanäle der Hamas, sondern über die Medien, die oft jedoch deren interessegeleitetes Narrativ zum jeweiligen Ereignis – wider besseres Wissen – ohne eigene Recherche und allenfalls mit einer kleinen Fußnote, dass die Information nicht unabhängig überprüfbar sei, übernehmen. Im Vordergrund steht aber der bild- oder zahlengewaltige Meldungsinhalt. Das meist kommerziell motivierte Bestreben nach Klarheit, Simplizität und damit Marktgängigkeit lässt hier die Sicht auf den tatsächlichen eigenen Stand der Erkenntnisse verschwimmen. *Wrong or right, my story* sollte jedoch keine Handlungsmaxime sein, wenn wir uns nicht als nützliche Idioten der Manipulatoren vollends ins postfaktische Zeitalter der Stimmungen, Meinungen und Befindlichkeiten begeben wollen. Der zu Recht viel beklagten und auch analysierten bewussten Manipulation, Propaganda und Desinformation kann nur widerstanden werden, wenn in gleicher Intensität und Verbreitung auf mangelnde Faktengrundlagen und sachliche wie fachliche Fehlleistungen hingewiesen wird. Ein wichtiges Beispiel für diesen Informationsmissbrauch sind auch die Opferzahlen aus Gaza. Fast immer werden Angaben offizieller Stellen, also der Hamas, zu der es bekanntlich nach mehr als 15 Jahren der Gleichschaltung in Gaza keine organisatorische Alternative gibt, über zivile Opfer in die Berichterstattung aufgenommen. Handelt es sich demnach bei der Hamas um eine verlässliche Quelle? Angesichts der bekannten Propaganda und Hetze mit Sicherheit nicht. Bekanntlich wird die erforderliche Quellenkritik in der notwendigen Klarheit jedoch nicht geübt. Mittlerweile wird allenfalls schmallippig erwähnt, dass sich die Angaben nicht unabhängig überprüfen ließen. Das ist professionell völlig unzureichend. In einer nachrichtendienstlichen Bewertung würde hier dezidiert auf die mangelnde Glaubwürdigkeit der Quelle hinzuweisen sein, wenn man deren Angaben überhaupt in einem zu berichtenden Sachverhalt berücksichtigen würde. Die explizite Bewertung einer Quelle in ihrer Glaubwürdigkeit zählt zu den elementaren Voraussetzungen für die verantwortungsvolle Validierung von Information in ihrer Glaubhaftigkeit und damit auch sachlichen Relevanz für alle Elemente eines Meinungsbildungs- und Entscheidungsprozesses. Dies zu unterlassen zählt zu den sieben Todsünden nachrichtendienstlicher Praxis. Gerne wird darauf verwiesen, dass die Opferzahlen aus früheren Konflikten im Nachhinein wohl ziemlich zuverlässig gewesen seien. Selbst wenn dies zutreffen sollte, ist der Vergleich methodisch unzulässig, denn dabei handelte es sich um vergleichsweise niedrige Zahlen aus örtlich und zeitlich eng begrenzten Kampfhandlungen. Sie konnten zudem von einem weitgehend intakten Gesundheitswesen erhoben und aus einem Personenstandsregister gemeldet werden. In der Dynamik einer Offensive von Luft- und Landstreitkräften und in einer ja sonst allseits wortreich beklagten und verurteilten zunehmenden Dysfunktionalität der Infrastrukturen ist das in der jeweiligen taktischen Situation – im sprichwörtlichen »*fog of war*« – nicht möglich. Hier wird gedanken- und bedenkenlos oder aber interessegeleitet mit Behauptungen, nicht mit Sachverhalten hantiert.

Über Monate hinweg sind die vom Hamas-Gesundheitsministerium in Gaza veröffentlichten Zahlen – die von den Vereinten Nationen wie den internationalen Medien pauschal übernommen wurden – dem Motto *big is beautiful* gefolgt. Auf diese Weise erreichten sie bis zum 6. Mai 2024 insgesamt 34.735 Tote, davon rund 9.500 Frauen und 14.500 Kinder. Zwei Tage später, am 8. Mai 2024, reduzierten die Vereinten Nationen auf ihrer Website diese Zahlen eher diskret auf 4.959 tote Frauen und 7.797 getötete Kinder, ein Rückgang um beeindruckende 48 beziehungsweise 45 Prozent. Implizit erläuternd wurde angemerkt: »Opfer im Zusammenhang mit den anhaltenden Feindseligkeiten im Gazastreifen und in Israel, die am 7. Oktober 2023 begannen, werden erst dann auf dieser Seite aufgeführt, wenn diese Vorfälle von unabhängiger Seite überprüft wurden.« Nach immerhin sieben Monaten haben die Vereinten Nationen somit begonnen, zwischen den Behauptungen der Hamas-Behörden in Gaza und den für sie verifizierbaren Fällen zu differenzieren. Allerdings nur auf ihrer offiziellen OCHA-Website. Die ungeprüften höheren Zahlen werden dagegen erklärtermaßen in den UN-Flash Updates und Snapshots weiterhin benutzt und prägen so die öffentliche Perzeption. Grundsätzlich ungeklärt bleibt zudem die Frage, wer unter den Opfern nun als Kämpfer anzusehen ist und wer als Schutzperson nach internationalem humanitären Völkerrecht. Hier werden allerdings auch die israelischen Zahlen nur dann weiterhelfen, wenn abseits der pauschalen Veröffentlichung auch die entsprechenden Namenslisten oder operativen Zuordnungsmerkmale einer Überprüfung zugänglich gemacht werden. Dass mit faktisch derart ungesicherten Daten im Grunde nur wenig anzufangen ist, sollte eigentlich außer Frage stehen, stört jedoch ganz offenbar die beteiligten Seiten wenig, solange sie das jeweilige Narrativ bestätigen: Erfolgreiche Eliminierung von Terroristen hier, hemmungslose Massaker an unschuldiger Zivilbevölkerung dort, bis hin zum von Hamas insinuierten »Beweis«, dass Israel einen »Genozid« am palästinensischen Volk im Gazastreifen betreibe. Namhafte Medien wie auch einzelne Regierungen in aller Welt verbreiten die von der Hamas generierten, nicht verifizierbaren Zahlen und nutzen sie in ihren Analysen mit voraussehbaren, deswegen jedoch nicht weniger zu falsifizierenden, meist ohnehin interessegeleiteten Ergebnissen.

Selten reflektiert so der zynische – Sir Winston Churchill wohl fälschlich zugeschriebene – Wahlspruch »Ich traue keiner Statistik, die ich nicht selbst gefälscht habe« die Problematik besser als in diesem Konflikt. »Wir brauchen das Blut der Frauen, Kinder und Alten, weil es unseren Kampfgeist bestärkt«, so bereits Ismail Haniyeh Ende Oktober 2023. Auch Yahya Sinwar begrüßte laut Berichten vom Juni 2024 möglichst hohe Opferzahlen in Gaza als relevanten Beitrag zum Sieg über Israel, da so die internationale öffentliche Meinung auf seine Seite gezogen werde: »Wir haben die Israelis da, wo wir sie haben wollen«, soll Sinwar an seine Ansprechpartner in der Hamas-Führung geschrieben haben. Die vielen Toten und Verwundeten seien notwendige, im historischen wie globalen Vergleich ohnehin eher marginale Opfer im Befreiungskampf. Dass dies keine Nachrationalisierung des bisher für Hamas militärisch eher weniger günstigen Kriegsverlaufs sein dürfte, verdeutlichen bereits Aussagen Sinwars in israelischer Haft, also vor 2011: Auf die Frage seines Gesprächspartners aus der Gefängnisverwaltung, ob ein Sieg über Israel das Leben von 10.000 unschuldigen Menschen in Gaza wert sei, antwortete er ohne Zögern, »selbst 100.000 Opfer«. Im gleichen Sinne und ganz in der Tradition von Hasan al-Bannas Schrift von 1938 »Die Todesindustrie« ließ sich noch im September 2024 erneut Politbüromitglied Ghazi Hamad vernehmen: »Selbst wenn Israel 20.000 oder 100.000 tötete, das palästinensische Volk ist weiterhin standhaft. Dies ist ein starkes Blatt, das wir in unserer Hand haben.« Diese Aussagen sollten jedenfalls die Absicht hinter dem Verhalten im Felde, insbesondere aber auch die Zielsetzung der Desinformationspolitik und Propaganda verdeutlichen, die – dank der verbreiteten, vielfältig begründeten und ausgeprägten Unfähigkeit oder Unwilligkeit ihrer Adressaten zur angemessenen Realitätswahrnehmung – auch erschreckend gut funktioniert.

Was für die Opferzahlen gilt, trifft auch auf die berichtete großflächige Zerstörung Gazas zu. Wir alle kennen die Bilder, die zerstörte Gebäude, flüchtende Familien und getötete Kinder zeigen. Der Eindruck entsteht, als würden die israelischen Streitkräfte ganz Gaza mit wahllosen und summarischen Flächenbombardements in Schutt und Asche legen. Etwas, was die syrische Regierung übrigens mit russischer Unterstützung tatsächlich während des Bürgerkriegs in den Städten und Dörfern der Opposition nachweislich getan hat und die russische Armee derzeit unter den Augen der Weltöffentlichkeit in der Ukraine weitgehend ungestraft praktiziert. Die Manipulationsmöglichkeiten mit Bildern sind im Bereich der Kommunikationswissenschaften mehr als bekannt und beginnen ja völlig trivial mit der Wahl des Bildausschnitts, der dann als *pars pro toto* genutzt und gewertet wird. Nicht umsonst kursiert daher in Fachkreisen der Spruch »Ein Bild lügt mehr als tausend Worte«. Wie wir alle wissen, zeigen Fotos und Videos, die am Boden aufgenommen werden, nur einen begrenzten Ausschnitt der Realität. Man sieht die Zerstörung, doch ob einige Dutzend Meter davon entfernt, hinter dem Horizont des Bildausschnitts das Leben normal weitergeht, erfährt man nicht. Mit beiden Bildmotiven, dem schrecklichen Elend wie dem prallen Leben, kann Desinformation betrieben werden und wird es auch. Letztendlich handelt es sich um emotional aufgeladene, höchst subjektive Momentaufnahmen und Eindrücke. Hier kann vorläufig nur eine umfassende Erhebung von Bildmaterial aus den sozialen Medien helfen, so insbesondere auch aus der Social-Media-Kommunikation zwischen den Menschen in Gaza selbst, nicht jenem Material, das für die mediale Weltöffentlichkeit bestimmt ist. In palästinensischen TikTok- oder Telegram-Feeds ergibt sich so nachweislich ein wesentlich vielfältigeres, regional und lokal durchaus unterschiedliches Bild etwa von der jeweiligen Versorgungslage und Lebenssituation, einschließlich noch intakter Infrastruktur. Auch hier sehen wir inzwischen einen Krieg der Bilder: Hier (zuweilen auch inszeniertes) blankes Elend, da zumindest der Anschein von Überfluss. Beides wird mehrheitlich punktuell real sein, wird aber durch explizite oder implizite, meist interessegeleitete Kontextualisierung und Verallgemeinerung zur Lüge. Belastbare Ergebnisse, etwa zur Frage von Schadensfeststellung und Kriegsfolgenbewertung, können aber nur mit professionell erhobenen Daten im Rahmen umfangreicher und kompetenter Begehungen erzielt werden.

Zusätzlich braucht es gerade bei mangelndem Zugang zum Kriegsschauplatz eine professionelle Satellitenbildauswertung. Satellitenbilder mit verschiedener Sensorik können einen ergänzenden Überblick bieten, der jedoch mit Vergleichsmaterial aus der Zeit vor dem Schadenseintritt zu kollationieren ist. Diese Bilder müssen dann mit der gleichen Technik, aus dem gleichen Bildausschnitt und Blickwinkel aufgenommen worden sein. »Vorher-Nachher«-Bilder, die diesen elementaren Anforderungen nicht genügen, sind wertlos, im schlimmsten Fall sollen sie erneut manipulieren. Hinzu kommt das berühmte Goethe'sche Motto: »Man sieht nur, was man kennt«. Nur mit einem etablierten Hintergrundwissen zu den dargestellten Bildinformationen lassen sich valide Rückschlüsse auf die Realität »am Boden« ziehen. Hier geht es um Informationen, die über Leben und Tod entscheiden können, wie etwa bei der Beurteilung eines Schadensverlaufs in einer Naturkatastrophe – Beispiel Ahrtal 2021 – oder bei militärischen Konfrontationen, wo die zeitgerechte und zutreffende Information über die Positionen und Aktionen des Gegners von lebenswichtiger Bedeutung ist. Es sollte sich beinahe erübrigen, darauf hinzuweisen, dass auch Satellitenbilder und Luftaufnahmen zu selektiver oder gar manipulativer Realitätswahrnehmung genutzt werden können und dies – besonders im Kontext der öffentlichkeitswirksamen Darstellung von Konflikten und ihren Folgen – in aller Regel auch werden. Gerade Satellitenbildern wird hier im Allgemeinen in Unkenntnis ihrer Genese und den davon abhängigen Aussagemöglichkeiten eine Präzision und unmittelbare Kognition der Realität unterstellt, die bei näherer Betrachtung nicht besteht. In diesem Medium ist der Weg vom Bild zur Erkenntnis ja noch voraussetzungsvoller und komplexer als bei dem einfachen Foto oder Video. Es ist daher kein Zufall, dass größere Nachrichtendienste nach Möglichkeit die Anschaffung und den Betrieb möglichst leistungsstarker Satellitensysteme anstreben und eigene Analyseeinheiten mit Experten aus allen relevanten Disziplinen zusammenstellen, die ihrerseits einer mehrjährigen Ausbildung zum Satelliten- oder Luftbildauswerter unterzogen werden. Diesem Zweig der Informationsgewinnung ist in den Streitkräften und Nachrichtendiensten eine besondere Beschaffungs- und Auswertungsdisziplin zugeordnet, die »Abbildende Aufklärung« (*Imagery Intelligence*/IMINT), und nicht umsonst sind hier die Qualitätsanforderungen an Mensch und Material besonders hoch.

Die USA leisten sich für diese Aufgabe gleich einen eigenständigen Nachrichtendienst, die National Geospatial Intelligence Agency (NGA) mit etwa 16.000 Angehörigen, und auch die Europäische Union verfügt bereits seit 2002 mit dem EU Satellite Centre (EU SATCEN) in Torrejon bei Madrid über ein Analysezentrum mit 160 Experten aus den verschiedenen Mitgliedstaaten und damit über ein qualitativ hochwertiges, wenngleich für die exponentiell wachsenden Aufgabenstellungen materiell wie personell zu knapp bemessenes Instrument. In meiner Zeit als Director EU INTCEN hatte ich von 2016 bis 2019 Gelegenheit, die vorzügliche Arbeit dieses Zentrums zu nutzen. Aber auch hier war jedoch immer wieder offensichtlich, wie sehr Satellitenbildanalyse und hochspezialisierte Kenntnisse der aufzuklärenden Sachverhalte, also das Metier von INTCEN, zwei Seiten derselben Medaille waren – und sein mussten. Die einen konnten ohne die anderen schlichtweg zu keinen validen und belastbaren Aussagen kommen. Es war seinerzeit eine der Herausforderungen für die drei Direktoren, von INTCEN, EUMS.INT und SATCEN, über leistungsstarke technische Verbindungen und personelle Verzahnung einen organisatorischen und prozeduralen Rahmen zu schaffen, der diese Fusion von Expertise ermöglichte. Aus dieser Erfahrung heraus kann ich auch aktuell nur vor dem unkritischen Konsum von in Umlauf befindlichem Satellitenbildmaterial und der undifferenzierten Annahme ihrer Beweiskraft warnen. Es sind die Produkte aus »zertifizierten« Institutionen, die in der Verantwortung gegenüber den jeweiligen Regierungen stehen, die in erster Linie den Anspruch auf Maßgeblichkeit erheben können.

Wozu eine im falschen Sinn »ergebnisorientierte« Lageberichterstattung führen kann, haben die im Frühjahr 2024 beantragten internationalen Haftbefehle gegen die politische und militärische israelische Führung beim Internationalen Strafgerichtshof gezeigt. Womit wir beim Begriff des *lawfare* wären. Hier versuchen Kriegsparteien oder auch interessierte Dritte, mit rechtlichen Mitteln einen Akteur als Kriegsverbrecher zu belangen und zu diskreditieren. Im Falle Israels hat die High Level Military Group (HLMG) am Internationalen Strafgerichtshof in Den Haag am 5. August 2024 dem Gericht eine dreizehnseitige Stellungnahme (ICC-01/18–267 05–08–2024 1/13 PT) übermittelt, die auf einer Sachstandserhebung im Juli 2024 auf Stabs- und Einsatzebene in Israel und in Gaza beruht. In recht nüchternen, aber harten Worten wird hier aus berufenem professionellem Munde die behauptete Faktengrundlage für die beim Gerichtshof beantragten Haftbefehle gegen die politische und militärische israelische Führung als unzutreffend und nicht belegbar disqualifiziert. Unter anderem darum, weil ein Völkermord als »Absicht definiert wird, eine nationale, rassische, religiöse oder ethnische Gruppe als solche ganz oder teilweise zu zerstören.« Demnach müsste dem israelischen Militär und insbesondere auch der Regierung ein auf einer erklärten Vernichtungsabsicht beruhendes zielorientiertes Vorgehen gegen die palästinensische Bevölkerung nachgewiesen werden können. Allein schon die unbestreitbare Tatsache, dass systematische summarische Flächenbombardierungen, die in anderen innerstaatlichen Konflikten wie zum Beispiel in Syrien oder auch Sudan seit Jahren gang und gäbe sind, nicht stattfinden, verdeutlicht, dass dies nicht der Fall ist. Mit derartigen Kriegshandlungen wären in kürzester Zeit Hundertausende Menschen zu Tode gekommen und eine fürchterliche »Friedhofsruhe« eingekehrt. Wenig rühmlich ist es auch, dass Berichterstatter der UN über Monate hinweg vor unmittelbar bevorstehenden epischen Hungersnöten und Seuchen warnen, die eben auch »genozidale« – maßgeblich von Israel verursachte – Konsequenzen für die Bevölkerung in Gaza hätten. Das international als maßgebliche Referenz zurate gezogene Expertengremium »Integrated Food Security Phase Classification (IPC)« stellte hierzu am 25. Juni 2024 fest: »The available evidence does not indicate that famine is currently occurring.« Man habe, so das IPC, zu sehr auf der Grundlage von Annahmen und Schlussfolgerungen arbeiten müssen, da die anhaltenden Kampfhandlungen keinen ausreichenden Zugang nach Gaza ermöglich hätten. An einer klaren genozidalen Intention gegenüber »den Juden« lässt umgekehrt wiederum leider nicht nur die Gründungscharta der Hamas von 1988 zusammen mit einer konsistenten öffentlichen Kommunikation keinen Zweifel, und neben den Worten sprechen die Untaten des 7. Oktober 2023 ebenso wie der über Jahre betriebene Raketenkrieg wie die verübten Bombenanschläge gegen zivile Ziele ohnehin für sich.

Die Wellen des *information warfare* und *lawfare* schlagen nicht zufällig bis nach Europa. Sie sollen ja gerade dort auch ankommen. Die Desinformationspolitik und Propaganda der Hamas funktioniert viel zu gut – dank der verbreiteten Unfähigkeit oder Unwilligkeit ihrer Adressaten zur angemessenen und differenzierten Realitätswahrnehmung. Der Konflikt mit der Hamas und ihren Verbündeten mit ihren massiv aufgebauten Befähigungen zu global angelegter Desinformation ist zu einem sehr ernst zu nehmenden *information warfare* geworden. Er korreliert mit der grundsätzlichen Herausforderung des Westens durch die von Moskau und Peking betriebene hybride Kriegführung. Die zentrale Aufgabe der Nachrichtendienste in der westlichen Welt ist es hier, in größtmöglicher Neutralität und sachlicher Vertiefung die Lageentwicklung zu verfolgen und dabei die Akteure auf allen Seiten in ihren Befähigungen und Absichten zu identifizieren und zu bewerten. Damit lässt sich auf eine fakten- und evidenzbasierte Wahrnehmung des Konflikts hinwirken. Zuerst bei den eigenen Regierungen, dann aber auch – so bleibt zu hoffen – in der Öffentlichkeit. Es lohnt sich, in diesem Kontext auch einmal etwas sehr Grundsätzliches in Erinnerung zu rufen: Eine kritische, methodisch hinterfragende Geisteshaltung entspricht elementaren Errungenschaften der europäischen Aufklärung, auf die es hier unter Berufung auf René Descartes (1596–1650) nachdrücklich hinzuweisen gilt: »Halte nichts für wahr, was in Zweifel gezogen werden kann. Zerlege schwierige Probleme in Teilprobleme; beginne beim Einfachen und schreite zum Schwierigen fort; prüfe, ob die Untersuchung vollständig ist.« Die kognitiven Prinzipien der Aufklärung sind in Wissenschaft und Technik die Grundlagen für die Erfolgsgeschichte des europäischen Kontinents, später der westlichen Welt, bis hin zu Raumfahrt, Atomphysik, Quantum Computing und Spitzenleistungen in der Medizin.

Für unsere Zukunftsfähigkeit wird es essenziell sein, dass wir uns den postfaktischen Attituden in der öffentlichen, bekanntlich auch politisch relevanten Meinungsbildung so klar und nachhaltig wie möglich entgegenstellen und diese nicht noch mit unüberlegter Verbreitung und Kommentierung ungeprüfter Sachaussagen und Meinungen fördern. Eine der vornehmsten Aufgaben nicht nur der Wissenschaft, sondern auch der nachrichtendienstlichen Analyse ist es, der jeweils fassbaren Realität so nahe wie möglich zu kommen, insbesondere aber auch Entscheidungsträgern zu vermitteln, welche Lageelemente bekannt und belastbar sind und welche nicht. Im politischen Leben müssen ihnen valide Aussagen zur lagebedingten eigenen Handlungssicherheit und Unsicherheit an die Hand gegeben werden, und sei es nur, dass sie sich in öffentlichen Kommentaren nicht selbst desavouieren. Im Falle der Explosion vor dem Al-Ahli-Krankenhauses wird es mithin ein Gebot der Professionalität von Nachrichtendiensten gewesen sein, intern mit aller Deutlichkeit darauf hinzuweisen, dass die jeweils aktuellen Sachverhaltsdarstellungen und Schuldzuweisungen in keiner Weise belegt waren. Dem hätte dann allerdings eine ebenso klare öffentliche Zurückweisung folgen müssen. Wer der Desinformation sowohl intern als auch im öffentlichen Raum nicht sachkundig und insbesondere autoritativ begegnet, lässt gefährlichen Perzeptionen Raum. Auch so droht Nichtwissen tödlich zu werden, insbesondere wenn es um die ungehinderte Verbreitung radikalisierender, volksverhetzender und gewaltverherrlichender Narrative geht.

9. »Das Kalifat ist die Lösung«

Noch während die Hamas in Israel mordete, nämlich am Nachmittag des 7. Oktober 2023, verteilten Angehörige des Netzwerks *al-Samidun* (die Standhaften) zur Feier der Untaten Süßigkeiten an die Passanten auf der Sonnenallee im Berliner Stadtteil Neukölln. Manch einer der zufällig Vorbeigehenden wird sich gefragt haben, was es mit diesen jungen Menschen in freudig erregter Feierstimmung auf sich hatte. Wer es wissen wollte, konnte es auf der Internetplattform der Gruppierung nachlesen: »Es lebe der Widerstand des palästinensischen Volkes!« Der terroristische Überfall der Hamas, so *al-Samidun*, stelle einen Akt des Widerstands gegen die zionistischen Unterdrücker dar. Die Handvoll palästinensischer Aktivisten auf der Sonnenallee war allerdings nur ein kleines Vorspiel. In den Tagen und Wochen nach dem Terrorangriff ließ sich eine hochemotionale propalästinensische Mobilisierung mit zunehmend islamistischer und grundsätzlicher Prägung beobachten. Sie entwickelte sich nicht nur in Deutschland, sondern auch in den meisten anderen westeuropäischen Staaten, den USA, Kanada, aber auch in Australien. Kurzum, man hatte es mit einem Phänomen zu tun, das überall dort auftauchte, wo eine größere muslimische Diaspora aus allen Teilen der Welt Teil der Gesellschaft ist. In der Bundesrepublik ist das bekanntermaßen in beinahe allen Großstädten der Fall. Bereits am 13. Oktober und dann wieder am 20. Oktober 2023 folgten Zehntausende den Aufrufen der Hamas. Israelfeindliche und Hamas-verherrlichende Sprechchöre schallten aus der Menge. Auf Arabisch wurde »Lasst die Waffen nicht fallen, lasst die Zionisten nicht laufen!« oder »Intifada bis zum Sieg!« skandiert. Innerhalb weniger Tage änderte sich danach das Narrativ: Aus anfänglichem Triumph und unverhohlener Genugtuung über die Terrorattacke vom 7. Oktober wurde das seit Jahrzehnten bekannte Opfernarrativ. Empörung über das »allein verantwortliche Israel« und seine Unterstützer im Weste wurde mit steigender Vehemenz, Radikalität und Gewaltbereitschaft zum Ausdruck gebracht.

Rasch waren die deutschen Nachrichtendienste alarmiert. Der Präsident des BND, Bruno Kahl, warnte bereits am 18. Oktober öffentlich: »Es liegt regelrecht in der Luft, dass dieser Konflikt hier in Deutschland seine Fortsetzung findet, mit ganz hässlichen Vorzeichen, teilweise aber auch eben mit ganz akuten Bedrohungen und Gewaltauswüchsen gegenüber deutschen Sicherheitskräften, gegenüber deutschen Rettungskräften, aber auch gegenüber Journalisten und Zivilisten. Sollte die Lage weiter eskalieren, droht ein Flächenbrand mit Auswirkungen, die weit über den Nahen und Mittleren Osten hinausreichen werden.« Die Hamas nehme »das eigene Volk als Geisel« und sei »der Feind Palästinas«. Der Bundesnachrichtendienst, so der Präsident, verfolge die Lage genau und versuche aufzuklären, welche Schritte die Hamas unternehme und auf welche Art Hinweise auf den Verbleib der entführten Geiseln ermittelt werden könnten. Der Präsident des Bundesamtes für Verfassungsschutz Thomas Haldenwang benannte seinerseits die antiisraelischen Proteste am 16. Oktober 2023 bei einer Anhörung im Bundestag als »empörende Szenen«. Es bestehe auch in Deutschland eine »abstrakt hohe Gefahr« für jüdische und israelische Einrichtungen und Personen.

Die rasch folgenden Verbote einiger radikaler Gruppen und die verstärkte Aufmerksamkeit der Dienste allein haben gleichwohl nicht verhindern können, dass sich ein beträchtliches Konflikt- und Gefahrenpotenzial in der Bundesrepublik entfaltet. Je länger der Krieg in Gaza samt seiner häufig polarisierenden medialen Begleitung dauert, desto mehr Menschen scheinen mit der Hamas und ihren islamistischen Vorstellungen zu sympathisieren. Allein zwischen dem 7. Oktober 2023 und Mai 2024 sind deutschlandweit fast 3000 Veranstaltungen zum Konflikt bei der Polizei angemeldet gewesen. Davon über die Hälfte in proklamierter Solidarität mit Gaza. Mittlerweile geht es bei diesen Protesten jedoch nicht mehr primär um den Nahostkonflikt. Eine in Essen ansässige Organisation mit dem Namen »Generation Islam« zum Beispiel hatte bereits auf einer Veranstaltung am 3. November 2023 Plakate mit der Forderung nach der Errichtung eines Kalifats gezeigt und hierbei durchaus den Eindruck zugelassen, dass es sich hier um einen allgemeinen Anspruch auf Systemveränderung »weltweit« handele. Die »Generation Islam« ist eine 2014 gegründete, vor allem in den sozialen Netzwerken mit hoher Reichweite präsente, mittlerweile auch – wenig überraschend – im Fokus des Verfassungsschutzes stehende Initiative, die nach eigener Darstellung aus »motivierten und entschlossenen Muslimen« besteht. Ihre Mitglieder beanspruchen, sich für die »Werte des Islam« in der muslimischen Gesellschaft allgemein, insbesondere aber unter den Muslimen in der Diaspora, einzusetzen. Zentrale Themen der im Rhein-Ruhr-Gebiet beheimateten Gruppe sind die politische und gesellschaftliche Lage der Muslime in Deutschland und anderen westlichen Ländern. Muslime werden ermutigt, sich auf ihre »islamische Identität« zu besinnen und sich nicht von »westlichen Werten« und einer »sündigen« Mehrheitsgesellschaft beeinflussen zu lassen. Ideologisch steht die Gruppierung der in Deutschland bereits seit 2003 als extremistische Gruppierung verbotenen Islamischen Befreiungspartei (*Hizb ut-Tahrir/HuT*) nahe. Das Bundesamt für Verfassungsschutz geht sogar davon aus, dass es sich dabei lediglich um eine Tarnorganisation der HuT handelt. Es gibt noch eine ganze Reihe vergleichbarer Gruppierungen, die alle eine ähnliche Ideologie vertreten. Zu bundesweiter Publizität gelangte am 27. April 2024 die Gruppierung »Muslim Interaktiv« mit einem Auftritt in Hamburg. Etwa 1100 Menschen brachten neben ihrer Solidarität mit Palästina ihre deutliche, islamistisch motivierte Ablehnung der politischen und gesellschaftlichen Verfasstheit Deutschlands zum Ausdruck. Schilder mit Aufschriften wie »Kalifat ist die Lösung« und »Nein zur Wertediktatur« waren zu sehen. Auch diese Gruppierung ist in den neuen Medien aktiv und mit jungen Vertretern im Influencer-Stil durchaus erfolgreich auf Facebook, Instagram und TikTok präsent. Die Botschaften richten sich gezielt an junge Muslime und thematisieren deren Alltagssorgen wie Diskriminierung, Schul- und Beziehungsprobleme. Hierbei wird in expliziter Abgrenzung auch zu grundgesetzlich verankerten Normen, zugleich aber auch in klarer Wiedergabe des bereits geschilderten traditionellen islamistischen Weltbildes der Vorrang der Werteentscheidungen des Qur'an als Maßstab für das eigene Verhalten postuliert. Die Identität als Muslim habe Vorrang vor jener als Deutscher, der Qur'an stehe als unmittelbare göttliche Offenbarung natürlich über dem Grundgesetz und der Rechtsordnung der Bundesrepublik. Die Muslime dürften sich von ihrer inhärent islamfeindlichen politischen und gesellschaftlichen Umgebung nicht unterkriegen lassen, sondern müssten sich stattdessen miteinander solidarisieren und geschlossen »Widerstand« leisten: »Der Islam ist die Lösung für alles. Wenn ein Kalifat kommt, habt Ihr keine Probleme mehr!«

An dieser Stelle sehe ich mich als Islamwissenschaftler in der Pflicht, etwas zum Begriff und der Geschichte des Kalifats zu sagen. Was hat es überhaupt mit diesem viel beschworenen und ebenso viel zitierten Kalifat auf sich, dessen Einführung die Lösung aller Probleme bringen soll? Der Begriff sowie die von ihm beschriebene Institution stammen aus der Frühzeit des Islam. Nach dem Tod Muhammads, der als »Gesandter Gottes« die ultimative geistliche wie weltliche Macht in Händen gehalten hatte, stellte sich mit größter Dringlichkeit die Frage der Nachfolge zumindest in der Führung des bisher geschaffenen Reichs auf der Arabischen Halbinsel. Zwei Nachfolgemodelle standen zur Disposition, eine auf Abstammung und damit verbundener Annahme einer fortdauernden »indirekten religiösen Inspiration«, einer Art »Gottesgnadentum«, beruhende politische Erbfolge oder ein in den Stammesoligarchien seit jeher übliches Wahlamt zum *Shaikh al-Shuyukh*. Da Muhammad keinen männlichen Erben hinterlassen hatte, bevorzugte die Mehrzahl der Notabeln von Mekka auch zur Wahrung ihrer eigenen Interessen einen solchermaßen von ihnen gewählten Nachfolger in der Funktion als »Stellvertreter« (*khalifa*), der das weltliche politische Erbe des Propheten, getreu der durch ihn erhaltenen göttlichen Offenbarung im Qur'an und in Anlehnung an die Lehren und Präzedenzfälle zu seinen Lebzeiten (*sunna*), verwalten und mehren sollte. Bereits von Anfang an war klar, dass Islam als *din wa daula*, Religion und Staat, konzipiert war und auch so praktiziert wurde. Das Kalifat wurde in der Folge zur Dynastie des obsiegenden mekkanischen Establishments und hatte seine Blütezeit über zwei Jahrhunderte hinweg mit Damaskus und später in Bagdad als den Hauptstädten eines Reiches, das durch die Eroberungsfeldzüge im Westen bis nach Andalusien und im Osten bis ins heutige Pakistan und Afghanistan reichte.

Wie stets in der Geschichte waren solche Weltreiche – wie bereits auch ihre Vorgänger in der Antike – nur für wenige Generationen einigermaßen effektiv zusammenzuhalten. Der durch die geografische Überdehnung bedingte politische und militärische Erosionsprozess des Vielvölkerreiches begann sowohl an der Peripherie als auch im Zentrum, sodass bereits ab dem späteren dritten islamischen Jahrhundert allenfalls noch von einer Titularherrschaft der Kalifen in Bagdad, später in Ägypten und nach 1517 in Istanbul gesprochen werden konnte. Durch die Osmanen wurde die ohnehin nur noch symbolisch bewahrte Fiktion eines Abkömmlings der Prophetengroßfamilie aufgegeben. Der osmanische, also türkische Sultan (Herrscher) übernahm auch die Funktion des Kalifen und damit des religiösen Führers des islamischen Weltreichs. Immerhin wurde diese formale Einheit von »Thron und Altar« bis zum Ende des Ersten Weltkriegs aufrechterhalten, nicht jedoch ihre ursprünglich intendierte Substanz und Wirkungsmacht, die schließlich mit dem Zerfall und Niedergang des Osmanischen Reichs endgültig dahinging. Die gesetzliche Abschaffung des schon lange abgewirtschafteten Kalifats war hier nur noch die förmliche Bestätigung einer längst eingetretenen Realität. Die Kalifatsidee verschwand so erst einmal in der Versenkung islamischer Theologie und Rechtswissenschaft. Dort allerdings entfaltete sie ab 1953 eine gewisse dogmatische und politische Renaissance mit der Gründung der Islamischen Befreiungspartei (*Hizb ut-Tahrir al-Islami*) durch den palästinensischen islamischen Religionsgelehrten Taqī al-Dīn al-Nabhānī im damals noch jordanisch kontrollierten Ostjerusalem. Al-Nabhanis Ideal lag in der Befreiung der islamischen Welt vom Säkularismus, der Trennung von Staat und Religion. Beides gehöre zwingend zusammen: »*al-Islam din wa daula*«. Seine Lehren veröffentlichte er im Gründungsjahr seiner Bewegung in einem Buch »Die

Lebensordnung des Islam« (»*Nizam al-Islam*«). Die dort präsentierten, weitgehend aus den klassischen staatsrechtlichen Texten der klassischen islamischen Ära abgeleiteten Grundsätze lassen an Eindeutigkeit und frühislamischer Ausprägung wenig vermissen. Der Souverän ist nicht das Volk, sondern das islamische Recht als Emanation des ewigen göttlichen Willens. Der auf Lebenszeit bestimmte Kalif ist der alleinige Sachwalter der Interessen der Staatsbürger, muss hierbei jedoch die Bestimmungen der *Shari'a* einhalten. Apostasie (*ridda*), also Abfall vom Glauben, wird mit dem Tod bestraft. Arabisch ist als Sprache der göttlichen Offenbarung notwendig auch die Amtssprache des Kalifats. Die politische Willensbildung und Ausgestaltung des Staates wird durch einen Rat der *Umma* (Volksgemeinschaft) wahrgenommen. Der *Jihad* gegen Israel als illegitime nichtmuslimische Entität im *Dar al-Islam* ist prioritärer Kernauftrag des Kalifats. Natürlich gibt es noch weitere Regeln, gerade auch in der Ausgestaltung des gesellschaftlichen Lebens gemäß einem traditionellen Verständnis der *Shari'a*, doch diese Grundsätze geben bereits eine gute Vorstellung davon, worum es geht. In den Grundzügen sprechen sie damit durchaus bis heute bestehende – wenngleich nicht notwendig mehrheitlich vertretene – gesellschaftliche und politische Ordnungsvorstellungen in muslimischen Milieus an. Der Trend zur »Re-Islamisierung«, also zur Betonung traditioneller Formen und Wertevorstellungen muslimischer Lebensweise, ist seit Jahren sowohl in der Region wie in der Diaspora durchaus erkennbar und ist bereits vielfach wissenschaftlich beschrieben worden. Häufig wird dabei in Bezug auf die weltweit präsenten »Expat-Communitys« festgestellt, dass der Fremdheitsdiskurs in der jeweiligen Mehrheitsgesellschaft bei einem Teil der jungen Zuwanderer eine Hinwendung zu islamistischem Gedankengut und den entsprechenden Gruppierungen hervorrufe. In dieser Konstellation sei die Hinwendung zum Islam meist keine Rückbesinnung auf die religiösen Traditionen der Eltern, sondern eine Neuaneignung ohne allzu vertiefte Befassung mit den Quellen, um aus dem Islam Ressourcen für die Alltagsbewältigung in einem eher abweisenden Umfeld zu gewinnen. Besonders salafistische Strömungen des Islam geben hier dem möglicherweise Ausgegrenzten die Chance, sich vom Opfer zum Überlegenen umzudefinieren: »*Antum khaira ummatin*« – »Ihr seid die beste Gemeinschaft, die auf Erden geschaffen worden ist«.

Erwartungsgemäß wurde die *Hizb ut-Tahrir* (HuT) in allen Regionalstaaten mit muslimischer Mehrheitsbevölkerung, deren jeweiligen Regimen sie ja jede Legitimität und damit Existenzgrundlage absprach, rasch verboten und in den Untergrund gedrängt, von wo aus sie jedoch über die Jahrzehnte erfolgreich überwiegend konspirativ arbeitende Strukturen in weltweit über 40 Staaten bilden konnten. Damit schließt sich im Prinzip der Kreis zur heutigen Situation auch in den Ländern mit muslimischer Diaspora. Nach 9/11 geriet die HuT aufgrund ihrer radikalen antiwestlichen Ideologie und subversiven Strukturen verstärkt ins Visier der Sicherheitsbehörden und wurde 2003 mit einem Betätigungsverbot aufgrund verfassungswidriger Bestrebungen belegt. Mit den heutigen modernen Mitteln der grenzenlosen Kommunikation kann dies allerdings leicht umgangen werden.

Es wäre nun ein gefährliches Missverständnis, die Kalifatsvorstellungen der *Hizb ut-Tahrir* als irrelevante Spinnerei abzutun. Die Wunschvorstellung einer Rückkehr zum Kalifat als »Lösung aller Probleme« ist heute eher populärer geworden. Dass diese Form der politischen Regression im Übrigen kein kulturbedingter Sonderfall ist, zeigt bereits ein kurzer Hinweis auf die deutsche jüngere Geschichte. Historische wie auch politisch-psychologische Parallelen der Kalifatsidee lassen sich so unschwer zur »Reichsidee« ziehen, die bekanntlich im Deutschland des 19. Jahrhunderts eine bedeutende Rolle als politische Projektionsfläche gespielt und neuerdings wieder eine eher verstörende Renaissance erfahren hat. Auch das »Heilige Römische Reich Deutscher Nation« war schon lange vor seiner Abschaffung 1806 politisch obsolet geworden, hatte jedoch als Fiktion die weltanschaulich-politische Diskussion des 19. Jahrhunderts bis hin zur umstrittenen, von Bismarck betriebenen »kleindeutschen« Reichsgründung von 1871 geprägt. Spätestens seit den 1980er-Jahren, insbesondere jedoch in den letzten beiden Dekaden hat die »Reichsidee« als Projektionsfläche und extremistische Handlungsmotivation wieder eine Renaissance erfahren, die selbst die Verfassungsschutz- und Sicherheitsbehörden in Bund und Ländern beschäftigt, zum Teil auch – wie in Form der Umsturzideen eines Prinzen Reuß und seiner Gefolgschaft – in Atem hält. Insoweit besteht kein Anlass, die Sehnsucht nach einem Kalifat als ein besonderes Spezifikum der islamischen Welt zu betrachten oder gar zu belächeln. Kollektive Projektionen sind ein sozialpsychologisches Phänomen von erheblicher politischer Wirkungsmacht, das es in seiner Problematik ernst zu nehmen gilt.

Ist das Kalifat von Berlin bis zur Rhein-Ruhr-Region also wirklich »die Lösung«? Nein, aber es ist eine Projektionsfläche politischer Sehnsüchte. Wie das »Reich« verspricht so auch das »Kalifat« seinen Jüngern Identität, Authentizität, Macht und Selbstbehauptung gegen eine »Welt von Feinden«. So kommt es, dass die Metapher »Kalifat« mehr denn je zu einem – meist vulgarisierten – politischen Kampfbegriff geworden ist in der Auseinandersetzung mit einem Umfeld, das als ebenso »feindlich« wie gleichzeitig normativ und gesellschaftlich »unterlegen« wahrgenommen wird. Vor diesem Hintergrund darf die politische Herausforderung nicht übersehen werden, die zunehmende islamistisch formulierte Suprematie-Vorstellungen für ein Zusammenleben in gegenseitiger Achtung und Gewaltfreiheit darstellen können. Dies ist bekanntlich kein deutsches Sonderproblem, sondern ein Phänomen, das sich in vielen Gesellschaften mit starken muslimischen Bevölkerungsanteilen, von den USA und Kanada über Großbritannien, die skandinavischen Staaten bis hin zu Frankreich und Belgien, zunehmend manifestiert. Die verbreiteten Vorstellungen, man werde den dekadenten Westen allein schon qua Geburtenüberschuss in wenigen Jahren überwunden haben, um dann der gottgewollten Ordnung »weltweit« zu ihrem Recht zu verhelfen, mögen als illusorisch, töricht, präpotent belächelt und disqualifiziert werden. Entscheidend wird jedoch sein, ob und in welchem Maße sie im Kollektiv wirkungsmächtig und handlungsrelevant werden.

Die Kalifatsidee wird heutzutage vielfach in den sozialen Medien verbreitet. Damit ist die Gefahr einer eigendynamischen breiteren Radikalisierung ihrer Anhänger und Sympathisanten gestiegen. Spätestens seit dem Aufkommen des »Islamischen Staates« (IS/*Daesh*) nach 2013 musste sich das Augenmerk nahezu aller Dienste und Sicherheitsbehörden weltweit immer mehr auf die exponentiell wachsenden Radikalisierungspotenziale im dramatisch expandierenden *World Wide Web* richten. Die entscheidenden mentalen Schritte hin zur tödlichen Gewalt und ihrer Legitimation werden inzwischen überwiegend im virtuellen Raum vorbereitet, eingeleitet und vollzogen. Der Übergang vom eher spielerischen, unbedachten, jugendlich-explorativen Umgang mit extremistischen oder gewaltverherrlichenden Inhalten hin zur deren Rezeption und schließlich sogar deren Umsetzung vollzieht sich häufig eher unbemerkt. Dies gilt natürlich keineswegs nur für islamistisch motivierte Taten, sondern für alle Formen von Gewalt und Kriminalität, allein aufgrund der nunmehr schon banalen Realität, dass sich modernes Leben in all seinen Dimensionen eben zunehmend im *World Wide Web* abspielt. Entscheidende biografische Weichenstellungen werden in den heranwachsenden Generationen der *digital natives* in den sozialen Medien getroffen und implementiert. Dem ist zwingend durch Nachrichtendienste und Sicherheitsbehörden Rechnung zu tragen. »*Policing the Internet*« ist zu einer entscheidenden Dimension bei der Wahrung von Sicherheit und Ordnung im öffentlichen Raum und insbesondere bei Prävention und Gefahrenabwehr geworden und wird es in dem Maße weiter werden, wie sich das gesellschaftliche Leben »virtualisiert«. Es bedarf hier eines spezifischen Instrumentariums und einer stets zu adaptierenden Methodik in der Aufklärung internetbasierter Kommunikation, um diese zunächst unscheinbaren Akteure rechtzeitig zu erkennen, zu identifizieren und deren Absichten bis hin zu Vorbereitungshandlungen zu erfassen. Aufsehenerregende Fälle wie jener des 19-jährigen mutmaßlichen Planers eines Terroranschlags auf die Taylor-Swift-Konzerte in Wien vom 8. bis 10. August, nach Aussage seiner Anwältin »wie ein Kind, unreif und ahnungslos«, und seines gleichermaßen juvenilen Umfelds, oder aber jener der im Frühjahr 2024 verhafteten noch minderjährigen Tatverdächtigen aus Nordrhein-Westfalen und Baden-Württemberg, die sich dem »Islamischen Staat« anschließen wollten und in diesem Zusammenhang auch schon konkrete Gewalttaten ins Auge gefasst hatten, deuten auf einen sich nunmehr bereits in der TikTok-Generation entwickelnden Täterkreis hin. In gleicher Weise hat sich eine virtuelle islamistische Dimension für das dramatische Messerattentat von Solingen am 23. August 2024 samt »Videobeweisen« von Daesh herausgestellt. Der Täter stand also offensichtlich im Kontakt mit dem »Islamischen Staat«. Für die jeweiligen Ermittlungsergebnisse entscheidend war in all diesen Fällen der Zugang zu den entsprechenden Chat-Gruppen, ein Operationsfeld, in dem zumindest in Deutschland erhebliche technische und insbesondere rechtliche Hürden bestehen. Hier sind gerade auch die Gesetzgeber im Bereich der Quellen- Telekommunikationsüberwachung und Online-Durchsuchung gefordert, um eine effektive Lösung unter bestmöglicher Wahrung von Grundrechten zu ermöglichen. Ohne eine wirksame Befähigung der Behörden und Dienste zur breit angelegten Erfassung und Sichtung von Kommunikation, werden diese auch weiterhin im Dunkeln tappen und auf Hinweise von potenteren beziehungsweise rechtlich besser aufgestellten ausländischen Diensten hoffen müssen. Das Wort von der »Scheinheiligkeit deutscher Terrorismusabwehr« hat hier nicht ohne Grund inzwischen auch in den progressiveren Medien Einzug gehalten, ebenso wie die Forderung nach einer »Zeitenwende in der inneren Sicherheit«. Erste, in wahlkampfbedingter Eile aktuell zusammengestellte gesetzgeberische Initiativen werden eine grundsätzliche Neubewertung der rechtlichen Rahmenbedingungen und Mandatierungen für die Dienste allerdings nicht ersetzen können.

Auch im Bereich der Sicherheit ist die Kompetenz zu globalem Denken und Handeln im Internet eine Grundvoraussetzung für Erfolg. Erforderlich wird es allerdings auch sein, den Sicherheitsbehörden im Kampf gegen den Terrorismus, aber auch gegen Sabotage und organisierte Kriminalität den Einsatz KI-unterstützter Programme zur Gesichtserkennung zu ermöglichen. Fotos und Videos von Verdächtigen sollten hierbei mit Bildern in den sozialen Netzwerken abgeglichen werden können. Auf diese Weise könnten Verdächtige identifiziert, Kontaktpersonen erkannt, Reisen nachvollzogen und flüchtende Täter schneller ausfindig gemacht werden. Ein manueller Bildabgleich reicht hier angesichts der Informationsflut im Netz in keiner Weise aus. »*Policing the Internet*« ist keine Leerformel, sondern muss mit Instrumenten ausgestattet werden, die der Operationsumgebung angemessen sind. Das Phänomen, dass zivilgesellschaftliche Akteure einen erheblichen qualitativen Vorsprung in der Nutzung des Internets vor den Behörden und Diensten haben, zeigt, dass es mit der vielbeschworenen Wehrhaftigkeit der Demokratie in den Feldern von Sicherheit und Gefahrenabwehr immer noch nicht sonderlich gut bestellt ist. Auch die im November 2024 verbotene Gruppierung *Samidun* ist – wie viele andere auch – weiterhin auf den entsprechenden Plattformen im Internet aktiv. Ein Verbot allein nützt meistens wenig, wenn es nicht auch umgesetzt und kontrolliert wird. Für die rechtzeitige Erkennung von Gefahrenpotenzialen anderer Art gilt Ähnliches.

Der Konflikt zwischen Israel und der Hamas hat sich gesellschaftlich in der Bundesrepublik wie auch in anderen westlichen Staaten wie ein »Brandbeschleuniger« ausgewirkt. Auf dem Symposium des Bundesamtes für Verfassungsschutz im April 2024 bemerkte die Islamismus-Expertin Nina Dierks, dass sich rückblickend eine »überraschende Zäsur« feststellen ließe: Besonders unerwartet sei in den vergangenen Monaten gewesen, wie andere islamistische Gruppierungen den Gaza-Konflikt instrumentalisiert und in einer grundsätzlichen Deutung nach Deutschland mit einem Opfernarrativ getragen hätten, dem zufolge die Bundesrepublik keinen Platz für Muslime biete: »Die proisraelische Haltung der Bundesregierung wurde benutzt als Beleg dafür, dass Rassismus und Hetze gegen Muslime allgegenwärtig seien und man sich dagegen abgrenzen müsse.« Darüber hinaus hätten allerdings auch säkulare palästinensische, links- und rechtsextreme Gruppierungen den antisemitischen Extremismus bedient. Eine Bedrohung der inneren Sicherheit ergebe sich hier aus verschiedenen Richtungen. Große Sorge bereiteten die Medienpräsenz des Konflikts (im Sinne des bereits beschriebenen *information warfare*), bundesweite Demonstrationen mit teils »aufrührerischem« Charakter und die Bildung einer antisemitischen Querfront von islamistisch, links- bis rechtsextrem.

Die Wunden, die der Konflikt mit Hamas gerissen hat, werden noch lange offen bleiben. Die Traumata des Krieges werden sich immer wieder als zusätzlicher Ansatzpunkt und emotional wirkungsmächtige Referenz für die Mobilisierung islamistischer Protesthaltungen, gesellschaftlicher und politischer Abwendung bis hin zur gewaltsamen Bekämpfung des jeweils islamfeindlich perzipierten Umfelds eignen. Allein im vergangenen Jahr – 2023 – gab es 5.164 Straftaten mit antisemitischem Hintergrund, davon eben 148 Gewalttaten, 90 Prozent davon Körperverletzungsdelikte. »Wir haben in einem nicht da gewesenen Ausmaß seit Ende des Zweiten Weltkriegs Antisemitismus in Deutschland wahrzunehmen«, betonte Verfassungsschutz-Präsident Haldenwang in einem Interview mit dem ZDF-Magazin »frontal« im Juli 2024. Dass dieser Trend ungebrochen ist, zeigen die erneut euphorischen Reaktionen in den einschlägigen Milieus auf den iranischen Raketenbeschuss Israels vom 1. Oktober.

In Großbritannien und den USA sind ähnliche Tendenzen zu beobachten. In diesem Zusammenhang hat Anfang August 2024 Avril Haines, als *Director National Intelligence* (DNI), Spitzenbeamtin der riesigen *US Intelligence Community*, eine bemerkenswerte, wenngleich für Beobachter der Szene nicht wirklich überraschende Feststellung geäußert. Ihren Erkenntnissen zufolge seien die aktuellen Proteste nachweislich durch die iranische Regierung, abgedeckt durch Avatare und Influencer in sozialen Netzwerken, unterstützt und angefacht worden, um die Lage im Vorfeld der US-Präsidentschaftswahlen zu eskalieren und das Vertrauen in demokratische Prozesse im Land zu unterminieren. Neben dem Iran hätten bekanntlich auch Russland und China ihre Fähigkeiten zum Einsatz von Bots und Netzwerken von falschen Social Media Accounts deutlich verbessert und nutzten vorzugsweise bestehende Spannungen und innere Konflikte zur Unterminierung von sozialem Frieden und Stabilität aus. Die jüngsten öffentlich präsentierten Erkenntnisse der Nachrichtendienste zur systematisch angelegten russischen Desinformationskampagne, gerade auch gegen eine als schwach und anfällig für Zukunftsangst und Spaltung perzipierte deutsche Gesellschaft, fügen sich hier nur zu gut in ein alarmierendes Bild ein.

Auch islamistische Agitation wird hier als nützlicher und machtvoller Vektor eingesetzt, in besonderem Maße von Iran, dem in dieser Hinsicht ein besonderes Augenmerk der Nachrichtendienste gilt.

10. Iran und die »Achse des Widerstands«

Im Sommer 1981 trat ich meinen Reserveoffizier-Dienst im Bundesministerium für Verteidigung erstmals als Lageoffizier für den Nahen Osten an – und geriet gleich mitten in den seit Herbst 1980 erbittert geführten Krieg zwischen Irak und Iran. Die ganze Region befand sich im Aufruhr. 1979 war Ayatollah Khomeini als Führer der islamischen Revolution aus seinem Pariser Exil in den Iran zurückgekehrt, und schon wenige Monate später machte das Unwort des »islamischen Revolutionsexports« die Runde auf der Arabischen Halbinsel. Im Verlauf der 1980er-Jahre dann jenes des »schiitischen Terrorismus« in Europa. Praktisch seit Beginn meiner beruflichen Beschäftigung mit der Region und ab 1990 beim Bundesnachrichtendienst habe ich so über Jahrzehnte miterleben, beobachten und analysieren können, wie das islamistische Regime des Iran seinen Einfluss in der Region ausgebaut hat. Dabei gehören die Vernichtung des im islamischen Machtbereich unter keinen Umständen zu akzeptierenden Staates Israel – und der Kampf gegen seinen Verbündeten USA – seit der Gründung der Islamischen Republik Iran 1979 zur offiziellen, religiösrechtlich begründeten und damit zeitlosen Staatsraison. Aus diesem Grund schuf Teheran bereits innerhalb weniger Jahre nach der Revolution ein zunehmend wirkungsmächtiges transnationales Geflecht radikaler Stellvertreter mit revolutionärer islamistischer Agenda und militärischen oder auch terroristischen Kapazitäten. Seit 2004 wurde dieser Verbund gleichgesinnter Kräfte und Regimes von Iran auch »Achse des Widerstandes« genannt, quasi als Gegenbegriff zur »Achse des Bösen«, den US-Präsident George W. Bush im Januar 2002 für die Ländergruppe Libanon (Hizballah), Syrien, Irak (unter Saddam Hussein) und Iran geprägt hatte. Wir haben es hier also erneut nicht mit einer sicherheitspolitischen »Eintagsfliege« zu tun, sondern um militärisch wie terroristisch hochrelevante Strukturen, die sich über Jahrzehnte entwickelt, in der Region wie auch darüber hinaus ausgebreitet und konsolidiert haben. Auch nach den seit Ende September 2024 erfolgten beispiellosen israelischen Militärschlägen gegen die Führung von Hizballah, seine Raketentruppen und grenznahen Kräfte stellen sie absehbar eine erhebliche sicherheitspolitische Herausforderung für die Region, aber ebenfalls für den Westen, Europa und Deutschland dar, die es auch mit nachrichtendienstlicher Lagefeststellung und Lagebeurteilung zu fassen gilt. Bereits ein erster Überblick auf der Grundlage offener Informationen wird dies verdeutlichen.

Vom Iran bereits seit Jahren, wenn nicht Jahrzehnten, unterstützte und beeinflusste Kräfte sind es nun auch aktuell, die über Teile des Irak und Syrien bis in den Libanon – und neuerdings auch bis in den Jemen – in ihren Aktionen gegen Israel und seine Verbündeten von Teheran koordiniert werden. Hauptakteure dieses Prozesses sind – neben den Botschaften, religiösen Stiftungen und Missionswerken – die Revolutionsgarden (*Pasdaran*), die sich das neue Regime bereits in den ersten Wochen nach der Machtergreifung 1979 zunächst zum eigenen Schutz im Inneren geschaffen hatte, jedoch spätestens seit 1980 auch für die Unterstützung revolutionärer schiitischer Kräfte in der Region einsetzte.

Aktuell stehen die *Pasdaran* und ihre Auslandsorganisation der »Al-Quds-Brigaden« als internationale Akteure im Zentrum der vom Iran ausgehenden sicherheitspolitischen Gefährdungspotenziale. Über Jahrzehnte hinweg haben sie sich unter Förderung ihres Mitbegründers und Mentors Ali Khamenei, des politischen und religiösen Führers des Iran, zu einem Staat im Staate, zum eigentlichen Machtzentrum entwickelt. Nach Umfang und Qualität ihrer Ausstattung sind sie wichtiger als die regulären Streitkräfte Irans, die im Wesentlichen auf die Territorialverteidigung hin ausgerichtet sind. Die Garden dagegen sind quasi »Schild und Schwert der Partei«, um einen Vergleich aus der sowjetischen und deutschen Geschichte zu bemühen, und sind über die Jahrzehnte ihrer Entwicklung personelles wie ideologisches Fundament des inzwischen mehr als 45 Jahre währenden Herrschaftssystem Khameneis. In dieser Zeit haben die Garden nicht nur ein militärisches und wirtschaftliches Eigenleben von besonderer Resilienz und Wirkungsmacht entwickelt, sie pflegen auch ein eigenes elitäres, stark religiös geprägtes Selbstverständnis, das sie von der übrigen Gesellschaft entfremdet.

Bezeichnend hierfür ist, dass seit etwa 2009 Beobachter zunehmend Spannungen zwischen der traditionellen, über ihre landesweiten geistlichen Netzwerke mit den Sorgen und Nöten der Menschen wohl vertrauten Elite schiitischer Gelehrsamkeit, den Ayatollahs in der heiligen Stadt Qom, und dem theologisch nicht fundierten, dafür aber umso wirksameren Personenkult der Revolutionsgarden und niederen Kleriker um den »islamischen Führer« Khamenei feststellen. Man sollte nicht vergessen, dass auch Khamenei selbst, im Gegensatz zu Khomeini, nie dem Kreis der führenden Theologen, der Ayatollahs, angehört hatte, sondern seinerseits stets ein Kleriker minderen Grades war, der nur den

Ehrentitel Ayatollah erhalten hatte, weil er politisch auf Khomeini gefolgt war. Khameneis Macht beruht damals wie heute auf den Revolutionsgarden und deren Unterwanderung des ganzen Systems. Die Weltsicht der *Pasdaran* – und damit auch die der iranischen Führung um Khamenei – ist stark eschatologisch, also endzeitlich geprägt, in der Erwartung der Rückkehr des zwölften schiitischen Imam als der unmittelbaren Emanation des ewigen göttlichen Willens und damit als ultimativer Weltenherrscher. In diesem Sinne werden die Angehörigen der Garden systematisch zu einem elitären besonderen Sendungsbewusstsein und Märtyrergeist erzogen.

Die *al-Quds* Forces operieren im Ausland. Es handelt sich um Spezialkräfte, die sich auch geheimdienstlicher Mittel bedienen und neben der paramilitärischen Ausbildung Verbündeter – wie der Hamas, der Hizballah und der Huthis – auch direkt in Terroranschläge verwickelt sind. Über die *al-Quds* Forces üben die *Pasdaran* im Namen und unmittelbaren Auftrag von Khamenei Einfluss auf die Verbündeten in der Region aus. Mit *al-Quds*, die Heilige, wird im muslimischen Sprachgebrauch die Stadt Jerusalem bezeichnet. Mohammed, so die Legende, sei von Mekka nach Jerusalem entrückt worden und vom Felsen auf dem Tempelberg in den Himmel aufgestiegen, wo er das Gebot der fünf täglichen Gebete empfangen habe. Ein solcher Ort kann in dieser Vorstellungswelt unter keinen Umständen unter nichtmuslimischer Herrschaft stehen, und so wird auch von Khomeini und seinen Nachfolgern das Ziel einer »Befreiung« der drittheiligsten Stätte des Islam von der Besetzung durch Ungläubige, mithin die Zerstörung des Staates Israel, als ultimatives, gottgewolltes Hochziel klar vorgegeben. Dass es sich dabei nicht nur um Träumerei oder schiere Propaganda handelt, hat die über Jahrzehnte konsequent verfolgte militärische Unterstützung auch sunnitischer palästinensischer Gruppen durch die *Quds*-Brigaden, an erster Stelle Hamas, zuvor aber auch bereits seit 1990 des Palästinensischen Islamischen Jihad (PIJ) oder aber der Volksfront für die Befreiung Palästinas – Generalkommando (PFLP-GC) bewiesen. Auch die Ertüchtigung von Hamas und PIJ in Gaza zwischen 2014 und 2024 wäre ohne die ebenso diskrete wie massive iranische Ausrüstungs- und Ausbildungshilfe nicht in dem am 7. Oktober und danach zu beobachtenden Maße und Umfang gelungen.

Die Hamas hat sich zwar mit dem verheerenden Angriff des 7. Oktober 2023 auf traurige Weise hervorgetan, doch die wichtigste mit dem Iran verbundene Miliz in der Region ist die libanesische Hizballah. Sie ist – wie gerade die massiven israelischen Schläge im September und Oktober 2024 in erneuter Eindringlichkeit belegen – zumindest willens und in der Lage gewesen, Israel ernsthaft zu bedrohen und in einen langen, verlustreichen Krieg zu verwickeln. Die islamischen Revolutionsgarden hatten schon 1980 und 1981 erste operative terroristische Kapazitäten im Libanon aufgebaut, die sie vornehmlich aus der schiitischen Jugend rekrutierten und die sich bereits beim Angriff der israelischen Streitkräfte im Sommer 1982 als opferbereite Selbstmordkräfte hervortaten. Die iranische Botschaft in Beirut entwickelte sich hier mit einem Vertreter der *Pasdaran* zu einem wichtigen logistischen und operativen Zentrum für eine erste Generation junger Schiiten aus Südlibanon und der Bekaa-Ebene. Diese waren meist zuvor schon durch die seit 1972 in Südlibanon dominante PLO ausgebildet worden und wurden nunmehr angesichts ihrer Zuwendung zum revolutionären Iran im Volksmund »Lebanese Pasdaran« genannt. Parallel dazu schufen in den Jahren 1983 und 1984 junge, in den renommierten theologischen Akademien (*hawzat*) im Irak

(Najaf) und Iran (Qom) ausgebildete schiitische Schriftgelehrte nach dem Modell der iranischen *Jamiah-yi Ruhaniyat-i Mubariz*, der »Gemeinschaft des kämpfenden Klerus«, die »Partei Gottes«, die *Hizballah* als eine der Ideologie Khomeinis ausdrücklich verpflichtete politisch-militante Kraft, die erstmals 1984 mit einem politischen Manifest in Libanon in Erscheinung trat und sich zunächst in Baalbek, einer kleinen Stadt in der Bekaa-Ebene, niederließ, um von dort aus schrittweise ihren religiösen, politischen, aber auch militärischen Einfluss als Widerstandsorganisation gegen die israelische Besatzung im gesamten schiitischen Milieu Libanons auszubauen.

In blutigen Auseinandersetzungen mit anderen libanesischen Bürgerkriegsmilizen hat sich die Hizballah bis zum Ende des Bürgerkriegs 1990 schließlich als maßgeblicher und militärisch am besten ausgestatteter Akteur mit engsten, auch sehr persönlichen Verbindungen zur herrschenden Pasdaran-Elite der Islamischen Republik Iran bis hinauf zum Islamischen Führer Khamenei etabliert. Die Hizballah ist die einzige Miliz, deren im Friedensvertrag von Taef (1989) vorgesehene Entwaffnung trotz vielfältiger Forderungen bis heute vertagt wurde. Die Macht, die aus den Gewehrläufen kommt, war hier bereits zu groß geworden. Die Hizballah ist über die Jahre, auch nach den herben Verlusten des Juni-Kriegs von 2006, vom Iran zur stärksten paramilitärischen Kraft in der Region und zum gefährlichen unmittelbaren Kriegsgegner Israels aufgebaut und ausgerüstet worden. Transnationale logistische wie terroristisch im Interesse des Iran nutzbare Netzwerke und Präsenzen sind über die Jahre in Europa ebenso zutage getreten wie in Lateinamerika, Kanada, den USA und in Australien. Im Zusammenwirken mit den *al-Quds* Forces konnte sich die Hizballah in den Jahren des 2010 ausgebrochenen syrischen Bürgerkriegs in den südöstlichen Grenzregionen zwischen Libanon und Syrien wie auch entlang der Grenzlinien zu Israel und Jordanien festsetzen und ein Netz von logistischen und militärischen Stützpunkten aufbauen. Seit spätestens 2017 sind angesichts dieser Entwicklung immer wieder israelische Luftangriffe auf Pasdaran- und Hizballah-Stellungen festzustellen, die sich gegen eine strategisch relevante Präsenz in ostwärtiger Verlängerung der »Blue Line« zwischen Libanon und Israel bis auf den Golan und das Dreiländereck mit Jordanien richteten. Die Topografie der Gebirge an den Jordanquellen stellt einen traditionellen neuralgischen Punkt in der Abwehr von Drogenschmuggel, aber auch – mindestens so wichtig – der Schleusung von militanten und subversiven Kräften nach Jordanien dar. Über Jahre wurde die Hizballah, fast vergleichbar mit der disproportionalen nordkoreanischen militärischen Drohkulisse an der Waffenstillstandslinie zu Südkorea, als eine ganz erhebliche militärische Bedrohung Israels perzipiert, die militärisch nur mit massivem Einsatz von Kräften bis tief ins Hinterland zu bekämpfen wäre. Hizballah stand in dem Ruf, über zielgenaue Flugkörper aus iranischer Produktion zu verfügen, die bis in die Tiefe Israels, einschließlich Tel Avivs und des Negev, reichten. Ein umfassender Krieg gegen den in den Bergen tief eingebunkerten Gegner würde aller Voraussicht nach schwere Verluste mit sich bringen, nicht zuletzt, da die Qualität israelischer Streitkräfte und insbesondere ihrer Raketenabwehrsysteme durch die überwältigende quantitative Überlegenheit des Hizballah zur Verfügung stehenden Arsenals weitgehend kompensiert werden könnte. Mit einem präzedenzlosen massiven Präemptivschlag seiner Luftstreitkräfte am 25. August 2024, gefolgt von weiteren bis tief in die Bekaa-Ebene, nach West-Syrien, den Großraum Damaskus und den Verbindungslinien in den Irak reichenden Angriffen im Laufe des September, hat Israel dieser Bedrohung die Spitze zu nehmen versucht, vermutlich mit einem beachtlichen, wahrscheinlich jedoch noch nicht abschließenden Erfolg. Davon abgesehen sähen sich die israelischen Landstreitkräfte im umfassenden Konfliktfall auch mit einer kampferprobten, asymmetrisch vorgehenden und opferbereiten Miliz konfrontiert, die im Zusammenwirken mit der eigenen Raketenartillerie erhebliche Zerstörungen zumindest im erweiterten israelischen Grenzraum anrichten könnte. Der Hamas-Überfall vom 7. Oktober wäre nach dem Urteil zahlreicher Beobachter im Vergleich dazu nur ein Vorspiel gewesen. In diesem Zusammenhang ist auch die bereits beschriebene, dem Mossad wohl zu Recht zuzuschreibende Operation vom 17. und 18. September 2024 zu sehen, bei der bis zu 3.000 Kader von Hizballah durch mit Sprengstoff präparierte, zentral angesteuerte Pager und Funkgeräte außer Gefecht gesetzt worden sind. Parallel zu den anhaltenden massiven Luftschlägen sollte hier wohl eine Dezimierung der feindlichen Kräfte im Vorfeld einer großen bewaffneten Auseinandersetzung erreicht werden. Dem gleichen Zweck diente der Enthauptungsschlag gegen die Radwan-Elitekräfte vom 20. September durch einen gezielten Luftangriff auf ein Gebäude in Beirut und die Zerstörung des Hizballah-Führungsbunkers und Tötung von Generalsekretär Nasrallah in Beirut am 27. September. Die aktuelle massive militärische Kampagne gegen die Hizballah und ihre Infrastruktur in weiten Teilen des Libanon und im Westen Syriens wird weitere schwere Schäden in operativer Führungsfähigkeit und logistischer Resilienz anrichten. Ob auf diese Weise auch die in Grenznähe eingesetzten Kräfte auf Dauer mit Waffenwirkung verdrängt werden können, bleibt zumindest ungewiss. Klar ist jedoch, dass Israel die seit Oktober 2023 anhaltende Evakuierung seiner Bevölkerung aus dem Norden des Landes auf Dauer nicht mehr tolerieren kann und will. Ohne einen vermittelten tragfähigen Kompromiss treibt die Lage hier einer unumkehrbaren militärischen Eskalation mit nur schwer abzuschätzenden und einzuhegenden Konsequenzen zu.

Irans geopolitischer Einfluss beschränkt sich jedoch keineswegs auf den Libanon und auf Syrien. Der von den USA im Jahr 2003 herbeigeführte Sturz des Regimes von Saddam Hussein öffnete für Teheran ein weiteres Aktionsfeld im Aufbau und in der Unterstützung von Milizen aus der bislang von Saddam brutal unterdrückten schiitischen Mehrheitsbevölkerung in der Mitte und im Süden des Landes. Nach dem Sturz von Saddams Baath-Regime im Frühjahr 2003 und der Überantwortung der Macht in Bagdad an eine erste Interimsregierung unter eher gemäßigter schiitischer Führung im Jahr 2004 gab es für eine massive iranisch-schiitische Einflussnahme allenfalls noch die Einschränkungen, die sich aus den ethnolinguistischen Animositäten zwischen Iran und Irak ergaben. In den Amtszeiten des schiitischen irakischen Premierministers Nuri al-Maliki von 2006 bis 2018 war so trotz der noch bestehenden militärischen US-Präsenzen der iranischen Subversion nahezu Tür und Tor geöffnet, nicht zuletzt aufgrund der Tatsache, dass al-Maliki auch schon vor 2003 führendes Mitglied der von Iran massiv unterstützten Untergrundpartei »Al-Dawa« gewesen war. Hier wuchs mithin im irakischen schiitischen Milieu des Zentral- und Südirak zusammen, was zusammengehörte. Nicht ohne eine gewisse Schadenfreude erklärte einmal der Vorsitzende des Auswärtigen Ausschusses des iranischen Parlaments, Ala'uddin Borujerdi, einer deutschen Delegation bei einem Besuch in Teheran im Sommer 2004, dass man – aller Feindschaft ungeachtet – den großen Freundschaftsdienst hoch schätze, den Präsident Bush seinerzeit mit dem Sturz Saddam Husseins der Islamischen Republik Iran geleistet hat: »He ultimately opened for us the door to Iraq«. Vom irakisch-syrischen Grenzraum aus hat sich im Verlauf des Konflikts ein weiterer operativer Ausgangspunkt für den Beschuss von Israel mit Flugkörpern und Drohnen entwickelt. Hier ergibt sich zusätzliches Konfliktpotential mit den verbliebenen US-Truppen, das sich zwischen Oktober 2023 und Juli 2024 bereits in über 170 bewaffneten Zusammenstößen manifestiert hat. Eine unmittelbare Konfrontation zwischen den USA und Iran ist hier nur zwei Schritte entfernt.

Eine weitere Dependance iranischer militärischer Macht begegnet uns heute im Jemen. Dort hat der seit 2004 zwischen verschiedensten Fronten ausgefochtene Bürgerkrieg 2014 zur Machtübernahme der zaiditischen nordjemenitischen Stämme in Sanaa geführt, die konfessionell der Islamischen Republik Iran relativ nahe stehen. Sie haben sich unter Leitung von Husain Badr ul-Din al-Huthi in den Jahren des 2015 ausbrechenden direkten militärischen Schlagabtauschs mit dem verhassten Nachbarn Saudi-Arabien zu einer über die eigenen Landesgrenzen hinaus relevanten Streitmacht entwickelt. Auch hier war das nur möglich aufgrund einer zunehmend gezielten militärischen Ausbildungs- und Ausrüstungshilfe aus Iran, die sie bereits seit 2017 zu einzelnen Raketenangriffen bis tief nach Saudi-Arabien befähigt hatte. Im aktuellen Nahostkonflikt haben die Huthis ihre geostrategische Position am Eingang zum Roten Meer, dem Bab al-Mandeb, genutzt, um durch den Einsatz von Seezielflugkörpern die zivile Handelsschifffahrt vom und zum Suezkanal und damit eine der zentralen internationalen Schiffsrouten empfindlich zu stören. Starke Indizien deuten darauf hin, dass Iran hier mit seinen nachrichtendienstlichen und technischen Mitteln bei der Aufklärung und Lokalisierung geeigneter Schiffe den Huthis wertvolle Hilfe leistet. Mit iranischer Unterstützung ist es den Huthis auch schon gelungen, mit Drohnen und neuerdings auch einzelnen ballistischen Flugkörpern den israelischen Luftraum über dem 2000 Kilometer entfernten südlichen Hafen von Eilat und selbst im Raum Tel Aviv zu erreichen. Eine weitere Aufrüstung, eventuell sogar mit Waffen russischer Herkunft, dürfte hier gerade angesichts der Schwächung von Hizballah angestrebt werden. Diese Entwicklung würde jedoch nur noch mehr die konsequente Erhöhung des sich bereits manifestierenden militärischen Drucks durch Israel, darüber hinaus jedoch auch der USA und ihrer maritim vor Jemen präsenten Verbündeten nach sich ziehen, deren Kernanliegen die Sicherung der Passage in das Rote Meer ist. Auch hier sind erhebliche militärische Weiterungen, im schlimmsten Fall auch unter Einbeziehung der instabilen afrikanischen Gegenküste, keineswegs auszuschließen.

Die Hinterlassenschaft des Osmanischen Reiches nach 1918 hat bekanntlich die Geschichte des Nahen und Mittleren Ostens durch vielfältige, nie wirklich enden wollende Spannungen, Konflikte und Gewalt nach innen wie nach außen geprägt. Ein Blick in die Jahrzehnte und Jahrhunderte zuvor lehrt, dass die ethnolinguistischen, religiösen und sozioökonomischen Bruchlinien auch schon zuvor bestanden und immer wieder zu vielfältiger tödlicher Gewalt geführt hatten. Alle Beobachter der Region sollten sich daher immer wieder vergegenwärtigen, wie wenig selbstverständlich, dafür aber langwierig, hochkomplex, widersprüchlich und häufig auch schmerzhaft der Prozess des »Nation Building« im Gefolge der beiden Weltkriege für alle Beteiligten und Betroffenen war und letztlich auch bis heute ist. Kaum einer der nunmehr zu einem Staatsvolk auf einem bestimmten Staatsgebiet gewordenen Gruppen und Gemeinschaften schien das vor dem Hintergrund jahrhundertealter Identitäten und vielfältiger Interessengegensätze vorherbestimmt oder auch nur historisch-politisch logisch und erstrebenswert. Ich möchte hier einmal – ohne jeden Anspruch auf Vollständigkeit und nur plakativ-stichwortartig – an einige Putsche, Unruhen, politische Mordanschläge und Revolutionen, Kriege und Bürgerkriege in der jüngeren Geschichte der Region erinnern: Ägypten (1952, 1981, 2011, 2013), Irak (1958, 1963, 1979, 1980–1982, 1991–1992, 2003, 2004–2006, 2013–2018), Jordanien (1970, 1972, 1980, 1988), Syrien (1963, 1970, 1974–1984, 2011–2018), Jemen (1978–1982, 1986, 1994, 2004–2014) und Sudan (1955–1972, 1983–2005, 2011, 2003–2020/Darfur, 2018, 2019, 2023), die langjährigen Bürgerkriege in Libanon (1975–1990), Syrien (1978–1984, 2012–2018), Algerien (1989–1998) und Libyen (2014–2024), die grenzübergreifenden jahrzehntelangen blutigen Konflikte um die Kurdengebiete der Türkei, Syriens, Iraks und Irans, die terroristische Gewalt in Saudi-Arabien, Ägypten, Syrien, Libanon und der Türkei und die Kriege zwischen Irak und Iran (1980–1988), Irak und Kuwait (1990–1991), Ägypten und Südjemen (1967–1974), Saudi-Arabien und Jemen (1934, 2009–2010, 2015–2019). Diese ebenso unvollständige wie deprimierende Aufzählung für eine Periode von nur 70 Jahren ist erschreckend lang. Sie verdeutlicht, wie volatil die Strukturen und Entwicklungen in der Region waren und auch weiterhin trotz aller Bemühungen sind.

In vielen dieser regionalen Verwerfungen und Auseinandersetzungen war und ist der Iran nach 1979 involviert gewesen. Wir müssen davon ausgehen, dass das Regime in Teheran auch weiterhin seine macht- und islampolitischen Interessen in dieser Weise verfolgen wird, verbunden mit der strategischen Zielsetzung, die Präsenz Israels eines Tages über eine gemeinsame Anstrengung aller Akteure in der Region zunichte zu machen. Damit bleibt die Gefahr eines Waffengangs zwischen Israel und dem Iran absehbar real. Bislang haben wir es allerdings immer noch mit einem – noch – nicht nuklearen »Gleichgewicht des Schreckens« zu tun, das beide Seiten auch in den aktuellen Zeiten der äußersten Anspannung und Konfrontation von einer spontanen Auslösung eines direkten Konflikts Abstand nehmen lässt, doch das kann sich schnell ändern. Das war im April 2024 schon einmal zu beobachten, als der Iran Israel massiv mit Drohnen und Raketen angriff. Damit wurde ein Tabu gebrochen. Doch es wurde auch beiden Seiten ihre jeweilige Vulnerabilität vor Augen geführt: Israels Flugabwehr könnte durch den massenhaften Einsatz von Drohnen und – von Libanon aus – durch Kurzstreckenraketen saturiert werden, bevor Flugkörper größerer Reichweite und Sprengkraft aus Iran binnen weniger Minuten einschlagen würden. Genau dies ist am 1. Oktober geschehen, jedoch angesichts der Schwäche von Hizballah und Stärke der Luftabwehr Israels und seiner Verbündeten mit unverhältnismäßig geringem Schaden. Viel wird nun von einer israelischen militärischen Reaktion abhängen. Die iranische Flugabwehr wäre bei einem israelischen Gegenschlag absehbar nicht dazu in der Lage im eigenen Land schwerste Schäden an kritischer Infrastruktur, einschließlich der Nuklearanlagen und der Erdöl- und Erdgasindustrie, abzuwenden. In letzter Konsequenz könnte das Land in eine katastrophale Versorgungskrise gestürzt werden, die zur unmittelbaren Gefährdung des Regimes durch einen Volksaufstand führen würde, den auch die *Pasdaran* nicht mehr abwehren könnten. Der große Showdown wäre mithin das Resultat einer allseitigen groben Fehleinschätzung der Lage mit allseits versagender Abschreckung. Große Kriege beginnen häufig auf diese Weise, und auch vor diesem Hintergrund sind optimale nachrichtendienstliche Aufklärung, professionelle Lagefeststellung und Lagebeurteilung sowie die Fähigkeit und der Wille, auf dieser Basis nötigenfalls von dritter Seite energisch und glaubhaft zu intervenieren, von allergrößter Bedeutung. Diese Grundkonstellation hat sich auch in der jüngsten Krise im Gefolge der Tötung des bedeutenden Hizballah-Kommandeurs Fu'ad Shukr in Libanon am 30. Juli 2024 und insbesondere auch nur einen Tag später von Hamas-Chef Ismail Haniyeh in Teheran manifestiert. Hizballah, die iranische Führung ebenso wie Israel haben sich über Monate hinweg erkennbar auch dann bemüht, den Spagat zwischen militärischer Selbstbehauptung und Schadensbegrenzung zu üben, wenn der Konflikt sich verschärfte. Diese Balance ist jedoch in der sich im September zugespitzten Auseinandersetzung um die militärische Präsenz Hizballahs in Südlibanon mit den massiven israelischen Enthauptungs- und Entwaffnungsschlägen erst einmal zusammengebrochen. Neue Konstellationen und Formen der Konfrontation werden sich jedoch wahrscheinlich in den kommenden Wochen und Monaten entwickeln; absehbar ist bereits jetzt, dass Israel mit größtmöglicher Konsequenz die verbliebenen militärischen Fähigkeiten von Hizballah durch systematische Luftangriffe auf alle erkannten Waffenlager, Abschussrampen und Kommandostände in Libanon und Syrien weiter reduzieren will. Auch nachrückendes Führungspersonal wie auch Nachschub aus Iran werden wird höchstwahrscheinlich Ziel israelischer Luftangriffe werden. Darüber hinaus hat die israelische Luftwaffe logistische und operative Einrichtungen der Huthis im Südjemen ebenso ins Visier genommen wie Kräfte der mit Iran verbündeten schiitischen Milizen in Westirak und Ostsyrien. In Bezug auf den Iran erwartet Tel Aviv die Aufrechterhaltung der »strategischen« amerikanischen Abschreckung, betont jedoch ebenfalls den Willen, notfalls auch diesen Gegner allein direkt militärisch anzugehen. Im Rahmen der möglichen politischen

Spielräume und eigenen militärischen Fähigkeiten wird Israel somit aller Voraussicht nach die operativen Kapazitäten all seiner direkten militärischen Gegner in der Region so weit wie möglich zu zerstören versuchen. Die politische und militärische Führung sieht sich hierzu durch die bisherigen eindrucksvollen Erfolge an allen Fronten ermutigt. Bis zum Tod von Hizballah-Generalsekretär Nasrallah im Bunker unter Beirut hatte Teheran nicht erkennen lassen, dass es seine relative Zurückhaltung im direkten Schlagabtausch mit Israel aufgeben würde. Zu groß sind angesichts der hochproblematischen sozioökonomischen Lage und der amerikanischen Abschreckungsmacht die Risiken für die eigene Regimestabilität. Diese Zurückhaltung ist allerdings mit dem massiven Vergeltungsangriff vom 1. Oktober erst einmal aufgegeben worden, zu groß ist der auch für Khamenei emotional gravierende Verlust der auch persönlich nahestehenden Freunde und Verbündeten. Ganz abgesehen von der Blamage, trotz jahrelanger Aufrüstung im Libanon weitgehend hilflos der israelischen militärischen und technologischen Übermacht ausgeliefert zu sein. Hier zeichnet sich das beschriebene Spannungsverhältnis zwischen der Wahrung gesamtstaatlicher iranischer Interessen und dem ideologisch unterlegten Selbstbehauptungswillen der Revolutionsgarden ab. Das Risiko gefährlicher Fehlentscheidungen in Teheran wird hier bei Fortdauer des Schlagabtauschs steigen. Mit dem Versuch einer möglichst umfänglichen Ertüchtigung zumindest der verbündeten Kräfte in Irak und Jemen wird allerdings zu rechnen sein. Hier ergeben sich dann – wie schon in der Vergangenheit in Syrien und Irak zu beobachten – entsprechende unmittelbare Konfrontationen mit Israel. Neu hinzu kommen die Huthis im Jemen, die inzwischen von der Streitkräfteführung erklärtermaßen als militärischer und damit auch nachrichtendienstlicher Gegner definiert worden sind. Eine noch unbekannte Größe wird hierbei Russland sein, das versuchen könnte, mit der Lieferung qualitativ hochwertiger Mittelstreckenraketen und Seezielflugkörper gerade die Huthis als Störfaktor am Eingang zum Roten Meer wie als Risikofaktor für Israel zu stärken. Hier könnte sich Israel wiederum veranlasst sehen, durch eine weitere Zerstörung der Hafenanlagen und Flughäfen im Jemen entgegenzuwirken. Den Luftraum über Libanon hat Israel bereits für iranische Flugzeuge gesperrt, um logistische Unterstützung aus Iran zu unterbinden. Auch iranischer Nachschub nach Syrien, bis hin zum von Russland betriebenen militärischen Flughafen von Humeimim, an der Mittelmeerküste südlich von Lattakia und im Kernland der alawitischen Elite um Präsident Bashar al-Asad gelegen, wird neuerdings durch Luftangriffe unterbunden. Es wird dies mit einiger Wahrscheinlichkeit auch beizubehalten versuchen. Mit der zunehmenden Reduzierung militärischer Optionen dürften die verbliebenen Kräfte der »Achse des Widerstands« allein schon unter dem Aspekt der Vergeltung und der Demonstration ungebrochenen Handlungswillens dann wieder auf das Mittel des international organisierten Terrorismus gegen Israel und seine Unterstützer zurückgreifen. Die Sicherheitslage würde sich damit nicht nur in der Region, sondern auch in Europa anhaltend verschärfen.

Abgesehen von militärischen Eskalationen in der Region betreffen die Folgen der machtpolitischen Auseinandersetzungen in Nahost auch Europa und somit die Bundesrepublik. Wir alle kennen den häufig von den Nachrichtendiensten wie im Einzelfall auch der Justiz öffentlich angeprangerten Umstand nur zu gut, dass der Iran mit dem Ministerium für Nachrichtenwesen (MOIS), und darüber hinaus auch mit dem Geheimdienst der *Pasdaran* und ihrer *al-Quds* Forces, seit den 1980er-Jahren in Europa massiv nachrichtendienstlich, subversiv, aber auch terroristisch unterwegs war. Die Jahresberichte des Bundesamtes für Verfassungsschutz und klare Aussagen westlicher Nachrichtendienste verdeutlichen, dass dies auch heute noch der Fall ist.

Die Schließung des Islamischen Zentrums Hamburg (IZH) am 24. Juli 2024 vor dem Hintergrund der verschärften politischen Auseinandersetzungen in Deutschland ist hier nur eine seit Jahren operativ überfällige Konsequenz aus dem Umstand, dass die »Blaue Moschee« seit Jahrzehnten ein Stützpunkt Irans und Basis für nachrichtendienstliche Aktivitäten war und dennoch – wohl im Interesse problematischer, aber immer noch gangbarer bilateraler Beziehungen – toleriert wurde. Erste Anschläge auf jüdische Einrichtungen in Deutschland mit iranischem nachrichtendienstlichem Hintergrund wurden 2022 festgestellt. Weitere Versuche werden inzwischen im Gefolge der aktuellen Krise in Nahost verstärkt registriert.

Auch über scharfe Warnungen anderer Dienste, so etwa des britischen MI 5 vom November 2023, der ebenfalls auf die zunehmend aggressiven iranischen geheimdienstlichen Aktivitäten in Großbritannien und Kontinentaleuropa hinwies, wird das Profil eines in der Verfolgung von Dissidenten wie der Bekämpfung jüdischer Ziele sehr aktiven und rücksichtslosen Geheimdienstes der *Pasdaran* erkennbar. Vor diesem Hintergrund steht die Qualifizierung der Revolutionsgarden als terroristische Vereinigung sowohl in der EU als auch in Deutschland zunehmend auf der politischen Agenda.

Das wiederum würde eine Abkehr von einer eher risikoaversen und immer noch auf Dialog hoffenden Politik deutscher wie europäischer Regierungen bedeuten. Die über Jahre verfolgte Hoffnung auf Wandel durch Handel und Dialog – man erkennt die Parallele zur Russlandpolitik bis 2022 – verkennt jedoch letztlich die öffentlich wenig diskutierte eschatologische Orientierung der Pasdaran und ihrer Patrone in Teheran. Freud und Leid der Gegenwart und nahen Zukunft werden von ihnen als ebenso banal wie unmaßgeblich angesehen. »Opfer müssen gebracht werden«, auch völlig unverhältnismäßige, da das Leid im Diesseits ja im Jenseits vergolten wird: Das ist für alle ein Gebot des *jihad*, und so bleiben die *Pasdaran* zusammen mit ihrem islamischen Führer durchaus eine *wild card* im Bemühen der Außenwelt, iranische Außen- und Sicherheitspolitik realistisch zu erfassen, geschweige denn sie in einen kooperativen Kontext einzufügen. Bezeichnend ist in diesem Zusammenhang die zumindest schemenhaft erkennbare Diskussion innerhalb des Regimes, die Mitte 2024 um einen Vergeltungsschlag gegen Israel nach der mutmaßlich vom Mossad organisierten Tötung von Ismail Haniyeh in Teheran geführt wurde. Hier warnte Khamenei offenbar davor, über eine rein taktisch motivierte, kleine Verzögerung hinaus, von politischer, wirtschaftlicher und militärischer Vergeltung abzulassen, denn dies würde unweigerlich harschen göttlichen Zorn mit schmerzlichen Konsequenzen für das Land nach sich ziehen. Es ist diese Art der religiösen Argumentation, die rasch einmal zu Aktionen führen kann, die mit Realpolitik im Interesse des Staates Iran und seiner Bevölkerung nichts, aber umso mehr mit dem Bestreben nach im Jenseits zu honorierender Gottgefälligkeit zu tun haben. Es versteht sich von selbst, dass solche Strukturen und Tendenzen in ihrer potenziellen Wirksamkeit und Relevanz von erheblichem Aufklärungsinteresse für alle potenziell betroffenen Staaten in der Region, aber aufgrund ihrer globalen Implikationen auch weit darüber hinaus sind.

Dies gilt umso mehr, als die »Achse des Widerstands« über die jüngst intensivierte militärische Zusammenarbeit zwischen Teheran und Moskau eine beunruhigende Erweiterung erfahren hat. Vor dem Hintergrund des Ukrainekriegs haben sich so bisher nicht erwartbare russische Unterstützungsformate für den Iran ergeben, die die Lieferung moderner Waffen und Ausrüstung bis hin zur Überlassung von Know-how für eine nukleare Aufrüstung im Austausch gegen iranische Drohnen und taktischer Flugkörper für den Einsatz gegen die Ukraine beinhalten. Hinzu kommt, dass eine seit Jahren nachrichtendienstlich zu beobachtende klandestine Zusammenarbeit mit Nordkorea ebenfalls den Technologietransfer zugunsten des Iran im Bereich der Flugkörperentwicklung über lange Entwicklungsphasen hinweg ermöglicht. Das Risiko von Know-how-Transfer, etwa zur Entwicklung von Zündern und zur Miniaturisierung von Nuklearsprengköpfen für den Einsatz in bereits zur Verfügung stehenden ballistischen Flugkörpern oder Cruise Missiles, ist mit der neuen Qualität der militärpolitischen Zusammenarbeit gegen den Westen zumindest gestiegen. Die Breakout-Zeit, das heißt die Zeitspanne, die noch bis zum Erreichen der militärischen Nuklearfähigkeit verbleibt, verkürzt sich zudem aktuell nach übereinstimmenden Beurteilungen der Internationalen Atomagentur IAEA und Nachrichtendiensten ebenfalls dramatisch. Die in diesem Zusammenhang immer wieder vorgebrachte iranische Argumentation, der Islam verbiete nach der verbindlichen Rechtsmeinung (*fatwa*) von Ayatollah Khomeini den Besitz und erst recht den Einsatz von Nuklearwaffen, wird jeder Kenner des schiitischen Rechts bestenfalls mit einem freundlichen Lächeln quittieren. Eine derartige Rechtsmeinung kann jederzeit durch den jeweils amtierenden islamischen Führer (*rahbar*) im Rahmen seiner Befugnis zur unabhängigen Ausübung seiner göttlich inspirierten Prärogativen zur unabhängigen Auslegung von Qur'an und Sunna (*ijtihad mutlaq*) zurückgenommen werden. Hier – wie auch sonst in dieser Welt – hat nichts »Ewigkeitswert«. Wenn die Zeit gekommen ist, zu der eine iranische Führung im Glauben lebt, es sich außen- und sicherheitspolitisch leisten zu können, den letzten Schritt in Sachen Atomrüstung zu tun, wird sie diesen aller Wahrscheinlichkeit auch gehen. Mit der Macht nuklearer Abschreckung würden deutlich erweiterte politische Spielräume gegenüber Dritten entstehen. Die von Iran immer wieder beschworene »Achse des Widerstands« gegen Israel verfügt somit auch nach den schweren israelischen Schlägen gegen Hizballah unverändert über mehr denn je über ein sich weiter entwickelndes militärisch und militärpolitisch relevantes Potenzial und stellt damit auch über den aktuellen Konflikt mit Israel hinaus eine sicherheitspolitische Herausforderung dar, bis hin zur Gefährdung internationaler maritimer Handelswege und Versorgungslinien. Diese Risiken gilt es, in einer gemeinsamen Anstrengung westlicher Staaten nachrichtendienstlich konsequent aufzuklären und zu bewerten, um sich in geeigneter Weise auf künftige Gefährdungsmomente vorzubereiten und bereits heute aktuellen Herausforderungen wirksam begegnen zu können.

11. Nahost: Wo steht die Region?

Ich kann mich noch gut an meinen Besuch auf den Golanhöhen im Frühjahr 1989 erinnern. Noch ahnte niemand etwas von den fundamentalen Veränderungen, die sich nur wenige Monate später mit dem Fall der Berliner Mauer und dem Zusammenbruch der Sowjetunion vollziehen sollten. Ich war als Reserveoffizier zum Militärattachéstab der deutschen Botschaft in Damaskus abkommandiert worden, um meine Ausbildung als Offizier im militärischen Nachrichtenwesen der Bundeswehr zu vervollständigen. So ohne Weiteres hätte ich das Sperrgebiet der Golanhöhen wahrscheinlich nicht besuchen können, doch durch meinen neuen offiziellen Status als temporärer, noch dazu militärischer Angehöriger der Botschaft, konnte ich sie jedoch im Rahmen einer Visite beim österreichischen Bataillon der United Nations Disengagement Observer Force (UNDOF) in Augenschein nehmen. Der Ort symbolisiert für mich bis heute den Begriff des »frozen conflict«. Die kargen Hügel im Niemandsland zwischen Syrien und Israel wirkten wie erstarrt. Menschenleer, bis auf die Militärpatrouillen der Vereinten Nationen. Nach dem Waffenstillstand, den der damalige US-Außenminister Henry Kissinger 1974 im Jom Kippur-Krieg vermittelt hatte, hatte die israelische Armee die 1967 im Sechstagekrieg besetzten Höhenzüge an der Grenze zu Syrien behalten können. Die Menschen, die dort einmal gelebt hatten, waren größtenteils geflüchtet oder vertrieben worden, ihre Dörfer zerstört. Um den nunmehr erneut erzwungenen Waffenstillstand zwischen den verfeindeten Nachbarn zu sichern, hatte Kissinger über ein Entflechtungsabkommen zwischen Syrien und Israel eine »Entflechtungszone« (Disengagement Zone) ausgehandelt, die durch eine UN-Truppe, eben die UNDOF, von syrischer wie israelischer Seite überwacht werden sollte. Dort begegnete ich nun den Soldaten eines der UNO für diese Aufgabe zur Verfügung gestellten österreichischen Gebirgsjägerbataillons. Der Einsatz der Spezialisten für den Gebirgseinsatz war durchaus sinnvoll, da im Grenzraum zwischen Israel und Syrien ja Teile des bis zu 2800 Meter hohen, im Winter schneebedeckten Hermon-Gebirges liegen. Die Gebirgsjäger waren Profis, die wussten, dass sie sich an exponierter Stelle befanden. Die Ruhe war trügerisch, immer wieder kam es zu Schusswechseln zwischen der syrischen Armee und Schmugglern, die die Grenze im Dreiländereck Syrien, Libanon, Israel überqueren wollten.

Die Eindrücke, die ich 1989 auf den Golanhöhen sammeln konnte, hatten mich schon damals nachdenklich gestimmt und mir als unmittelbar erlebbare Lebensrealität sehr eindrücklich vor Augen geführt, wie sehr der Nahostkonflikt weit über die Region hinaus schon immer geopolitische Dimensionen hatte. Hier handelt es sich nicht »nur« um einen inzwischen über Generationen geführten regionalen Krieg um das Schicksal des ehemaligen britischen Mandatsgebiets Palästina und seiner Menschen; letztlich sind aus sehr unterschiedlichen Gründen von Anfang an eine Vielzahl von außerregionalen Mächten und auch die Vereinten Nationen selbst mit ihren jeweils spezifischen Interessen involviert gewesen. Was macht diesen Konflikt aus? Welche regionale und internationale Wirkungsmacht übt er aus, bis hin zur Beeinflussung der europäischen, der deutschen Sicherheitslage? All dies sind Fragen, die sich gerade im Zusammenhang mit der Katastrophe vom 7. Oktober 2023 mit erneuter Dringlichkeit und Aktualität stellen. All dies gilt es zu verstehen und in eine auch nachrichtendienstlich unterstützte Lagefeststellung und Lagebeurteilung einzubringen.

Als Islamwissenschaftler, der sich über viele Jahre mit der Geschichte der Region, von den Zeiten des Umayyadenkalifats von Damaskus (661–750 n. Chr.) bis ins Osmanische Reich, befasst hat, ist mir wie vielen meiner Kolleginnen und Kollegen sehr bewusst, dass die Levante seit jeher ein Vielvölker- und Transitraum im kulturellen, zivilisatorischen und ethnischen Sinne ist. Bis weit in die geschichtlich nachvollziehbare Vergangenheit hinein war die Küstenregion des östlichen Mittelmeers mit ihrem Hinterland eine Region, durch die zahlreiche Völkerschaften zogen, kleinere oder größere Reiche schufen, die ihrerseits von den entstehenden Großmächten wie des pharaonischen Ägyptens, des assyrischen Zweistromlands oder später der hellenistischen und römischen Imperien verdrängt oder auch kolonisiert wurden. Historische Anciennitätsansprüche mit daraus erwachsenden realpolitischen Konsequenzen sind hier allseits nicht ohne Weiteres zu stellen. Seit dem 17. Jahrhundert stand die Region dann unter der faktischen, später zunehmend nur noch nominellen Oberhoheit des Osmanischen Reiches und seines Sultans. Während des Ersten Weltkriegs wurde 1916 im geheimen britisch-französischen Sykes-Picot-Abkommen eine Vereinbarung über die Aufteilung des Osmanischen Reichs in koloniale Interessensphären nach dessen Niederlage getroffen. Von einer anzustrebenden Staatswerdung in diesen Gebieten sprach im kolonialistisch denkenden und handelnden alten Europa hier erst einmal keiner. Frankreich nahm für sich die osmanische Provinz Syrien, einschließlich des heutigen Libanon, in Anspruch; Großbritannien die Verwaltungsgebiete des damaligen Cis- und Transjordanien sowie die Provinz Irak. Am 25. April 1920 erhielt Großbritannien auf der Konferenz von San Remo für diese Gebiete das Mandat des Völkerbundes übertragen. Hierbei sollten die Briten die Verwirklichung der Balfour-Deklaration ermöglichen, in der sie am 2. November 1917 versprochen hatten, die »Gründung einer nationalen Heimstätte für das jüdische Volk« zu unterstützen, deren Grenzen jedoch ebenso wenig bestimmt waren wie eine mögliche Zukunft aller dort lebenden Menschen im Sinne des unter maßgeblichem Einfluss der Siegermacht USA neu formulierten Selbstbestimmungsrechts der Völker. Festzuhalten bleibt hier, dass jüdische Präsenzen in der Region seit jeher in Haifa, Sh'chem, Hebron, Ramleh, Gaza, Jerusalem und Safed existierten. Das Osmanische Reich zählte bereits im 16. Jahrhundert eine jüdische Bevölkerung von etwa 150.000 Menschen, die wie die Christen unter den Regeln des osmanisch-islamischen Millet-Systems einen inferioren, aber durchaus definierten teilautonomen Rechtsstatus als »Schutzbefohlene« (*dhimmis*) hatten. Die durch den wachsenden europäischen Einfluss auf Istanbul im Zuge des 19. Jahrhunderts bewirkte rechtliche, danach auch wirtschaftliche und politische Emanzipation von Juden und Christen mit ihren Sonderbeziehungen ins immer mächtiger werdende Europa stieß recht bald auf Irritation und Ablehnung unter der Mehrheitsbevölkerung, die sich in ihren angestammten Privilegien eingeschränkt und herausgefordert fühlte. Die zur gleichen Zeit angesichts ständig zunehmender Pogrome begonnene Zuwanderung jüdischer Europäer führte wie bereits beschrieben zu einer erheblichen Verschärfung der aufflammenden sozioökonomischen und soziokulturellen Spannungen und gewaltsamen Auseinandersetzungen.

Nach dem Zweiten Weltkrieg zogen sich die ehemaligen Mandats- und Kolonialmächte Großbritannien und Frankreich unter Hinterlassung der neu geschaffenen Staaten Syrien, Libanon, Jordanien, Irak und einer völlig verfahrenen demografischen und politischen Situation westlich des Jordanflusses weitgehend aus der Region zurück. Ein von der Vollversammlung der Vereinten Nationen im November 1947 vorgeschlagener Teilungsplan des nach der Gründung Jordaniens im Mai 1946 noch verbliebenen britischen Mandatsgebiets in einen jüdischen und einen arabischen Staat mit Jerusalem unter UN-Verwaltung wurde von arabischer Seite rundweg abgelehnt. Der Staat Israel wurde daraufhin am 14. Mai 1948 auf Teilen des britischen Mandatsgebiets ausgerufen und binnen weniger Tage von den Vetomächten der Vereinten Nationen völkerrechtlich anerkannt. Ihnen sind bis heute 162 der 193 Mitgliedstaaten gefolgt. Bereits am 15. Mai 1948 erklärten Syrien, der Irak, Libanon, Jordanien, Saudi-Arabien und Ägypten dem neuen Nachbarn den Krieg. Spätestens damit hatte sich der über Jahrzehnte hinweg schwelende Konflikt zwischen Israelis und Arabern im ehemaligen britischen Mandatsgebiet auch auf die neue Staatenwelt des Nahen Ostens ausgeweitet und sollte deren politische Identität wie ihre Realpolitik über Jahrzehnte maßgeblich beeinflussen. In monatelangen Kämpfen konnte die israelische Armee die Angreifer zurückschlagen und eroberte sogar noch Teile des Gebiets, das im Teilungsplan ursprünglich der arabischen Bevölkerung zugesprochen worden war. Der Krieg führte zu Flucht und Vertreibung von rund 710.000 der in dem sich konstituierenden Staat Israel lebenden etwa 870.000 Araber, zur identitätsstiftenden Urkatastrophe der Vertriebenen und Flüchtlinge, der sogenannten *Nakba*. Auf diese wiederum reagierte die Vollversammlung der Vereinten Nationen im Dezember 1949 mit der Gründung eines spezifischen Flüchtlingshilfswerks, der United Nations Relief and Works

Agency for Palestine Refugees in the Near East (UNRWA), die zur Etablierung und Betreuung von Flüchtlingslagern in Libanon, Syrien, Jordanien, der noch unter jordanischer Herrschaft stehenden Westbank und im unter ägyptischer Verwaltung stehenden Gazastreifen berufen war. Zur Integration der Flüchtlinge in ihre Aufnahmeländer kam es bekanntlich nur im Ausnahmefall. In 58 Lagern der UNRWA leben mittlerweile 1,5 Millionen Menschen, zumeist in ihrem Umfeld weitere 3,5 Millionen Menschen mit einer ausgeprägten Identität als Palästinenser, die ihren Ausdruck auch in einem entsprechenden Ausweisdokument der UNRWA finden. Die humanitären Kriegsfolgen von 1948 und erneut 1967 wurden seitens aller Anrainerstaaten bewusst perpetuiert und als politischer Hebel instrumentalisiert. Nur in dieser Eigenschaft waren die Menschen »willkommen«, ansonsten wurden sie nur zu häufig als Fremde, Störenfriede und potenzielles – reales oder imaginiertes – Sicherheitsrisiko diskriminiert. Am Ende wurde 1949 zwar ein Waffenstillstand mit den Anrainerstaaten geschlossen, doch diese versuchten, in den Folgejahren konsequent, den militärischen Druck auf Israel mit asymmetrischen Mitteln zu steigern. Der Konflikt mit Israel wurde wesentlicher Teil der politischen Herrschaftslegitimation und nationalen Identitätsstiftung für die entstehenden autoritären Systeme

Im Zuge des Kalten Kriegs wurde die ägyptische Regierung Nasser durch Waffenlieferungen und Militärberater von der Sowjetunion unterstützt, Israel wiederum vornehmlich durch die USA und westeuropäische Staaten. Im Juni 1967 kam es zum »Sechstagekrieg«, einem israelischen Präventivschlag als Antwort auf einen massiven ägyptischen Truppenaufmarsch an der Grenze, die Blockade der Ausfahrt ins Rote Meer für israelische Schiffe und verstärkte syrische Übergriffe im Norden. Im Verlauf des Krieges erlangte Israel die Kontrolle über den Gazastreifen, die Sinai-

Halbinsel, die Golanhöhen, das Westjordanland und Ostjerusalem. Dieser spektakuläre Ausgang des Krieges hat die geopolitischen Rahmenbedingungen des Konflikts bis zum heutigen Tage bestimmt. Diese wurden auch nicht durch den Jom-Kippur-Krieg vom Oktober 1973 grundlegend verändert. Dieser führte jedoch zeitweise zu einer der schwersten geostrategischen Konfrontationen zwischen den USA und der Sowjetunion, einschließlich beiderseitiger nuklearer Drohgebärden, da beide Seiten ihre jeweilige Klientel in ihrer Existenz gefährdet sahen und dies mit einem hohen sicherheitspolitischen Einsatz zu verhindern suchten, im Ergebnis bekanntlich erfolgreich. Der Konflikt zwischen Israel und seinen Nachbarn – dies ist auch nach dem Jom-Kippur-Krieg immer wieder offenbar geworden – findet nicht ohne die meist massive Involvierung der Großmächte statt, solange diese eine grundsätzliche oder auch nur geopolitisch-pragmatisch motivierte Garantenstellung gegenüber den jeweils nahestehenden regionalen Akteuren einnehmen.

Seit den Sechzigerjahren besitzt der Konflikt auch eine weitere bedeutsame überregionale sicherheitspolitische Dimension. Militante Palästinenser organisierten sich im Exil, erst in der PLO, dann auch noch in weiteren Gruppierungen unterschiedlichster ideologischer Ausrichtung, und verübten schwere Anschläge in Israel, der Region, aber auch in Europa. Einer der spektakulärsten war aus deutscher Sicht natürlich der Anschlag auf das israelische Team während der Olympischen Spiele in München im Sommer 1972. Bis heute wirkt der Nahostkonflikt über die weltweite arabische Diaspora so auch auf die Sicherheitslage wie allgemein die innenpolitische Lage der Gaststaaten ein und beschäftigt damit auch die zuständigen Nachrichten- und Sicherheitsdienste im Rahmen der Gefahrenabwehr.

Der Konflikt zwischen Israel und den Palästinensern hat bislang zu keinem Zeitpunkt beigelegt oder in einigermaßen bestandskräftige gewaltlose Bahnen gelenkt werden können. Allerdings haben sich die Regionalstaaten, einschließlich Saudi-Arabiens, eher stillschweigend und schrittweise von einer massiven politisch-operativen Parteinahme zugunsten der Palästinenser verabschiedet. Insbesondere mit dem Wechsel hin zu einer neuen, pragmatischen Generation haben sich praktisch überall in den politischen und militärischen Eliten Tendenzen entwickelt, allmählich im Interesse gedeihlicher und gewinnbringender Beziehungen zum leistungsstarken und damit attraktiven Partner Israel zur Tagesordnung überzugehen. Wer wollte sich noch weitere Jahrzehnte durch den überwiegend symbolischen Konflikt ums »Heilige Land« oder die eher lästige und zuweilen sicherheitsgefährdende palästinensische Flüchtlingsfrage ernsthaft binden und in seinen eigenen Handlungsoptionen massiv einschränken lassen? Das Interesse ist durchaus strategisch. Saudi-Arabien, Qatar, die VAE und andere Anrainerstaaten sehen in Israel eben nicht mehr nur den »Erzfeind« der Araber und Muslime, sondern einen Innovationshub und eine Wirtschaftsmacht von erheblicher Bedeutung für die eigene Entwicklung, darüber hinaus auch einen attraktiven Sicherheitsprovider gegen Iran und dessen Vormachtstreben – wenn nur das »lästige Palästina-Problem« nicht wäre. Nach 75 Jahre Feindseligkeit würden viele mittlerweile stillschweigend darüber hinweggehen. Notfalls ließen sich ja auch im Austausch für »Wohlverhalten« weiterhin Abstandzahlungen an die Palästinensische Autonomiebehörde und diejenigen leisten, die einmal für Gaza zuständig sein werden. Hauptsache, es herrscht Ruhe, und man kann sich der eigenen wirtschaftlich prosperierenden Zukunft widmen. Das ist im Grunde der Geist der »Abraham Accords«, mit denen seit 2020 wirtschaftspolitische Beziehungen bis hin zu einer politischen Integration Israels in die regionalen Kooperationsbeziehungen angestrebt werden sollten. Der Überfall vom 7. Oktober 2023 war hier ein übler Schlag gegen diese Politik. Er wird allerdings vielerorts kaum zu einem über Lippenbekenntnisse und Symbolpolitik wesentlich hinausgehenden Engagement für die palästinensische Causa beitragen. Erst in jüngster Zeit hat sich der saudische Kronprinz in aller Öffentlichkeit in diesem Sinne geäußert. Seit Monaten sind pro-palästinensische Stellungnahmen und Proteste jeder Art im Königreich strikt verboten und werden geahndet. Aus Sicht der arabischen Status-quo-Mächte haben sich die Palästinenser damit ein weiteres Mal in besonders perfider Weise als Trouble Maker erwiesen, die ihre Agenda den anderen Akteuren notfalls mit roher Gewalt aufzwingen. Eine entsprechende öffentliche Stellungnahme seitens des Politbüromitglieds der Hamas Ghazi Hamad ließ dann bereits kurz nach Konfliktbeginn auch nicht lange auf sich warten. Auch der inzwischen von Israel getötete Hamas-Spitzenpolitiker Saleh Arouri äußerte sich bereits Monate vor dem Krieg in diesem Sinne, ohne dass dies jedoch in seiner Bedeutung als Frühwarnzeichen wahrgenommen worden wäre.

Die »Abraham Accords« sind deswegen keineswegs vom Tisch. Alle Beteiligten werden sie trotz der aktuellen schweren Krise nicht ohne Weiteres aufgeben. Gerade auch Israel wird viel daransetzen, die in den »Abraham Accords« zum Ausdruck gebrachte gemeinsame strategische Interessenlage zu wahren und weiter auszubauen. Das gilt nach Möglichkeit auch noch während des aktuellen Konflikts in und um Gaza, jedenfalls aber nach einem Ende der Kampfhandlungen und bei Perspektiven für Rehabilitation und Wiederaufbau. Eine diskrete weitere regionalpolitische Verankerung mit den interessierten Regimen dürfte so massiv und konsequent wie möglich vorangetrieben werden, wahrscheinlich auch unter Einbeziehung und mit Unterstützung der USA. Traditionell haben bei all diesen Prozessen die jeweiligen regionalen, aber auch international aufgestellten Nachrichtendienste eine ganz wesentliche Rolle gespielt, in der diskreten Anbahnung von politischen Kontakten und deren Weiterentwicklung unter Ausschluss der Öffentlichkeit, bis der geeignete Zeitpunkt zum »Coming-out« gekommen ist. Generell kommt den USA hier unverändert eine Schlüsselrolle im Nahen Osten zu. Sie bleiben absehbar ein strategischer Partner Israels in der Region, ohne dabei die wesentlichen Kontakte zu den meisten arabischen Regimen außer Acht zu lassen.

Dennoch haben die US-Parteien und insbesondere die US-Administration angesichts der schwierigen innenpolitischen Lage im Wahljahr 2024 ihre liebe Not mit diesem Krieg. Besonders junge US-Amerikaner und solche mit nah- und mittelöstlichem Hintergrund lehnen eine Parteinahme zugunsten Israels ab. Sie üben sich im Gegenteil nur zu oft in einer verbalradikalen Solidarisierung mit Palästina »*from the river to the sea*«. Die USA sehen Hamas als Terrororganisation an, ebenso wie die Muslimbruderschaft, deren strukturelle Zerschlagung und Entmachtung durchaus auch im eigenen nationalen Interesse liegt. Der innen- wie außenpolitische Preis hierfür darf jedoch gerade auch im Hinblick auf die regionale Sicherheitslage und die Stabilität der dortigen Produzenten und Lieferketten nicht zu hoch werden. Eine Ausweitung des Krieges soll daher nach Möglichkeit vermieden werden. Zudem erhofft man sich von der Normalisierung der Beziehungen zwischen Israel und der arabischen Staatengemeinschaft ein weiteres Containment des Iran, solange sich dessen Regime nicht in einen konstruktiven regionalen Rahmen einfügen will.

Russland – und auch China – ist zwar strategisch an einer schrittweisen Zurückdrängung des westlichen Einflusses in Nah- und

Mittelost gelegen, aber nicht erkennbar an einem großen Krieg, der Ressourcen und damit auch eigene Investitionen und künftige Optionen vernichten könnte. Russland benötigt den Iran bis auf Weiteres als »Werkbank« für spezifische militärische Güter und honoriert entsprechende Unterstützung nach Erkenntnissen westlicher Nachrichtendienste offenbar mit der Überlassung von Know-how bei der Schaffung nuklearer Potenziale. China ist an einer ungestörten und umfänglichen Nutzung der iranischen Ressourcen interessiert, einschließlich einer damit verbundenen gesicherten Passage durch die Straße von Hormuz, aber auch jener durchs Rote Meer. Der von der Hamas ausgelöste Konflikt wird daher wahrscheinlich auch Russland und China zunächst als eher unliebsame Überraschung mit dem Risiko unkontrollierter Eskalation und Disruption erschienen sein. Die beiden Großmächte werden ihn mit Sicherheit für die eigenen Ziele, womöglich der Schwächung westlichen Einflusses, nutzen, jedoch nicht um den Preis eigener strategischer Nachteile. Die Causa Israel-Palästina als solche ist aus dortiger Sicht kaum die Knochen eines einzigen russischen oder chinesischen Soldaten wert. Es kann also nur um die Nutzung von »fringe benefits« aus dem Konflikt gehen. Ein großer Nahostkrieg wäre Ressourcenverschwendung; einen Versuch, den Konflikt zu niederschwelliger, langfristiger Abnutzung westlicher sicherheitspolitischer Positionen in der Region zu nutzen, ist es jedoch allemal wert. All diese Aktivitäten gilt es, im wohlverstandenen Eigeninteresse sorgfältig zu beobachten und zu analysieren, um sie in die jeweiligen politischen und militärischen Entscheidungsprozesse in angemessener Weise einbeziehen zu können.

Und wo steht bei alledem Europa? Eine massive Eskalation des Krieges über Israel und Gaza hinaus würde auch Europa unmittelbar betreffen. Sei es in Form von Flüchtlingsströmen, die sich – wie zu Zeiten des syrischen Bürgerkriegs – abermals aus Nahost in Richtung Europäische Union aufmachen könnten, gegebenenfalls auch durch interessierte Staaten wie Russland als Teil der hybriden Kriegführung gegen den Westen entsprechend manipuliert, oder sei es durch die Blockade essenziell wichtiger Seewege – wie der Straße von Hormuz oder des Golfs von Aden – oder durch reduzierte Öllieferungen. Auch dies hat es, wenn auch in anderer Form, während der ersten Ölkrise im Zuge des Jom-Kippur-Krieg von 1973 schon einmal gegeben. Allein aus diesen Gründen liegt es mehr denn je auch im besten Interesse der europäischen Staaten, einer Eskalation in der Region entgegenzuwirken. Ohne grundsätzliche strategische Entscheidungen zur eigenen Ertüchtigung als sicherheitspolitischer Akteur und damit auch einer angemessenen nachrichtendienstlichen Befähigung zur entscheidungsbefähigenden Lagefeststellung und Lagebeurteilung wird es hier jedoch auf Dauer nicht mehr gehen. Dabei spielt natürlich eine Rolle, wie sich die USA mittelfristig in der Region engagieren werden. Die Konsequenzen, die sich aus einer möglichen Vollendung des iranischen Atomprogramms ergäben, von dem im vorangegangenen Kapitel die Rede war, wären auch für die europäischen Staaten gravierend. Ihre Bewältigung, zumindest aber das Management dieser Konsequenzen erfordern die Befähigung zu einem wesentlich stärkeren sicherheitspolitischen und militärischen Engagement im Nahen Osten. Das beinhaltet pragmatische Diplomatie ebenso wie nachrichtendienstliche Aufklärung. Auf eine schnelle Rückkehr zu den Verhältnissen vor dem 7. Oktober 2023 zu hoffen, wäre jedenfalls eine verhängnisvolle Illusion. Denn so viel ist klar: Die mit dem präzedenzlosen Überfall der Hamas ausgelösten Ereignisse haben erst einmal zu einer massiven Erschütterung der bisherigen Trends zur pragmatischen, auch opportunistisch-realpolitischen Abschwächung von arabisch-israelischen Konfliktlinien geführt. Hier gilt es vordringlich, auf allen Seiten, insbesondere in Gaza und auf der Westbank, wieder eine Konsolidierung herbeizuführen. Sicherheit und Legitimität durch *good governance* müssen hierbei erzielt werden, und diese darf weder durch eine Tolerierung der seit Oktober 2023 dramatisch eskalierenden, jedoch bereits seit den Neunzigerjahren immer wieder zu beobachtenden konzertierten israelischen Siedlerübergriffigkeit und Landnahme, noch durch endemische Korruption oder die Etablierung erneuter oppressiver und terroristischer Strukturen in Westbank und Gaza konterkariert werden. An einer von allen Seiten zu gestaltenden »friedlichen Koexistenz« führt kein Weg vorbei, soll nicht die Zukunft auch noch der nächsten Generationen verspielt werden.

Bereits 1989 habe ich auf den Golanhöhen beim Anblick der menschenleeren Landschaft gespürt, dass ein Konflikt eben nicht einfach dadurch beendet wird, dass man ihn »einfriert« und dann auf sich beruhen lässt. Er besteht vielmehr als latente reale Gefahr weiter, die jederzeit wieder in einen Krieg ausbrechen kann. So, wie es im Frühjahr 1989 – übrigens an der Schwelle zu einer weiteren »Zeitenwende« – schwer vorstellbar war, dass sich die Bundeswehr jemals an Kampfeinsätzen im Ausland beteiligen würde, so sollte man darum heute auch nicht ein sicherheitspolitisches Engagement Europas im Nahen Osten ausschließen, das über Wiederaufbauhilfen und rein diplomatische Bemühungen hinausgeht. Es liegt auf der Hand, und wird mittlerweile im Strategischen Kompass der Europäischen Union auch überwiegend anerkannt, dass dieses Engagement nicht auf Nahost beschränkt bleiben darf. Europa muss militärische und damit notwendig auch nachrichtendienstliche Befähigungen entwickeln, um notfalls auch eigenständig auf geopolitische Herausforderungen reagieren zu können. Die Aufgaben, die mit einer solchen sicherheitspolitischen Zeitenwende einhergehen, sind gewaltig. Sie müssen jedoch im Interesse der eigenen Selbstbehauptung und Zukunftssicherung beherzt und nachhaltig angegangen werden.

12. Sicherheitspolitische Zeitenwende

Die Menschen in Israel haben durch den Überfall der Hamas ein epochales Trauma erfahren. Die Katastrophe des 7. Oktober 2023 berührt massiv die essenzielle Verpflichtung, den Existenzzweck eines Staates: den Schutz der Menschen auf seinem Territorium vor existenziellen Gefahren. Das dramatische punktuelle Versagen des israelischen Staates in der Wahrung seines Sicherheitsversprechens an seine Bürgerinnen und Bürger sollte uns eine ernste sicherheitspolitische Mahnung sein. Niemand ist a priori vor solchem tragischen Systemversagen sicher, schon gar nicht, wenn Sicherheit in gesellschaftlicher Perzeption als »irgendwie gegeben« oder zumindest »irgendwie, aber bitte ohne Einschränkungen und Kosten zu gewährleisten« betrachtet wird.

Vor diesem Hintergrund muss die dringende Frage gestellt und beantwortet werden, ob und in welchem Umfang die Bundesrepublik Deutschland dazu in der Lage ist, ihr Sicherheitsversprechen gegenüber ihren Bürgern einzulösen. Dass wir in zunehmend unsicheren Zeiten leben, ist nach den Umbrüchen und Verwerfungen, die seit einigen Jahren die Welt erschüttern – und deren Folgen zum Teil noch gar nicht abzusehen sind –, nicht mehr von der Hand zu weisen. Der russische Überfall auf die Ukraine im Februar 2022 war für viele ein Weckruf, nur um nach dem Aufwachen zu erkennen, dass wir allenfalls in der direkten territorialen Nachbarschaft von Freunden umgeben sind. Zu lange hatte man darauf vertraut, dass Handelsbeziehungen mit ihren Prosperitätsversprechen den Frieden schon erhalten würden, und sich weitgehend darauf verlassen. Zu lange hatte man insbesondere die fachlich unübersehbaren strategischen russischen Vorbereitungen zur Nutzung der in den vergangenen Jahrzehnten aufgebauten westlichen Abhängigkeiten in der Erdgasversorgung nicht zur Kenntnis nehmen wollen, obwohl deren wiederholte Nutzung als Mittel zur politischen Erpressung gegenüber der Ukraine bereits seit 2005 offenkundig war und 2014 dramatisch eskalierte. Bis zuletzt, bis zum Jahreswechsel 2021 auf 2022, wollte man die – unbestreitbar zu erkennenden – massiven militärischen Vorbereitungen zum Angriff allenfalls als reine Erpressungsmittel perzipieren – was im Übrigen allein schon schlimmste Befürchtungen und angemessene Reaktionen hätte auslösen müssen. Seit 2014 hat sich die Gefährdungslage im Westen durch umfängliche russische, aber auch chinesische geheimdienstliche Aufklärung und »Sonderoperationen« massiv verschärft. Der Wiederaufbau der nach dem Kalten Krieg weitgehend reduzierten Kapazitäten zur Spionageabwehr und Gegenspionage hat erst sehr langsam nach 2017 begonnen und letztlich erst nach 2022 Fahrt aufgenommen. Der spektakuläre Zusammenbruch der westlichen Antiterrorkoalition im Sahel und die damit einhergehende gleichermaßen signifikante Zunahme russischer militärischer und politischer Einflussnahme haben sich ebenfalls nahezu überraschend ereignet. Es ist nicht erkennbar, dass dieses sicherheitspolitisch ganz erhebliche Problem für die Südflanke von NATO und EU eine rechtzeitige angemessene Beachtung und Behandlung in den jeweiligen Entscheidungsprozessen der Bündnisse und Mitgliedstaaten gefunden hätte. Ganz abgesehen von wirksamen Maßnahmen der Vorbeugung oder

Schadensbegrenzung. Bereits 2020 hat die Coronapandemie gezeigt, wie es um die Fragilität internationaler Lieferketten, die Interdependenz der globalen Ökonomie und die diesbezügliche mangelnde Resilienz der Bundesrepublik bestellt ist. Bei alledem sind entscheidende Defizite in geeigneten gesamtstaatlichen Frühwarnsystemen und Verfahren integrierter Lagefeststellung, Lagebeurteilung und Entscheidungsfindung zu erkennen.

Viele Menschen haben heute das berechtigte Gefühl, dass sie überwiegend schlechte Nachrichten, und die in immer kürzerer Folge, erreichen. Tatsächlich war die Lage in der Akkumulation, Qualität und Dynamik globaler Risiken mit spürbaren Auswirkungen auf das tägliche Leben wie auf die allgemeine Sicherheitsperzeption und Zukunftssicherheit schon lange nicht mehr so ernst. Hier seien nur einmal die wichtigsten sicherheitspolitischen Herausforderungen genannt, mit denen wir auf absehbare Zeit konfrontiert sein werden. Da wären: der militärisch implementierte russische Revisionismus, der die Unterwerfung der Ukraine nur als einen ersten Schritt in einem historischen Prozess zur Rückgewinnung einer hegemonialen Position auf dem eurasischen Kontinent und darüber hinaus sieht. Die Abwendung dieser Bedrohung ist für Europa in der Tat existenziell, wenn es seine Zukunft in Frieden, Freiheit und Prosperität erhalten will.

Ebenfalls von höchster Bedeutung ist in diesem Zusammenhang allerdings auch die Entwicklung Chinas zu einer wirtschaftlichen und militärischen Großmacht. Das Land strebt erklärtermaßen den Status einer Weltmacht an, die ihre geopolitischen Ziele dann mit massivem wirtschaftlichem, aber auch militärischem und hybridem Mitteleinsatz umzusetzen versuchen könnte. Wir hätten es dann mit einer Supermacht zu tun, deren politisches Ordnungsmodell, gesellschaftliches Wertesystem und Menschenbild dem westlichen bekanntlich in zentralen Aspekten keineswegs entspricht. Hier betritt ein machtpolitisches Superschwergewicht die Weltbühne, dessen sicherheitspolitisches Risikopotenzial mittlerweile auch schon einmal mit dem Klimawandel verglichen worden ist, gegen den die von Russland ausgehenden Herausforderungen sich »nur« wie ein Tsunami ausnehmen würden. Eine Macht, die – zumindest im Zusammenwirken mit Russland – die Welt verändern kann und höchstwahrscheinlich auch wird, wenn Containment und gleichzeitige Einbindung durch den Westen, also durch die USA und die EU, im weltweiten Zusammenwirken mit Partnern vergleichbarer Werteordnungen und Interessen, nicht gelingen sollten. Dass China sich vorbehält, die Verhältnisse unter anderem auch im Nahen Osten aktiv mitzugestalten, und das durchaus mit der Zielsetzung einer Gegenmachtbildung zu elementaren westlichen Interessen, zeigt sich in den im Sommer 2023 eingeleiteten Sonderbeziehungen zu Iran, aber auch zu Saudi-Arabien. Auch die jüngste ostentative Positionierung im Nahostkonflikt, die mit der Einladung an Delegationen der Hamas und der Fatah im Juli 2024 zu »Versöhnungs- und Kooperationsgesprächen« unter chinesischer Vermittlung signalisiert worden ist, lässt diesen Gestaltungsanspruch deutlich erkennen. Hier ist je nach Verlauf der Ereignisse in der Region mit weiteren Initiativen zu rechnen, deren Substanz und Nachhaltigkeit jedoch erst noch zu ermitteln sein würden.

Neben der Rückkehr klassischer zwischenstaatlicher Großmachtkonflikte sind jedoch auch weitere gravierende Risikofaktoren im Auge zu behalten, die sich zu handfesten Bedrohungen entwickeln können. Aus sicherheitspolitischer Perspektive sind dies Akteure mit besonders hohem Risikopotenzial. Dazu gehören allein schon wegen ihrer Massenvernichtungswaffen Staaten in Spannungsgebieten wie Nordkorea, aber auch Pakistan und Indien, zukünftig wohl auch der Iran. Interne Probleme und externe Konflikte – oder eine Kombination aus beidem – können hier schnell zu einer brisanten Entwicklung führen. Neben problematischen Akteuren gibt es auch problematische Regionen. Dabei handelt es sich um Konflikte – oder Konfliktpotenzial –, die gleich eine Reihe von Staaten involvieren und sich mitunter eigendynamisch wie ein Flächenbrand ausbreiten können. Der Nahe Osten ist eine solche Region, ebenso die Sahel-Zone, West- und Nordafrika, Südasien in Zusammenhang mit Afghanistan und neuerdings Zentralasien mit Tadschikistan als Plattform von islamistischem Terrorismus mit regionaler, wenn nicht internationaler Ausstrahlung. Manche ursprünglich eher räumlich begrenzten Konflikte sind auch darum von globaler Relevanz, weil wichtige Handelswege wie im Persischen Golf, in dem Roten Meer oder dem südchinesischen Meer durch sie hindurchführen oder weil sie, wie etwa Niger oder Kongo, über strategische Ressourcen verfügen. Auch die Arktis und die Antarktis könnten bereits in naher bis mittlerer Zukunft, wegen ihrer Bodenschätze, einmal Auslöser für ernste internationale Verteilungskämpfe werden. Die Arktis wird als künftige eisfreie Nordpassage zusätzliche wirtschafts-, aber eben auch sicherheitspolitische Bedeutung gewinnen. Selbst der Weltraum steht bekanntlich als Orbit für globale Kommunikation und längerfristig auch für Rohstoffe kurz vor seiner Militarisierung bis hin zu direkten weltraumgestützten terrestrischen Einwirkungsmöglichkeiten.

Grundsätzlich sollte man sich somit keine Illusionen mehr machen: Unsere Versorgung mit lebenswichtigen Wirtschaftsgütern und Rohstoffen, unsere Handlungsfähigkeit und Zukunftssicherheit werden im Zeitalter der Globalisierung mehr denn je durch Instabilitäten, regionale Konflikte und Klimawandelfolgen auf der ganzen Welt beeinträchtigt, wenn nicht gefährdet sein. Mögliche Störungen, Produktionsausfälle oder die Blockade von

Transportrouten und Umschlagplätzen stellen hier ein reales Risiko dar. Die Folgen würden uns unmittelbar, bis hin zu strukturellen Engpässen bei lebenswichtigen Gütern, betreffen und ganz erhebliche Konsequenzen für die sozioökonomische Resilienz und Stabilität nach sich ziehen. Was der Klimawandel bewirken wird, ist im Einzelnen nicht immer ausreichend konkret in Umfang, Qualität und zeitlichem Ablauf abzusehen, doch in einigen wichtigen Regionen wird die Folge aller Voraussicht nach die Zerstörung von Lebensgrundlagen in erheblichem Umfang sein. Daraus resultieren Verteilungskämpfe und Migrationsdruck, sowohl regional als auch international, von dem Europa, als vermeintlich sicherer Hafen, sicherlich besonders betroffen sein wird. Um Migrationsbewegungen in Gang zu setzen, braucht es allerdings nicht einmal die katastrophalen Folgen des Klimawandels, da reicht schon das Phänomen der *bad governance*, das in vielen Teilen der Welt endemisch ist. Mit der entsprechenden Demografie wird unter solchen Umständen ebenfalls die Lebensgrundlage und Perspektive ganzer Generationen infrage gestellt. Der internationale wie regionale Migrationsdruck nimmt zusätzlich durch die Globalisierung von Kommunikation und Mobilität zu. Ähnliches gilt für den Terrorismus, der in einer globalisierten Welt aus den genannten Gründen überall und zu jeder Zeit im virtuellen oder realen Raum präsent ist. Organisierter Terrorismus ist das Ergebnis gravierender struktureller sozioökonomischer, soziokultureller und politischer Konfliktlagen. Das bedeutet: Ohne deren Überwindung bleibt die Gefahr bestehen und tritt in immer wieder abgewandelter Form in den verschiedensten Regionen auf. Terrorismus ist also nicht weit weg, sondern – wie die Entwicklung der Sicherheitslage in Europa und in Übersee im Gefolge des Kriegs in Gaza deutlich zeigt – immer auch eine reale Bedrohung für die Bürgerinnen und Bürger der Bundesrepublik.

Die hier von mir nur grob skizzierten aktuellen Gefahren, aber auch die sich erst noch abzeichnenden Gefährdungspotenziale sind keineswegs neu. Sie existieren zum Teil seit Jahrzehnten – wie etwa islamistischer Terrorismus oder andere hybride Bedrohungen. Was jedoch zu den genannten Problemen hinzukommt, sind neue Technologien, die unser gesellschaftliches wie persönliches Leben in neue Dimensionen führen werden. Hier hängt es ganz davon ab, inwieweit es uns gelingt, uns die technologischen Befähigungen zu sichern, um mit den rasanten Entwicklungen zumindest Schritt zu halten. Die Bedeutung angemessener Handlungsfähigkeit im Cyberraum nimmt weiterhin exponentiell zu. *Cyber warfare* ist integraler Bestandteil von staatlicher hybrider Kriegführung im Vorfeld und während eines offenen bewaffneten Konflikts. Auch terroristische Gruppen nutzen diese Möglichkeit in zunehmend professionellem Maße. Wir haben gesehen, mit welcher Systematik sich die Hamas des *cyber warfare* bei der Vorbereitung und Durchführung des Überfalls auf Israel bedient hat, sei es im Bereich der Fernmeldeaufklärung, sei es bei der Unterbrechung oder Unterdrückung von elektronischer Kommunikation auf israelischer Seite, aber auch beim *information warfare* mit der Manipulation von Informationen und Meinungsbildung im globalen Informationsraum, und sich damit zeitweise entscheidende taktische Vorteile gegenüber Israel verschafft hat. *Cyber warfare* zählt bei vielen Staaten bereits heute zum Standardrepertoire der Kriegführung sowie der innerstaatlichen Repression. Das bedeutet jedoch gleichzeitig, dass eine moderne Gesellschaft aus dem globalen Cyberraum heraus enorm verwundbar ist. Wir alle sind inzwischen weltweit miteinander vernetzt. Im virtuellen Raum organisiert sich die Welt in Krieg und Frieden, in Politik, Wirtschaft, Wissenschaft und Gesellschaft. Bricht der Cyberraum zusammen, bricht die Welt zusammen. Für die globale

Kommunikation und Navigation sind Satelliten im Orbit heute unverzichtbar, und damit ist auch der Weltraum als strategischer Kommunikationsraum konfliktgefährdet. Dies haben uns Russland und China, aber auch Elon Musk mit seinem Starlink-System bereits eindrucksvoll vor Augen geführt. Zugleich sind die weltweiten Kabelverbindungen auf dem Meeresboden das Rückgrat und Nervensystem der Internet-Kommunikation, die zu 97 % zumindest phasenweise durch die Hochleistungsverbindungen geleitet werden. Kritischer kann eine Infrastruktur kaum sein, jedoch eben auch nicht ungeschützter. Hier werden neben umfassender Redundanz beständig erhebliche, auch nachrichtendienstliche und ISR-Kapazitäten sicherzustellen sein, um diese existenziellen Risiken zumindest einzugrenzen.

Der Wettlauf zwischen alten – USA und Russland – sowie neuen Weltraummächten – China, Indien und Japan – ist eröffnet. Was an neuen sicherheitsrelevanten Technologien auf uns zukommt, ist zumindest ansatzweise abzusehen: künstliche Intelligenz, Quantum Computing, autonome Waffensysteme und Drohnen mit stark erweiterten Fähigkeiten bis hin zur Autonomie. In den falschen Händen werden diese Technologien zu tödlichen Gefahren für uns alle werden, und – auch hier sollten wir uns keinen Illusionen hingeben – dort sind sie auch schon angekommen. Es gilt, sich auf diese Gefahren konkret und wirksam vorzubereiten, erneut durch massive Anstrengungen in ihrer nachrichtendienstlichen Aufklärung, technischen Analyse und Gegenmachtbildung.

Wir werden uns damit der Erkenntnis nicht entziehen können, dass wir uns unausweichlich in eine Ära verschärfter, sich eigendynamisch entwickelnder, gegenseitig verstärkender und ausbreitender Konflikte, Krisen und Risiken bewegen. Diese Entwicklung werden wir als die wahre »Zeitenwende« betrachten müssen und den Begriff nicht nur im Zusammenhang mit dem russischen Überfall auf die Ukraine und einer – irrtümlich – nur kurz- bis mittelfristig konzipierten Ertüchtigung der Bundeswehr sehen dürfen. Es handelt sich nicht »nur« um ein paar wenige Jahre, die man mit etwas Glück und am besten mit möglichst geringer Eigenbeteiligung, eingebettet in eine möglichst leistungsbereite Koalition der Willigen, »abwettern« kann. Die wahre sicherheitspolitische Zeitenwende geht weit über den tagespolitischen Gebrauch des Begriffs hinaus: Generationen werden mit existenziellen Herausforderungen konfrontiert werden, die sie in ihrer Relevanz rechtzeitig erkennen müssen, um sich im Interesse ihrer Zukunft in Frieden, Freiheit und Wohlstand behaupten zu können.

Im Jahr 2023 hat die Bundesrepublik zum ersten Mal in ihrer Geschichte eine Nationale Sicherheitsstrategie vorgestellt. Viele der eingangs beschriebenen Bedrohungen sind darin aufgeführt. Auf welche Weise – mit welchem Mitteleinsatz und welcher Handlungsabfolge – man ihnen tatsächlich und perspektivisch begegnen will, bleibt jedoch vielfach offen. Die Sicherheitsstrategie bleibt damit weiterhin überwiegend noch im Bereich der eher unverbindlichen Absichtserklärungen und Zielvorstellungen. Die globale Bedrohungslage ist mit der Nationalen Sicherheitsstrategie damit Gemeingut geworden, nicht jedoch, welche operativen und strukturellen Konsequenzen daraus mit welcher Ernsthaftigkeit und welcher Perspektive gezogen werden. Tatsächlich finden sich hier nur sehr wenige handlungsleitende Elemente. Das gilt insbesondere auch für die Nachrichtendienste, die in vielen Bereichen staatlicher Sicherheitsgewährleistung die erste Verteidigungslinie, noch vor Polizei oder Bundeswehr, darstellen. Diese können ja letztlich nur auf der Grundlage entsprechender Lagefeststellung und Lagebeurteilung handeln, und diese wiederum basiert maßgeblich auf den Ergebnissen einer zeitgerechten integrierten Aufklärung, eben von Intelligence, Surveillance, Reconnaissance (ISR). Eine derartige grundsätzliche Aussage zur Bedeutung der Dienste als wesentliche Elemente der Sicherheitsarchitektur und Unterstützer von Regierungshandeln fehlt bereits völlig, ganz im Gegensatz zum Beispiel zur Bundeswehr, die an 31 Stellen eine ebenso zutreffende wie angemessene Würdigung ihrer Relevanz als »Grundpfeiler der Verteidigung in Europa« findet, den es entsprechend zu ertüchtigen gelte.

Ein vergleichbarer Leitsatz, dass die Befähigungen der Dienste zur Früherkennung und damit Abwehr von Gefahren angemessen zu stärken seien, wäre hier in gleicher Weise als Zeichen für eine »Zeitenwende« auch für diesen Kernbereich staatlicher Sicherheitsgewährleistung angebracht gewesen. Bei Einzelthemen werden die Dienste im Geschäftsbereich des Innenministeriums dann immerhin noch erwähnt. In Bezug auf den Terrorismus heißt es: »Die Früherkennung von Bedrohungslagen und effektive Bekämpfung des transnationalen Terrorismus erfordern enge nationale und internationale, europäische und transatlantische Zusammenarbeit mit politischen, rechtlichen, nachrichtendienstlichen, polizeilichen und militärischen Mitteln. Hierzu braucht es wirksame Kompetenzen und internationale Abstimmung«. Zum Thema Desinformation wird in Aussicht gestellt: »Um unsere Abwehrkräfte gegen Desinformation und die Resilienz unserer Demokratie zu stärken, werden wir im Zusammenwirken mit den Ländern folgende Maßnahmen umsetzen: Fähigkeiten zur Erkennung, Analyse und Abwehr hybrider Bedrohungen ausbauen und ihre Instrumente zur Reaktion weiterentwickeln. Dazu gehört auch die Stärkung der Analysefähigkeit unserer Nachrichtendienste.« Das klingt gut, doch die hier geforderte »Stärkung der Analysefähigkeit unserer Nachrichtendienste« bedingt jedoch notwendig erst einmal eine umfassende Ertüchtigung der Befähigungen zur geheimen Informationsbeschaffung mit menschlichen und technischen Quellen. Dazu wird in der Sicherheitsstrategie allerdings nichts gesagt.

Dass die Befähigungen zur Spionage- und Sabotageabwehr nach Jahrzehnten der Vernachlässigung mit hoher Dringlichkeit grundlegend aufgewertet werden müssen, wird dankenswerterweise auch in der Nationalen Sicherheitsstrategie erwähnt, wenngleich mit dem eher unspezifischen Verweis auf »unsere Ressourcen«; die es hier maßgeblich zu verbessern gelte. Damit sind wahrscheinlich der Militärische Abschirmdienst der Bundeswehr (MAD), das Bundesamt für Verfassungsschutz (BfV) und der Bundesnachrichtendienst (BND) gemeint – erwähnt werden sie jedoch nicht. Gleiches gilt für die »Maßnahmen gegen Wirtschaftssabotage und -spionage«. Man sieht zwar die Notwendigkeit, sich vor Cyberangriffen und etlichem mehr zu schützen, auch das Erfordernis, die dazu notwendigen Frühwarnsysteme und Kommunikationsstrukturen zu schaffen, doch die den Nachrichtendiensten dabei zugedachte Rolle wird in der Nationalen Sicherheitsstrategie praktisch nicht erwähnt. Unfreiwillig komisch wirkt in diesem Zusammenhang dagegen die einzige explizite Erwähnung des Bundesnachrichtendienstes, immerhin des einzigen zivilen und militärischen Auslandsnachrichtendienstes der Bundesrepublik Deutschland: »Um die Auswirkungen der Klimakrise auf unsere nationale Sicherheit besser bewerten und informierte Handlungsentscheidungen ableiten zu können, wird die Bundesregierung eine Untersuchung führender wissenschaftlicher Institutionen zusammen mit dem Bundesnachrichtendienst in Auftrag geben.« Das Thema ist zweifellos hochbedeutsam, die dem BND hier zugedachte Funktion als »Hilfsorgan« der Wissenschaft verkennt jedoch in mehrfacher Hinsicht die Position, Relevanz und spezifische Befähigung des Dienstes. Die Aussage unterstreicht ein weiteres Mal den Umstand, dass die Zeitenwende noch lange nicht überall in den Geschäftsbereichen der Bundesregierung angekommen ist.

Ausgerechnet die Europäische Union ist da bereits einen Schritt weiter gegangen. In ihrer Sicherheitsstrategie vom März 2022, dem sogenannten Strategischen Kompass, wird explizit gefordert, die nachrichtendienstlichen Fähigkeiten und Strukturen zu stärken, um so ein besseres Lage- und Strategiebewusstsein zu schaffen. In der EU sind ja durchaus nachrichtendienstliche Analysestrukturen vorhanden, wie ich aus meiner Zeit als Direktor des EU INTCEN in Brüssel nur zu gut weiß. In dieser Abteilung des Europäischen Auswärtigen Dienstes (EAD) werden Lageberichte und Analysen der Nachrichtendienste aller Mitgliedstaaten zu Fragen der Außen- und Sicherheitspolitik ebenso wie zur Bedrohung durch Terrorismus oder hybride Kriegführung gesammelt, zusammengefasst und in ihrer Relevanz und Entwicklungsperspektive analysiert, sodass sie im Optimalfall zeitnah den entsprechenden Entscheidungsträgern der EU in Brüssel zur Verfügung stehen. Ergänzt wird die Arbeit des INTCEN noch durch den Europäischen Militärstab (EUMS), dessen Intelligence-Direktorat die erforderliche militärische Analyse im Rahmen der Single Intelligence Analysis Capacity (SIAC) zur Verfügung stellt und so eine 360°-Lageanalyse ermöglicht, die ihrerseits nach dem erklärten Willen des Rats der EU-Außenminister von 2020 die Grundlage für den Strategischen Kompass der EU ist.

Was der EU recht ist, sollte der Bundesregierung eigentlich billig sein, zumal diese ja dem Strategischen Kompass im Rat selbst zugestimmt hatte. Aus einer Nationalen Sicherheitsstrategie sollten die Anforderungen an *intelligence* abgeleitet werden können. Eine zentrale Voraussetzung für die geforderte »integrierte Sicherheit« ist eine integrierte Lagekompetenz in komplexen Entscheidungsprozessen, und die ist ohne *intelligence* nicht möglich, sonst droht Blindflug. Wir haben im Kapitel »Intelligence failure« am tragischen Beispiel des 7. Oktober 2023 in Israel gesehen, dass *intelligence* effektiv und effizient in die politischen und militärischen Entscheidungsprozesse eingebunden sein muss. Größtes Augenmerk wird hierbei in der Zusammensetzung und den Organisationsabläufen darauf zu richten sein, dass gerade strategische Lagefeststellung und Lagebeurteilung nicht in eingefahrenen kognitiven Bahnen verlaufen. Die Fähigkeit zur kritischen Reflexion und Hinterfragung muss hier quasi ablauforganisatorisch eingebaut werden. Hierfür gibt es bereits erprobte Verfahren. Eine Neustrukturierung der gesamtstaatlichen Entscheidungsprozesse ist deshalb auch in der Bundesrepublik dringend erforderlich. Viele, wenn nicht die meisten sicherheitspolitisch relevanten Krisen und Probleme sind derart komplex, dass sie innerhalb der Regierung ressortübergreifend bewältigt werden müssen. Unabhängig davon, ob es sich nun um die Folgen des Klimawandels oder eine Attacke im Cyberraum handelt. Der inzwischen auch in der Nationalen Sicherheitsstrategie etablierte Begriff der »Integrierten Sicherheit« geht erklärtermaßen über die Einzelzuständigkeiten von Außen- und Verteidigungspolitik hinaus und betrifft ebenso essenzielle Belange weiterer Ressorts wie der Bundesministerien des Inneren, der Entwicklungszusammenarbeit, der Finanzen, der Wirtschaft, der Umwelt und der Gesundheit. Ganz abgesehen von den föderalen Dimensionen der inneren und Versorgungssicherheit. Nur muss das alles auch wirksam integriert werden und darf nicht beziehungslos nebeneinander oder gar gegenläufig zueinander existieren. Ohne die Bildung eines Nationalen Sicherheitsrates wird dies nicht funktionieren. Aktuell erfolgt Lagefeststellung und -beurteilung in Deutschland vor dem Hintergrund eines ausgeprägten föderalen Systems und darüber hinaus des Ressortprinzips innerhalb der Bundesregierung. Also überwiegend in eigenständiger, tendenziell konkurrierender Kompetenzwahrnehmung von Bundes- und Landesressorts sowie Behörden und damit bereits in Form, Verfahren, Zielsetzung und organisatorischer Einbindung disparat. Die jeweiligen Ergebnisse werden überwiegend erst auf der politischen Entscheidungsebene als fertige, so auch politisch durchzusetzende »Hausmeinung« in einen vornehmlich (partei-)politisch-operativen Abstimmungsprozess eingeführt. Mit einem gemeinsamen Bemühen um sachgerechte Lagearbeit hat dies nichts zu tun. Diese Verfahren haben sich seit Jahren, wenn nicht Jahrzehnten, als bürokratisch, zeitraubend, wenig sachorientiert und noch weniger zielführend erwiesen.

Ein hier aufgrund seiner Bedeutung etwas ausführlicher zu skizzierendes Lehrbeispiel für diese Problematik stellen die Vorgänge in Afghanistan im unmittelbaren Vorfeld des Einmarschs der Taliban in Kabul im August 2021 dar. Zu Recht sind diese Gegenstand eines parlamentarischen Untersuchungsausschusses im Deutschen Bundestag geworden, und zu Recht mehren sich bereits vor dem Ende der Zeugenvernehmungen im Dezember die parlamentarischen Stimmen, die auf die Notwendigkeit einer Strukturreform der außen- und sicherheitspolitischen Entscheidungsprozesse verweisen.

Konkret geht es dabei auch um die Rolle des BND und die Frage, ob dieser die politischen und militärischen Entscheidungsträger rechtzeitig und zutreffend über die bevorstehenden Ereignisse informiert habe. Wir erinnern uns, dass im Verlauf des Jahres 2021 die Taliban angesichts des von den USA auf den 11. September fest terminierten Abzugs der eigenen und verbündeten

Streitkräfte immer mehr an Boden gewannen und die afghanische Armee immer mehr in die Defensive geriet. Wie inzwischen auch in der Medienberichterstattung deutlich gemacht wird, hatte der BND über Monate hinweg klare und konsistente Aussagen zu den Zerfallsprozessen und Desintegrationstendenzen der afghanischen Streit- und Sicherheitskräfte gemacht. Bereits im Januar 2021 hieß es beispielsweise, »die Umkehr der fortschreitenden Erosion sei nahezu ausgeschlossen«, und im Juli, »die Desintegration der Armee werde weiter befeuert«. Spätestens zu diesem Zeitpunkt bestand dringender Handlungsbedarf in Form von *contingency planning*, der vorsorglichen Planung für verschiedene Eventualfälle, bei der die materiellen, personellen und organisatorischen Grundlagen für mögliche Einsätze so gut wie möglich im Voraus festzulegen sind. Tritt ein »Ernstfall«, eine *contingency* ein, muss der vorgefertigte Operationsplan dann nach kurzem Abgleich mit der konkret eingetretenen aktuellen Lage mit minimalem Zeitverzug ins Werk gesetzt werden können. Nur so gewinnt man die gerade in Notfällen entscheidende Handlungsüberlegenheit. Dies ist umso wichtiger, je komplexer die Aufgaben sind, die zumeist auch noch im Zuständigkeitsbereich verschiedener Ressorts liegen und damit notwendig effektiv koordiniert werden müssen. Es ist inzwischen kein Geheimnis mehr, dass all dies seinerzeit nicht erfolgte, ungeachtet klarer Indizien und Meldungen.

Anfang August begann der finale Abzug von US-Truppen, sodass die Gefahr eines vollständigen Zusammenbruchs der afghanischen Streitkräfte von Tag zu Tag greifbarer wurde. Die Bundeswehr war bereits Ende Juni aus Kunduz abgezogen. Im Land waren jedoch Angehörige der Deutschen Botschaft Kabul und insbesondere auch zahlreiche Ortskräfte von Bundeswehr, Bundesnachrichtendienst, anderen Behörden sowie der deutschen

Gesellschaft für Internationale Zusammenarbeit (GIZ) geblieben. Für sie alle musste angesichts ihrer Gefährdungslage nach Machtübernahme der Taliban angemessen Vorsorge geleistet werden. Der BND hatte hier ausweislich der Medienberichterstattung aus dem Ausschuss bereits im Frühjahr 2021 keinen Zweifel daran gelassen, dass für diese Personengruppe, die von den Taliban als »Verräter« und »Kollaborateure« geschmäht worden war, eine hohe Gefährdung bestand.

Angesichts der eskalierenden taktischen Lageverschlechterung berief das Auswärtige Amt am Freitag, 13. August, eine Sitzung des Krisenstabs ein. Dies ist ein interministerielles Gremium, das bei konkreten Gefahrenlagen für deutsche Staatsangehörige einberufen wird, um Maßnahmen zu deren Schutz oder Rettung zu beschließen und zu koordinieren. Auch Bundespolizei und Nachrichtendienste sind hier beteiligt. Die damalige Vizepräsidentin des BND gab auf dieser Sitzung eine Lagebeurteilung ab, dass ein Fall Kabuls vor dem 11. September eher unwahrscheinlich sei. Zugleich wurde jedoch, vielleicht etwas zu salomonisch oder gar salvatorisch, darauf hingewiesen, dass sich bei weiteren Lageveränderungen, wie etwa einem vorzeitigen Abzug der amerikanischen Truppen aus Kabul, die Ereignisse auch überstürzen könnten. Das Dumme war nur, dass genau das zum Zeitpunkt der Krisenstabssitzung schon im Gange war. Bereits am 14. August entschloss sich der afghanische Präsident Ghani zur Flucht ins Ausland, die Armee löste sich größtenteils auf, und die Taliban marschierten einen Tag später, eher zur eigenen Überraschung, kampflos in Kabul ein. Das Personal der deutschen Botschaft und eine sehr kleine Zahl afghanischer Ortskräfte konnten nur unter schwierigsten Bedingungen – und mit massiver kameradschaftlicher Hilfe der letzten, selbst gerade abziehenden amerikanischen

Verbündeten vor Ort – zumindest einmal zum militärisch noch gesicherten Flughafen evakuiert werden. Man war offensichtlich vom Tempo der Ereignisse in den letzten 48 Stunden überrascht worden. Dem BND wurde daraufhin binnen weniger Stunden unter Hinweis auf die Krisenstabssitzung vom 13. August »Totalversagen« vorgeworfen. Nur aus diesem Grund seien Evakuierungsmaßnahmen nicht rechtzeitig eingeleitet worden. Dies war natürlich eine wenig überzeugende Zweckbehauptung. Selbst bei einem *red alert* des BND, am Nachmittag des 13. August, hätten sich ja in den noch verbleibenden 48 Stunden gar keine nennenswerten Handlungsspielräume mehr ergeben können. Niemand hatte sich ja in den Wochen und Monaten zuvor personell und materiell auf größere operative Maßnahmen vorbereitet. Allein schon die Bereitstellung und Entsendung von Flugzeugen wären nicht mehr zeit- und lagegerecht möglich gewesen. Ganz zu schweigen von administrativen Maßnahmen wie der Zusammenstellung von Listen mit Schutzbefohlenen sowie deren Vorbereitung auf eine Evakuierung bis hin zur geordneten Zuführung in vorab definierte Sammelräume und Bereitstellung von Transportmöglichkeiten am Flugplatz. Mit einem Alarm am 13. August hätte sich allerdings Handlungssicherheit für die Angehörigen der Deutschen Botschaft bei der Schließung der Vertretung und der eigenen Evakuierung hin zum Flughafen Kabul ergeben. So mussten sie auf eigene Faust und Verantwortung handeln, was sie dann auch als Profis dankenswerterweise taten. Eventuell alarmgestartete Flugzeuge der Bundeswehr, sofern diese überhaupt binnen weniger Stunden zur Verfügung gestanden hätten, wären nur in das am Flughafen Kabul herrschende Chaos des 14. und 15. August hineingeflogen, wenn sie überhaupt eine Landegenehmigung der US-Streitkräfte erhalten hätten. Evakuierungen »aus dem Stand« gibt es nicht, ohne dass zuvor entsprechende Reserven und Kapazitäten gebildet und vorgehalten werden. Die Fehler und Versäumnisse liegen darum alle weit vor dem 13. August und sind in der Entscheidungs- und Handlungsunwilligkeit der zuständigen Ressorts angesichts einer sich für alle erkennbar zuspitzenden Sicherheitslage in Afghanistan begründet. Der BND muss allerdings einem handwerklichen Fehler dahingehend nachgehen, dass in der Lagearbeit offenbar eine verengte Fokussierung auf die »Feindlage« (Taliban) unter Vernachlässigung der »eigenen Lage« (Präsident Ghani/afghanische Streitkräfte/US-Streitkräfte) stattgefunden hat. Das Risiko einer spontanen Flucht Ghanis angesichts des sich abzeichnenden ausweglosen Desasters des finalen US-Abzugs und des Zerfalls der eigenen Streitkräfte wurde wohl nicht ausreichend in Erwägung gezogen. Man orientierte sich vielmehr in erster Linie an der durchaus glaubhaft übermittelten Absicht der Taliban, vor dem endgültigen Abzug der US-Kräfte aus der Stadt keine Eroberung Kabuls anzustreben. Dass dies dann bereits am 14./15. August geschah und nicht im Laufe des späteren Monats oder gar erst bis zur vereinbarten Deadline des 11. September, war offenbar für alle – auch für die Taliban – eine Überraschung. Wäre Ghani nicht sofort geflohen und seine Truppe wenigstens nicht im gleichen Moment desintegriert, sondern die Stadt noch militärisch gehalten – allerdings wofür? –, hätte sich der Prozess der nach übereinstimmendem Urteil ohnehin unvermeidlichen Niederlage wohl noch eine Weile hingezogen. Besser geworden wäre dadurch kaum etwas, insbesondere nicht für die sich dann entwickelnde Sicherheitslage in und um Kabul, einschließlich der sich hieraus ergebenden Konsequenzen für die dann notwendigen Evakuierungsmaßnahmen der westlichen Staatengemeinschaft. Im Kern wäre ja auch ein möglicher Belagerungszustand Kabuls durch die Taliban, ohne US-Luftraumsicherung, aber mit Kampfhandlungen auf dem Boden, eine massive operative Herausforderung für erforderliche Evakuierungsflüge »unter Feuer« geworden, wenn diese angesichts der dann eingetretenen Lage nicht ohnehin grundsätzlich infrage gestellt gewesen wären.

Die Lage am 13. August war damit ohnehin schon völlig »verkorkst«; wirksame Vorsorge in den Wochen und Monaten zuvor war versäumt worden, obwohl das Ende und der damit einhergehende Handlungsbedarf erkennbar näher rückten. Notwendige Vorbeugung im Hinblick auf die eindeutig absehbare Not- und Krisenlage in Afghanistan wurde ressortübergreifend allein schon mangels einer effektiven Sachleitung nicht ins Auge gefasst und ausgeplant. Hier werden im Interesse von gesamtstaatlicher Resilienz und Handlungsfähigkeit bessere Strukturen eingeführt werden müssen.

Die Nationale Sicherheitsstrategie beschreibt Sicherheit zutreffend als in hohem Maße multikausal und interdependent. Sie umfasst internationale wie nationale, externe wie interne, wirtschaftliche, zivilgesellschaftliche, ökologische wie militärische und technisch-wissenschaftliche Dimensionen, denen Daseinsvorsorge und Sicherheitsgewährleistung Rechnung zu tragen haben. Organisatorische Schlussfolgerungen werden in der Strategie allerdings nicht gezogen, obwohl diese in der Sache auf der Hand liegen: Eine der Bundesregierung zuarbeitende Lage- und Analysefunktion wird thematisch breit aufzustellen sein und über eine hohe fachliche und politische Deutungskompetenz verfügen müssen. Fachkompetenz basiert auf abrufbarer Expertise in Ressorts, Nachrichtendiensten und Wissenschaft; politische Deutungskompetenz entsteht in enger Anbindung an die politische Entscheidungsebene auf nationaler oder gemeinschaftlicher Ebene. Eine solche Anbindung läge sinnvollerweise beim Bundeskanzleramt, in dessen Abteilungen und Referaten die Ressorts der Bundesregierung ohnehin spiegelbildlich vertreten sind. Zudem untersteht der BND dem Chef des Bundeskanzleramts und könnte so mit seiner leistungsfähigen Infrastruktur wahrscheinlich wesentlich zum raschen Aufbau der nötigen Befähigungen beitragen. Rein aufbau- und ablauforganisatorisch stehen der ressortübergreifenden integrierten Lagefunktion im Bundeskanzleramt damit ebenso wenig im Wege wie verfassungsrechtlich der Etablierung eines Sicherheitsrates als Kabinettsausschuss zur Vorbereitung von sicherheitspolitischen Entscheidungen der Bundesregierung. Anders verhält es sich jedoch mit den real existierenden politischen Verhältnissen, die in zwei Schlagwörtern zusammengefasst werden können: Ressort- und Parteiegoismus. Es entbehrt hier nicht einer gewissen bitteren Ironie, dass ein solcher Ausschuss, sogar unter der Bezeichnung »Bundessicherheitsrat«, bereits seit Jahrzehnten existiert, jedoch in seiner Aufgabenstellung auf die geheime Erörterung sensibler Rüstungsexportvorhaben beschränkt ist.

Staaten wie die USA und Großbritannien, die sich traditionell als eigenständige sicherheitspolitische Akteure im internationalen Maßstab verstehen, leisten sich diesen Luxus von vornherein unkoordinierter interner Vielfalt nicht. Sie verfügen mit der Institution eines Nationalen Sicherheitsrats (*White House National Security Council, UK National Security Council Cabinet Office*) seit Langem über vergleichbare Gremien, einschließlich der diesen zugeordneten Analysekapazitäten wie der *Joint Intelligence Organization* (JIO) des Cabinet Office in London und dem *Office of the Director of National Intelligence* (ODNI) in Washington. Auch Frankreich hat seit Langem eine nationale Sicherheitsarchitektur mit einem dem Premierminister direkt unterstellten *Secrétariat général de la défense et de la sécurité nationale* (SGDSN) und dem diesem vorgesetzten präsidialen

Conseil de défense et de sécurité nationale (CSDN) auf Ministerebene mit seinerseits spezifischen Formaten unter Beiziehung der Chefs der Nachrichtendienste und des Nachrichtendienstkoordinators. Die Beispiele USA, Großbritannien und Frankreich verdeutlichen, dass ressortübergreifende Entscheidungen zu komplexen sicherheitspolitischen Herausforderungen nicht in einem Ad-hoc-Rahmen getroffen werden können. Politische Entscheidungsgremien müssen vielmehr zuverlässig auf einen Unterbau zurückgreifen können, der die beratungs- und entscheidungsbegründenden Unterlagen zu erstellen und in geeigneter Form zeitgerecht vorzulegen hat. Angesichts der im Zeitalter des »Global Village« und Cyberraums exponentiell gewachsenen Dynamik und Wirkungsmacht auch geografisch peripherer Lageentwicklungen müssen wir an die Präsenz, Stabilität und Leistungsfähigkeit derartiger Strukturen besondere Anforderungen stellen.

All dies sollte verdeutlichen, dass eine sicherheitspolitische Zeitenwende zwar im Kopf beginnen, jedoch in einem ernst gemeinten Umbau der nationalen Sicherheitsarchitektur enden muss, wenn verantwortungsvolle Daseinsvorsorge betrieben werden soll. Die besten Strategien nützen nur wenig, wenn nicht auch geeignete Strukturen für adäquates Handeln geschaffen werden. Schon Erich Kästner reimte so prägnant wie zutreffend: »Es gibt nichts Gutes, außer man tut es.« Die Schaffung eines Nationalen Sicherheitsrates, durchaus unter Nutzung des bisherigen Bundessicherheitsrates, inklusive des erwähnten Gesamtlage- und Analysezentrums, wäre ein im Grunde überfälliger Schritt in die richtige Richtung, der mit einer entsprechenden Ausrichtung und Weiterentwicklung der Nachrichtendienste einhergehen muss.

13. *Intelligence matters*

Bereits in meinen elementaren Ausbildungstakten an der Offizierschule der Luftwaffe in den Siebzigerjahren wurde ich mit dem Begriff der *situational awareness* und ihrer zentralen Bedeutung für Erfolg und Misserfolg bei militärischen Operationen konfrontiert. Kein Wunder, wurde er doch von den Kampfpiloten der US Air Force aus den Erfahrungen der Korea- und Vietnamkriege geprägt. Im Luftkampf, bekanntlich einem hochdynamischen dreidimensionalen Geschehen mit nicht selten tödlichem Ausgang, entscheidet maßgeblich das bessere, zunehmend technisch generierte Lagebewusstsein, im Jargon auch als *ace factor*, als »Fliegerass-Faktor« bezeichnet, ob und wie man aus der bedrohlichen Situation wieder herauskommt. Bereits in den späten Achtzigerjahren hat man den Begriff der *situational awareness* dann auf sämtliche, keineswegs nur militärisch volatile Lagen übertragen, denn wer nicht weiß, was um einen herum so vorgeht, steht unvorbereitet, desorientiert und ratlos da, sodass er leicht zum Opfer von Entwicklungen wird, die er nicht rechtzeitig hat kommen sehen. So geschehen ja auch am 7. Oktober 2023 in Israel, in Afghanistan im August 2021 und in der Ukraine im Februar 2022. Die Betrachtung der Ereignisse auch in den sich anschließenden Monaten des Konflikts in Gaza hat uns darüber hinaus gezeigt, dass ohne hochprofessionell beschaffte und im Idealfall verzugslos ausgewertete, spezifische handlungsbefähigende Informationen keine Erfolge erzielt werden können. Das Gleiche ist ebenfalls in der militärischen Auseinandersetzung mit Hizballah in Libanon der Fall: Ohne dynamische, hochaufgelöste und präzise Daten zu Nachschublinien, Depots, Stellungen und Aktivitäten von Raketentruppen in Libanon und Syrien lassen sich keine wirksamen Angriffe der Luftstreitkräfte zur Unterdrückung (*interdiction*) des Beschusses durchführen. Ohne langfristig angelegte nachrichtendienstliche Aufklärung von Personen, Netzwerken, baulicher Infrastruktur in Beirut und anderen von Hizballah frequentierten Orten, in Verbindung mit aktuellen taktischen Hinweisen aus SIGINT, IMINT oder HUMINT, lässt sich kein hochpräziser Beschuss von Zielen wie Fu'ad Shukr (30.07.2024) oder jüngst Ibrahim Aqil samt seinen Kommandeuren (20.09.2024) oder gar Hasan Nasrallah (27.09.2024) vorbereiten und durchführen. Umgekehrt führt das Defizit solcher Lagekenntnis zumindest zu Insuffizienz, wenn nicht zu schmerzlichen Verlusten. Fazit: Bereits in ruhigen Zeiten ist der Bedarf an *strategic intelligence* hoch, um in ihrem Licht rechtzeitig Kapazitäten aufbauen zu können, die eine adäquate Bewältigung von absehbaren Risiken und Bedrohungen ermöglichen. Im Spannungs- und mehr noch im Konfliktfall explodieren dann die quantitativen und qualitativen Anforderungen an die Nachrichtendienste, und auch hierfür muss bereits heute personell, organisatorisch und strukturell Vorsorge geschaffen werden. Eine Kernvoraussetzung für adäquates, handlungsbefähigendes Lagebewusstsein sind nachrichtendienstlich generierte Erkenntnisse. Es gilt also die im Englischen ebenso prägnant wie doppeldeutig verwendete Aussage »*Intelligence matters*«: *Intelligence* ist von Belang für Entscheider, und damit sind es auch die Angelegenheiten der Dienste, eben die »*intelligence matters*«, all jene Rahmenbedingungen, Befähigungen und Erfordernisse, die erst dazu führen, dass »*intelligence*« von Belang sein kann.

Zum Ausklang und Ausblick soll es daher noch einmal um die Zukunftsfähigkeit von *intelligence* gehen. Sind wir im Rahmen der politisch vorzugebenden Aufgabenstellungen und Zielsetzungen technisch und personell gut genug aufgestellt? Wie sieht es – gerade auch angesichts der massiven und strategisch angelegten russischen und chinesischen Bedrohungen – kurz- bis mittelfristig mit der Spionage- und Terrorabwehr, wie mit nachrichtendienstlicher Spitzentechnologie und zukunftsfähiger personeller Befähigung, wie mit Resilienz im Spannungs- und Verteidigungsfall aus? Ich habe im vorangegangenen Kapitel bereits von der Notwendigkeit eines nationalen Gesamtlage- und Analysezentrums zur Unterstützung eines Sicherheitsrates durch ressortübergreifend zu erstellende, gerade auch auf den Erkenntnissen der Nachrichtendienste basierende Lagebeiträge und Analysen gesprochen. Diese gilt es, für diese Aufgabe in ihren Befähigungen perspektivisch zu entwickeln.

Der Blick über den Atlantik und auf die USA ist wie so oft auch im Hinblick darauf lehrreich. Im Februar 2024 hat CIA-Chef William Burns in einem viel beachteten Artikel unter dem Titel *«Spycraft and Statecraft – Transforming the CIA for an Age of Competition«* in der US-Zeitschrift Foreign Affairs die aus seiner Sicht notwendigen Schritte skizziert, mit denen sein Dienst vor dem Hintergrund der globalen Polykrise »*fit for purpose*« und »*fit for future*« gemacht werden kann – und gemacht werden muss. Um ihrer Kernaufgabe weiterhin gerecht zu werden, politischen und militärischen Entscheidungsträgern dabei zu helfen, Umwälzungen vorherzusehen und in diesen die Interessen des eigenen Landes zu wahren, habe sich – so Burns – die CIA bereits in den vergangenen Jahren auf vielfältige und gravierende, neue geopolitische, aber auch technologische Herausforderungen und Risiken einstellen müssen. Angesichts der globalen Dynamik werde das auch künftig der Fall sein. Die stürmische Entwicklung in Überwachungs- und Gesichtserkennungstechnologien bleibe dabei unter operativen Aspekten ebenso zu berücksichtigen wie die völlig neuen Dimensionen, die künstliche Intelligenz und perspektivisch Quantum Computing für nachrichtendienstliche Analyse und Berichterstattung mit sich bringen würden. Die CIA befinde sich hier im intensiven Wettbewerb mit ihren Rivalen, um die jeweils neuesten Technologien zu entwickeln und zum Einsatz zu bringen. Der Dienst habe daher erstmals den Posten eines »Chief Technology Officer« geschaffen und ein gesondertes Kompetenzzentrum zur Förderung der Kontakte zu privater Spitzenforschung und industrieller Entwicklung eingerichtet. Auch die Auswirkungen umfassender Desinformationskampagnen auf die Stabilität und Orientierung nicht nur westlicher Gesellschaften und politischer Systeme seien nur mit modernsten Mitteln zu erfassen, zu analysieren und wirksam zu bekämpfen, so CIA-Chef Burns. Zugleich erweiterten neue Methoden wie jene der *strategic declassification*, also der gezielten öffentlichen Nutzung nachrichtendienstlicher Erkenntnisse zu politischen Zwecken, das Handlungs- und Verantwortungsspektrum der Dienste. Ebenso werde der Einsatz von Nachrichtendiensten als Mittel diskreter Diplomatie weltweit an Bedeutung zunehmen. Neben technisch-wissenschaftlicher Exzellenz seien deutlich erweiterte fachliche, sprachliche und gesellschafts- und kulturwissenschaftliche Kompetenzen im Hinblick auf globalisierte Herausforderungen in großem Stil einzuwerben, sprich: Experten auf diesen Gebieten zu gewinnen. Dazu gelte es, Einstellungsprozesse zu straffen und zu beschleunigen, Karrierepfade für Experten neu zu ordnen, um Kompetenz halten und weiterentwickeln zu können. Alle US-Nachrichtendienste, nicht nur die CIA, so Burns, müssten sich diesen Herausforderungen auf absehbare Zeit stellen. Hier seien effektive Priorisierungen in den Diensten notwendig und angemessen budgetär zu unterfüttern: Schwerpunktbildung ohne damit einhergehende adäquate Finanzierung sei irrelevante Scheinaktivität. Allein die CIA habe angesichts der langfristig besonders bedeutsamen Bedrohung durch China die Ressourcen für die weltweite Aufklärung und Analyse chinesischer Potenziale, Aktivitäten und Ambitionen verdoppelt. In sogenannten »Mission Centers« würden bereichs- und fachübergreifend sicherheitspolitisch hochrelevante Themen verfolgt und bearbeitet. Für China gebe es seit 2021 ein solches »Mission Center«.

Dem ist im Grunde nicht allzu viel hinzuzufügen. Auch für Deutschland bestehen die gleichen fundamentalen Chancen, aber eben auch Herausforderungen und Risiken für die Zukunfts- und Überlebensfähigkeit von Staat und Gesellschaft in den exponentiellen Entwicklungen in Technik und Wissenschaft. Gerade leistungsstarke luft- und raumgestützte Aufklärungsmittel, gepaart mit modernster, breit ausgebrachter technischer Sensorik und naturwissenschaftlich-technischer Expertise, helfen in besonderer Weise bei der weltweiten Erfassung und Verfolgung sicherheitspolitisch relevanter Vorgänge. Generell ist hierbei aber – wie bei der CIA – auch die breit angelegte Qualifizierung der Mitarbeiterschaft für den Einsatz neuer Technologien wie die fachlich kompetente Analyse der gewonnenen Informationen unabdingbar. Hier geht es nicht um wenige »Nerds« – die braucht man natürlich auch –, sondern um eine breite Ertüchtigung im Gebrauch moderner Verfahren des Datenmanagements und der Datenanalyse. All dies muss von Anfang an mitgedacht, mitgeplant, budgetiert und eingeleitet werden.

Die globale Digitalisierung und Vernetzung von Daten bringt fundamentale Herausforderungen für alle Aspekte des öffentlichen und privaten Lebens mit sich, so auch für die Arbeit der Nachrichtendienste. Operative wie personelle Sicherheit sind hier in besonderer Weise betroffen und müssen den neuen technischen Realitäten und ihrer perspektivischen Entwicklung Rechnung tragen.

Gleiches gilt für die Dimension der weltraumgestützten Aufklärung, wo mit dem elektrooptischen Satellitenprogramm GEORG für den BND ein auch budgetär eindrucksvoller Anfang gemacht worden ist. Diesen gilt es jedoch, in den kommenden Jahren – in Koordination mit dem radargestützten Satellitenprogramm der Bundeswehr (SARah) und den noch im Forschungsstadium befindlichen Satelliten für Quantenkommunikation – mit einer mittel- und langfristigen technischen wie verbindlichen budgetären Perspektive – konsequent und bedrohungsadäquat weiterzuführen und weiterzuentwickeln.

Gerade in diesen Bereichen wird es essenziell sein, den Anschluss an die technischen Entwicklungen nicht zu verlieren und entsprechende Entwicklungen unter systematischer Einbeziehung auch zivilgesellschaftlicher Spitzenforschung voranzutreiben. Der bereits diskutierte Bundessicherheitsrat ebenso wie ein diesem beizuordnender Wissenschaftlicher Beirat Sicherheitspolitik und Spitzentechnologie könnten für diese interdisziplinäre Vernetzung genutzt werden.

Auf den essenziellen personellen Aspekt für Nachrichtendienste – den *human factor* – habe ich schon ausführlich hingewiesen. Ich möchte an dieser Stelle nur noch einmal daran erinnern, dass eine dringend notwendige personelle Aufstockung und zukunftsorientierte breite Qualifizierungsoffensive in allen, auch den nichttechnischen Disziplinen, langfristig und nötigenfalls unter neuen dienst- und besoldungsrechtlichen Rahmenbedingungen geplant werden muss. Im Interesse von Zeitgerechtigkeit und Relevanz muss dieser Prozess heute eingeleitet werden.

All dies nützt jedoch nichts, wenn die rechtliche Mandatierung und Kontrolle der Nachrichtendienste nicht in einem sachgerechten Verhältnis zu den erforderlichen Befähigungen der Dienste stehen. Für deren Grundlegung und Einbindung in ein kohärentes Recht ist bedeutsam, die Grundrechtsbindung und den Verfassungsauftrag zur Gewährleistung von Sicherheit als Grundlage für Freiheit, Selbstbestimmung und Zukunftsfähigkeit in ein komplementäres und nicht in ein kontradiktorisches Verhältnis zu bringen. Unabdingbare Voraussetzung für sinnvolles und nicht nur symbolisches nachrichtendienstliches Handeln müssen sachgerechte und problemadäquate wirkungsvolle Befähigungen sein, deren konsequenter Einsatz zur Wahrung von höchstrangigen Rechtsgütern rechtlich mandatiert und politisch gewollt ist. Es sollte sehr klar herausgearbeitet werden, wo rechtliche Grenzen zwingend gesetzt werden müssen, zugleich aber auch, welcher Preis an Sicherheit und Daseinsvorsorge dann für die gesetzlich gewollte Selbstbeschränkung zu zahlen sein wird. Dies ist ein Gebot von politischer Transparenz und Glaubwürdigkeit gegenüber den Menschen, die auf das Sicherheitsversprechen ihres Staates und seiner Behörden bauen.

Operative und technische Befähigungen wie rechtliche Befugnisse müssen so ausgestaltet sein, dass sie den Diensten eine glaubhafte und wirksame Erfüllung ihres verfassungsrechtlich mandatierten Auftrages im Interesse von Staat und Gesellschaft ermöglichen. Rechtsstaatliche Einhegung, Vorab- und Verlaufskontrolle werden sich stets auch an diesem Gebot messen lassen müssen und zumindest im begründeten Einzelfall auch Raum für sachgerechte Ausnahmeregelungen lassen. Das gilt aktuell insbesondere für die Regelungsbereiche zur Speicherung von technischen Verbindungsdaten, zur Telekommunikationsüberwachung am unverschlüsselten Endgerät (sogenannte Quellen-TKÜ), aber auch für die Bestimmungen zur Übermittlung personenbezogener Daten zwischen nationalen Stellen und auf internationaler Ebene sowie für die normative und administrative Ausgestaltung von Genehmigungs- und Kontrollverfahren in nachrichtendienstlichen Angelegenheiten. In all diesen Bereichen gilt es auch, die professionelle und damit gerade auch technisch-operative Befähigung zur effektiven und effizienten Zusammenarbeit mit den Diensten der westlichen Wertegemeinschaft aufrechtzuerhalten.

Darüber hinaus muss jedoch auch dem sehr banalen, dafür umso lieber verdrängten Umstand Rechnung getragen werden, dass Strukturen und Verfahren zur Kontrolle der Nachrichtendienste notwendig erfahrenes Personal aus den jeweiligen operativen und analytischen Kernbereichen abziehen. Zusätzlich werden über die im Genehmigungs- und Kontrollprozess erforderlichen Verfahren zur Antragstellung, Dokumentation und Berichterstattung teils umfängliche, fachlich ausgewiesene personelle Ressourcen in den Diensten selbst gebunden. Diesen unvermeidlichen doppelten *brain drain* gilt es, bereits bei der Konzipierung und Ausplanung von Kontrollmechanismen vorausschauend durch gezielten Personalaufbau in den betroffenen Bereichen zu kompensieren, soll nicht durch die Einführung der Kontrollmaßnahmen ein spürbarer Verlust an Handlungsfähigkeit, Produktivität und Agilität eintreten. *Intelligence* ist – das sollte dieses Buch mehrfach verdeutlicht haben – kein Verwaltungsvorgang, der einfach so seine Zeit im geordneten mehrstufigen Verfahren braucht. *Intelligence* muss so dynamisch sein können wie die Bedrohungen und Lageentwicklungen, zu deren zeitgerechter Aufklärung sie berufen ist. Verspätete *intelligence* ist Versagen im Kernauftrag. Dem Primat der Zeitgerechtigkeit müssen Verfahren und Strukturen untergeordnet werden.

Das gilt gerade auch in der ablauforganisatorischen Gestaltung der Genehmigungs- und Kontrollmaßnahmen, soll nicht die Aufgabenerfüllung der Dienste ad absurdum geführt werden. Hier muss das Augenmerk auf eine wirksame Verlaufskontrolle zur Vermeidung, notfalls auch Heilung möglicher Fehler gerichtet werden, nicht aber auf ein komplexes mehrstufiges Vorab-Genehmigungsverfahren, das im Zweifel die angestrebte Maßnahme durch Zeitablauf bereits wieder obsolet macht.

Was noch zu sagen bleibt, sind einige Worte zur Kooperation der Nachrichtendienste im europäischen Rahmen. Sie wird in Zukunft noch wichtiger werden. Wie alle EU-Mitgliedstaaten hat sich die Bundesrepublik Deutschland zur Mitwirkung an der Gemeinsamen Außen- und Sicherheitspolitik (GASP) und der Gemeinsamen Sicherheits- und Verteidigungspolitik (GSVP) verpflichtet. Die Forderung nach einer weiteren Stärkung der EU in diesem Bereich zählt zum außen- und sicherheitspolitischen Gemeingut der meisten deutschen Parteien, muss jedoch entsprechend konkretisiert und operationalisiert werden, soll es nicht unverbindliche und damit nutzlose Leerformel bleiben.

Hier ist das Augenmerk zunächst einmal auf die bereits seit 2002 bestehende personelle und materielle Beteiligung der deutschen Dienste an den Lagestrukturen der EU zu richten. Der Bundesnachrichtendienst zählt zusammen mit dem Bundesamt für Verfassungsschutz traditionell zu den Unterstützern der zuständigen Bereiche in der EU, des Intelligence Analysis and Situation Centre (EU INTCEN) und des Intelligence Directorate des Europäischen Militärstabes (EUMS.INT), die unter Wahrung der nationalen rechtlichen und politischen Vorgaben an freigegebener Ausgangsberichterstattung beteiligt werden. Zugleich werden Analytiker und Experten der Dienste im zeitlichen Wechsel an diese Abteilungen abgeordnet. Sie bilden die fachliche und methodische Kernkompetenz dieser Strukturen. In gleicher Weise unterstützen auch die meisten anderen Mitgliedstaaten im Rahmen ihrer Möglichkeiten und politischen Interessen. Außen- und sicherheitspolitische Entscheidungen im Rat der Außen- und Verteidigungsminister der EU oder auch der Staats- und Regierungschefs werden durch zivil-militärische Analysen beider Abteilungen, die hier ihre Arbeits- und Produktionsprozesse im Rahmen einer *Single Intelligence Analysis Capacity* (SIAC) koordinieren, unterstützt. Dieser Verbund ist von den Mitgliedstaaten mit der Erstellung einer »360°-Bedrohungsanalyse« als Grundlage und Ausgangspunkt für den im Frühjahr 2022 erstmals vorgelegten »Strategic Compass« der EU beauftragt worden. Diese Bedrohungsanalysen sollen kontinuierlich aktualisiert werden und können so eine wertvolle Grundlage für die gemeinsame außen- und sicherheitspolitische Entscheidungsfindung der EU bilden. Voraussetzung hierfür ist jedoch eine angemessene, zukunftssichere personelle und materielle Ausstattung der Strukturen, zumal nach dem Willen der Mitgliedstaaten die EU zunehmend auch als sicherheitspolitisch, längerfristig auch militärpolitisch und militärisch relevanter Akteur in Erscheinung treten soll. Dies wiederum bedingt jedoch die entsprechende perspektivische Weiterentwicklung von Befähigungen zur gemeinsamen Lagefeststellung und Lagebeurteilung. Auch stehen personelle Ausstattung ebenso wie leistungsstarke IT-unterstützte Analyse- und Berichterstattungsmittel der neuen Generation sowie wirksam geschützte Kommunikationsstrukturen im Mittelpunkt der Anforderungen. Wie so oft sind auch hier die fachlichen Konsequenzen und Anforderungen seit Langem bekannt; nur fehlt es wie so oft an der erforderlichen politischen und budgetären Priorisierung in den Mitgliedstaaten. Hier wird eine »Koalition der Willigen« mit konkreten, abgestimmten Schritten voranzugehen haben.

Ebenso bedeutsam ist jedoch auch eine konsequente, bedrohungsadäquate Weiterentwicklung der Kooperation unter den europäischen Sicherheitsdiensten, in Deutschland also das Bundesamt für Verfassungsschutz (BfV). Die europäischen Verträge verwehren der EU, ohne spezifische Mandatierung durch die Mitgliedstaaten in Fragen ihrer nationalen Sicherheit einzugreifen. Kooperation ist hier Prärogativ der Mitgliedstaaten, die sich freiwillig und eigeninitiativ zu Kooperationsstrukturen zusammenschließen. Dies haben sie bereits in Zeiten des Kalten Krieges angesichts der Bedrohung durch Spionage und Sabotage der Sowjetunion und des Warschauer Pakts getan und sich zum sogenannten »Berner Club« zusammengefunden, in dessen Rahmen personen- und fallbezogene Informationen im Ringtausch geteilt werden konnten. Gleiches geschah nach 2001 im Hinblick auf die neue globale Dimension der terroristischen Bedrohung durch die Bildung einer Counter Terrorism Group (CTG). Ende 2015 wurde dann auf Initiative des niederländischen Nachrichtendienstes AIVD in Den Haag ein IT-unterstütztes Zentrum für den verzugsarmen Austausch und die Anreicherung nachrichtendienstlich erhobener fall- und personenbezogener Daten eingerichtet, das sich inzwischen in Agilität und Leistungsfähigkeit grundsätzlich sehr bewährt haben soll. Auch hier bleibt jedoch noch erheblicher rechtlicher wie organisatorischer Handlungsbedarf, gerade auch in Bezug auf eine Zusammenarbeit mit der ebenfalls in Den Haag angesiedelten europäischen Polizeibehörde EUROPOL und deren gleichartig strukturierten Datenbanken und Koordinationsmechanismen sowie mit den zunehmend wirksamen Erfassungs- und Dokumentationsinstrumenten der EU an den europäischen Außengrenzen, die ihrerseits dem Schutz des Schengenraums dienen. Hier bestehen verschiedene, nur sehr unzulänglich miteinander verbundene behördliche Regelkreise, an deren Peripherie die nationalen Sicherheitsdienste der CTG und des Berner Clubs stehen. Es wird ein Gebot der gemeinsamen europäischen Selbstbehauptung in einer Welt zunehmend komplexer Gefahren sein müssen, diese strukturellen Unzulänglichkeiten zu überwinden, und auch hier wird man gut beraten sein, im Rahmen einer »Koalition der Willigen« initiativ zu werden.

Besonders im Hinblick auf die seit 2014 immer stärker akzentuierten Bedrohungen durch hybride Kriegführung ist diese wirksame Entwicklung und Koordination von nationalen und internationalen Befähigungen mehr denn je zwingend erforderlich. Mangels der hier in besonderem Maße erforderlichen integrierten ressortübergreifenden Strukturen sind in Deutschland entsprechende Bemühungen langsamer als in EU und NATO vorangekommen. Im EU INTCEN ist bereits 2016 eine Hybrid Fusion Cell (HFC) eingerichtet worden, ein Jahr später der Hybrid Analysis Branch (HAB) bei der NATO. In Deutschland sind Ansätze für Federführung und Koordination durch das Innenministerium erst im Juli 2019 erfolgt. Eine weitere operative Umsetzung im Sinne integrierter, leistungsstarker, schneller und resilienter Aufklärungs-, Lagefeststellungs- und Beurteilungsstrukturen der Dienste wie aller betroffenen Behörden und Stellen als Grundlage für koordiniertes, zielgerichtetes und energisches gesamtstaatliches, wo nötig international vernetztes Handeln in Vorbeugung und Abwehr steht – wenig überraschend – auch hier noch aus. Umso dringlicher wird die Schaffung des bereits beschriebenen Gesamtlage- und Analysezentrums werden.

Ein zentraler Paradigmenwechsel der Zeitenwende ist es, dass der Krisen- und Spannungsfall bis hin zum Bündnis- und Verteidigungsfall nach über 30 Jahren der kollektiven Verdrängung wieder möglich und denkbar geworden ist. Bundeswehr und Zivilbehörden sind hier auf absehbare Zeit massiv im Aufbau adäquater Kapazitäten gefordert.

Dies gilt auch für die Nachrichtendienste, für die bereits im Krisen- und Spannungsfall, geschweige denn im Verteidigungsfall, die Anforderungen exponentiell steigen. Ein Blick nach Israel oder auch in die Ukraine verdeutlicht das sofort. Das fängt bei einer langfristig durchzuhaltenden 24-Stunden-Bereitschaft weiter Bereiche an und hört bei der Bereitstellung entsprechender alternativer Liegenschaften auf. Auf solche Lagen muss auch ein Nachrichtendienst personell und infrastrukturell vorbereitet sein, sonst kann die elementare Unterstützungsfunktion in einer Phase nicht mehr geleistet werden, wo sie am nötigsten ist. Nachrichtendienste sind die erste Verteidigungslinie; sie sind für die rechtzeitige Warnung auf strategischer wie taktischer Ebene verantwortlich. Werden sie dieser Verantwortung nicht gerecht, sind Katastrophen wie der 7. Oktober 2023 nicht mehr fern. Für den Spannungs- und Verteidigungsfall wird damit auch für die Dienste bereits heute, ähnlich wie bei der Bundeswehr und in Abstimmung mit ihr, strukturelle, personelle und materielle Vorsorge zu treffen sein. Insbesondere durch eine umfassende Optimierung bestehender rechtlicher und administrativer Regelungen zum lageadäquaten Einsatz nachrichtendienstlicher Mittel durch die Dienste von Bund und Ländern im Rahmen einer heute schon zu leistenden »Vorratsgesetzgebung«. Mit den Mitteln und Verfahren eines geruhsamen Friedensbetriebs werden sich dynamische Bedrohungs-, geschweige denn Konfliktlagen jedenfalls nicht bewältigen lassen.

Mit Blick auf Deutschland müssen wir uns also die Frage stellen, ob angesichts der seit 2022 über uns hereingebrochenen Zeitenwende auch der Funktionalität der Nachrichtendienste als »erste Verteidigungslinie« die erforderliche und insbesondere zukunftsgerichtete politische Aufmerksamkeit und Gestaltungskraft gewidmet wird. Im öffentlichen sicherheitspolitischen Diskurs steht unverändert – und zweifellos auch zu Recht – die dringende Notwendigkeit, jahrzehntealte milliardenschwere Versäumnisse in der Landes- und Bündnisverteidigung abzubauen. Zentrale sicherheitspolitische Forderungen richten sich auf glaubhafte Kriegstüchtigkeit, zivil-militärische Wehrhaftigkeit und gesellschaftliche Resilienz. Es wäre jedoch fatal, wenn nicht auch in gleicher Weise der Leistungsfähigkeit der deutschen Dienste ein angemessenes Augenmerk gewidmet würde. Das gilt für eine ausreichende Budgetierung ebenso wie für einen handlungsbefähigenden rechtlichen Rahmen. Wie bei der Bundeswehr werden gerade auch hier besondere Anstrengungen unternommen werden müssen, um neue, technisch wie organisatorisch zukunftsfähige Strukturen und Befähigungen zu schaffen und die erforderlichen spezifisch qualifizierten und geeigneten Kräfte sowie deren Ausrüstung zur Verfügung zu stellen. Nur so werden sich künftige Bedrohungen und Risiken rechtzeitig aufklären, zutreffend in ihrer Qualität und ihrem Umfang erkennen und durch geeignete, zielgerichtete Maßnahmen abwenden lassen.

Besondere Anstrengungen werden aktuell im Bereich der nach dem Kalten Krieg nahezu aufgelösten Spionageabwehr und Gegenspionage erforderlich sein, ebenso aber auch der militärischen Aufklärung und der Schwerpunktbildung auf regionale und hybride Bedrohungsvektoren wie qualitativ neuartige Bedrohungen im Cyberraum. Wie bei der Bundeswehr werden auch für die Dienste belastbare mittel- bis langfristige Entwicklungs- und Finanzierungsperspektiven zu erstellen, in Relation zu den sicherheitspolitischen Lageperspektiven fortzuschreiben und politisch in den parlamentarischen Gremien zu entscheiden sein. Der Aufbau, die Neuentwicklung und insbesondere auch die operative Ausbringung von nachrichtendienstlichen Befähigungen erfordert erhebliche Zeit und daraus resultierend Planungssicherheit auch über die Legislaturperioden hinaus.

Am Beispiel Israels haben wir gesehen, dass nur langfristig und systematisch aufgebaute leistungsfähige *intelligence* ihren Zweck als erste Verteidigungslinie im strategischen wie taktischen Sinne erfüllen kann. Zumindest dann, wenn sie in kompetente Entscheidungsstrukturen eingebettet ist. Im gegenteiligen Fall – auch dies lehrt uns der 7. Oktober 2023 – bewahrheitet sich sonst die Warnung, dass Nichtwissen tödlich ist.

Ob wir das nun wollen oder nicht, uns stehen Jahrzehnte der wachsenden Unsicherheit und Gefährdungen für Wohlstand, Freiheit und der eigenen Werteordnung bevor. Wenn es ganz schlimm kommt, auch noch ein Krieg. Wer hier nicht umfassend, zeitgerecht und zutreffend informiert ist, damit er angemessen reagieren oder Vorsorge treffen kann, leidet schweren Schaden, geht am Ende zumindest in seinen bisherigen Strukturen und Lebensweisen auch unter.

Die meisten der uns aktuell belastenden Herausforderungen, Risiken und Bedrohungen sind nicht neu. Sie sind nicht aus dem Nichts aufgetaucht. Sie wurden nur allzu lange nicht ernst genommen. Man hat sich, »von Freunden umgeben«, leichtsinnigerweise zu wenig dafür interessiert, was außerhalb der eigenen Grenzen geschah. Wir werden uns jedoch mit der Weisheit Friedrich Schillers aus Wilhelm Tell abfinden müssen, der nun schon vor mehr als 200 Jahren schrieb: »Es kann der Beste nicht in Frieden leben, wenn es dem bösen Nachbarn nicht gefällt.«

Widmung und Dank

In gewisser Weise schließt dieses Buch an meine Autobiografie »Keine Lizenz zum Töten« an, die ich vor zwei Jahren in der Hoffnung geschrieben hatte, anhand von biografischen Episoden, Eindrücken und Hintergrundinformationen die Bedeutung und Aufgabenstellung der Nachrichtendienste in Deutschland einer breiteren Leserschaft näherbringen zu können.

Die Tragödie vom 7. Oktober 2023, in der einige der weltbesten Nachrichtendienste und ein ebenso hochbefähigtes Militär Israel nicht vor einem schrecklichen Schicksalsschlag haben bewahren können, war mir nun Anlass und Verpflichtung genug, noch einmal anhand dieses aktuellen Großereignisses die vielfältigen Dimensionen von *intelligence* und ihre vitale Bedeutung in politischen und militärischen Entscheidungsprozessen für unser aller Sicherheit eindringlich und in größerem Detail vor Augen zu führen.

Mehr denn je wird im Zeichen der Zeitenwende ein Neuanfang in der gesellschaftlichen wie politischen Bewertung und Unterstützung der Dienste erforderlich sein. Dies sind wir der Zukunftsfähigkeit unseres Landes in Frieden, Freiheit und Prosperität ebenso schuldig wie auch im Besonderen einer neuen Generation, die sich nunmehr anschickt, in den Nachrichtendiensten des Bundes und der Länder ihren Beitrag zu unserer Sicherheit zu leisten.

In alter Verbundenheit seien diese Zeilen erneut all den Kolleginnen und Kollegen gewidmet, die selbst unter den nicht immer förderlichen Bedingungen ihrer Zeit dem Dienst und seiner Aufgabe in Beständigkeit und großem Engagement die Treue gehalten haben und dies auch heute noch tun.

Ein besonderes Anliegen ist es mir jedoch, meiner lieben Frau wieder einmal von ganzem Herzen zu danken, die mit großer Geduld und liebevollem Zuspruch meinen nunmehr schon fünfjährigen Unruhestand ebenso ertragen und unterstützt hat wie meinen im Grunde nicht vorhergesehenen Rückfall in die Mühen der Autorenschaft.

Sehr gerne möchte ich aber auch meinem Mitautor Martin Specht herzlich danken, der wie schon bei unserem ersten Buch mit großer Einfühlsamkeit, Kompetenz und sprachlicher wie redaktioneller Gestaltungskraft überbordende Fachlichkeit und Detailverliebtheit in ein lesbares und hoffentlich auch spannendes Werk hat umwandeln können. Natürlich liegen aber mögliche Fehler oder Missverständnisse ausschließlich in meiner persönlichen Verantwortung.

Berlin, im Oktober 2024
Gerhard Conrad

Lesehinweise

Zur Thematik dieses Buches gibt es eine Vielzahl von Literatur, die hier natürlich in ihrer Gänze nicht aufgeführt werden kann und soll. Grundsätzlich lohnt sich unverändert ein Blick auf die Website des Gesprächskreises Nachrichtendienste in Deutschland e. V. (GKND), wo sich unter der Rubrik »Unsere Arbeit/Papiere« vielfältige Stellungnahmen und Hintergrundinformationen insbesondere zu nachrichtendienstpolitischen Fragen finden lassen. Auch sei auf das unter der Rubrik »Intelligence Studies« zu findende, breit gefächerte Angebot an einführender und weiterführender Literatur zum Thema Nachrichtendienste wie auch zum Fach Intelligence Studies verwiesen (www.gknd.org)

Zu einigen der im Buch angesprochenen Themenschwerpunkte lohnt sich die folgende Lektüre:

Arcos, Rubén, Irena Chiru, Christina Ivan (Hrsg.), Routledge Handbook of Disinformation and National Security, Routledge, Oxon, New York 2024.

Bergman, Ronen, Der Schattenkrieg. Israel und die geheimen Tötungskommandos des Mossad, DVA, 2016.

Brenner, Björn, Gaza under Hamas. From Islamic Democracy to Islamist Governance, Tauris London 2022.

Conrad, Gerhard, Keine Lizenz zum Töten. 30 Jahre als BND-Mann und Geheimdiplomat, Econ 2022.

Croitoru, Joseph, Die Hamas. Herrschaft über Gaza, Krieg gegen Israel. 3. Aufl. C. H. Beck 2024.

Dietrich, Jan-Hendrick, Eiffler, Sven R. (Hrsg.), Handbuch des Rechts der Nachrichtendienste, Boorberg 2017.

Hobbs, Christopher, Matthew Moran, Daniel Salisbury, Open Source Intelligence in the Twenty-First Century. New Approaches and Opportunities, Palgrave, London 2014.

Jervis, Robert, Why Intelligence Fails. Lessons from the Iranian Revolution and the Iraq War, Cornell University Press, Ithaca & London, 2010.

Kepel, Gilles, Les banlieues de l'Islam. Naissance d'une religion en France, Seuil, 1991.

Kippenberg, Hans G., Gewalt als Gottesdienst. Religionskriege im Zeitalter der Globalisierung, C. H. Beck München, 2008.

Krämer, Gudrun, Der Architekt des Islamismus. Hasan al-Banna und die Muslimbrüder. Eine Biographie, C. H. Beck München, 2022.

Küntzel, Matthias, Nazis und der Nahe Osten. Wie der islamische Antisemitismus entstand, Hentrich&Hentrich, 2019.

Leshem, Ron, Feuer. Israel und der 7. Oktober, Rowohlt, Berlin 2024.

Meyer, Christoph, Chiara De Franco, Florian Otto, Warning about War. Conflict, Persuasion and Foreign Policy, Cambridge University Press, 2020.

Meyer, Christoph, Eva Michaels, Nikki Ikani, Aviva Guttman, Michael S. Goodman, Estimative Intelligence in European Foreign Policymaking, Learning Lessons from an Era of Surprise, Edinburgh University Press 2022.

Omand, David, Securing the State. Intelligence and Security, Hurst, London 2010.

Neumann, Peter R., Die Rückkehr des Terrors. Wie uns der Dschihadismus herausfordert, Rowohlt 2024.

Schirrmacher, Christine, Ursula Spuler-Stegemann, Frauen und die Scharia. Die Menschenrechte im Islam, Goldmann, München 2006.

Sinkaya, Bayram, The Revolutionary Guards in Iranian Politics. Elites and shifting relations, Routledge Oxon, New York 2017.

Vukadinovic, Vojin Sasha (Hrsg), Siebter Oktober Dreiundzwanzig. Antizionismus und Identitätspolitik, Querverlag Berlin 2024.